学科教材论丛书 3

郭戈 总主编

中学生物学教材论

赵占良 谭永平 主编

人民教育出版社
·北京·

图书在版编目（CIP）数据

中学生物学教材论 / 赵占良，谭永平主编 . —北京：人民教育出版社，2023. 4
（学科教材论丛书 / 郭戈总主编）
ISBN 978-7-107-36640-6

Ⅰ. ①中… Ⅱ. ①赵… ②谭… Ⅲ. ①生物课—教材—研究—中学 Ⅳ. ① G633.912

中国国家版本馆 CIP 数据核字（2023）第 065532 号

中学生物学教材论
ZHONGXUE SHENGWUXUE JIAOCAI LUN
责任编辑　陈慧颖
书籍设计　王　喆

出版发行　人民教育出版社
（北京市海淀区中关村南大街 17 号院 1 号楼　邮编：100081）
网　　址　http：//www.pep.com.cn
经　　销　全国新华书店
印　　刷　北京盛通印刷股份有限公司
版　　次　2023 年 4 月第 1 版
印　　次　2023 年 4 月第 1 次印刷
开　　本　890 毫米 ×1 240 毫米　1/16
印　　张　14
字　　数　283 千字
定　　价　52.00 元

教材是个专业，也是门学问
——《学科教材论丛书》总序

说起教材，人们都不陌生，因为凡是上过学的，都使用过教材。所谓教材，是指依照课程标准或教学大纲编写、系统反映学科内容的教学用书，它是课程的核心教学材料，也是教师教授和学生学习的基本依据和主要工具。教材有广义、狭义之分：狭义的教材专指教科书或课本；广义的教材除此之外，还包括教学参考书、讲义、教学地图和手册、音像和数字资源等教学辅导材料。学校的中心工作是教学，连接教学的纽带是教材。青少年学生每天都会用上教材，这是他们的主要精神食粮，对其健康成长、全面发展至关重要。甚至教材里的一句话、一幅图、一个字，以至于一个标点符号，都有可能影响学生一辈子。日积月累，滴水穿石，潜移默化，无形塑造，显示出了教材的巨大作用和强力功效。需要强调的是，虽然教材看似一本书籍、教材建设表现为教育的一项具体工作，但实际上是一个事关全局、影响深远的国家大事，其背后所牵扯的国家意志、文化传承、立德树人、培育后代等，切不可小觑，绝不能放松。我们认为，要真正重视教材，充分发挥教材的作用，就必须把教材工作当作一个专业或职业来对待，而且要把教材问题当作一门学问或学科来研究。这既是教材建设的长久之计，更是当务之急。

一

古人云："闻道有先后，术业有专攻。"随着工业化、现代化和信息化的发展，人类面临的问题越来越复杂，社会分工越来越精细，也越来越专业。所以，必须通过专业化分工，让专门人才解决专业问题，以提高工作效能和保障专业工作质量。长期以来，从事教材工作的，包括管理、编写、审查、出版、印制、发行、选用、教学及其研究等，都有不少机构和人员，使用教材的各级各类学校和师生更是不计其数，初步形成了一个相对独立的行当和体系，也有其一定的行业要求和专业标准。在新时代，党和国家高度重视教材事业发展，提升对教材工作重要性的认识，加强教材组织机构和制度建设，先后成立国家教材委员会、教育部教材局和课程教材研究所，实行三科教材统编统用政策，颁布了一系列有关文件规定等，并且明确提出：建设教育强国、实现教育的现代化，是中华民族伟大复兴的基础工程，必须构建起与之相匹配的具有中国特色、世界一流的教材体系。这对教材工作尤其是教材编写人员和机构专业化、职业化建设提出了新的更高要求。比如，在地方和学校管理上是否设立了教材专门机构？以及教师如何使用教材，是“教教材”还是“用教材教”，能否引导学生成为课本的主体？这些都是检验其专业化程度的具体标尺。

教材编写是教材工作的关键环节，其客观存在的特殊性或不可替代性是显而易见的。也就是说，教材编写的规律和特点，成为支撑教材工作专业化、职业化发展的主要依据。

教材与学科紧密联系，有多少门学科就有多少种教材，但教材不是学科内容的简化或复制，而是学科体系的再造，是适合学生学习的学科材料，这是一项创造性的智慧劳动和神圣职业。教材也不同于文学创作、学术专著，或通俗读物、科普读物。它有特定的目的、特殊的对象、专门的依据，又有必须遵照的一些规定。无论哪种教材，都要处理好科学性与思想性、逻辑性与适切性、理论知识与实际经验、传统内容与当代科学、材料与观点、知识与能力、广度和深度，以及学科、学段的分工和联系等一系列基本关系问题，力图做到系统完整、结构严谨、层次分明，做到语言精练、观点精辟、深入浅出，等等。叶圣陶曾形象地比喻说：“编写教科书，不能捡到篮子里就是菜，要像蜜蜂那样，吸取百花精华，酿出蜜来，我们要吸收有关知识，融会贯通，才能写成教科书。”教材编写既有许多需要解决的共性问题，也有不少各科要分别解决的个性问题。辛安亭说：“我常想如果历史课本的写法，高小以人物故事为中心，相当于传记体；初中以历史大事为中心，相当于编年体；高中以历史问题为中心，相当于纪事本末体；则高小得到的是历史的点的知识，初中得到的是线的知识，高中得到的是面的知识。”这给我们提供了一个学科教材个性问题的范例。正因为如此，业界历来强调中小学教材编写者的资格认定和行业准入制度，要求应当兼备学科专业、教学经验、文字能力和科学研究的“核心素养”或“关键能力”，以及组建有专家学者、专职编辑和优秀教师或教研员参加的“三结合”教材编写队伍等。由此可见，教材编写是个专业，有其专门的学问，做好这项工作需要长期的专业教育和实践锻炼才能完成。特别是中小学教材或作为国家级、高水平、权威性的统编教材或通用教科书，非得有一大批一流的、专业化的编写队伍和组织机构来保证完成不可。

因此，教材战线一定要增强阵地意识和质量意识，加强统一领导和管理，建立科学规划和规章，设置专业组织和机构，健全运行机制和制度。要通过创设课程教材专业、加强专业人才培养和培训、确定教材行规和标准、吸引优秀人才编写教材、建立教材审查专家库和文献资料库、拓展国家和地方教材研发基地、实行教材评价和奖励政策等一系列具体举措，逐步实现教材专业化认证、专业化机构、专业化队伍、专业化制度、专业化标准和专业化管理等，并着力按照政治立场坚定、学术造诣精深、实践经验丰富等标准，构筑各学科、高素质、专业化教材队伍，打造引领和适应新时代教材建设的中坚力量和新生一代，为加快构建具有中国特色、世界一流的教材体系奠定坚实基础。

二

没有教育科学就没有科学的教育，没有教材的科学研究也难有高水平的教材。专业的事情得由专业的人来做，还得有专门的人来研究。教材是个专业，也是门学问，不能光凭经验办事，必须加强教材的科研工作，并且把教材当作一个学科或一门学问来研究。此外，教材的重要性、特殊性、创新性，以及教材学科多、难度大、出版周期长等特点，也决定了教材工作要未雨绸缪、研究先行。就教材编写而言，一要研究学科，二要研究学生，在此基础上编出来的教材才能保证质量。否则，不研究学科或学术，对学科内容缺乏全盘理解，对前沿情况知之不多，知其然不知其所以然，甚至人云亦云、照搬照抄，编出来的教材就会出现学科逻辑不通等毛病，还会犯常识性、知识性的错误，这就像厨师不懂原料知识和营养搭配原理一样；不研究学生或教学，对学生身心发展、教学实际没有钻研，学问再大，立意再高，编出来的教材思想性、科学性、知识性、逻辑性再强，不切合儿童年龄特点和身心发展规律，学生不爱读也是白搭，这就像厨师做出来的菜不合食客的口味一样。好的教材内容不但要反映现代科学文化的先进水平，而且还要符合我国的实际情况和学生的接受能力。或者说，一本高质量的教材，既是本学科国内外长期科研成果信息的集合，又是编者多年教学经验和学术研究的结晶。我们不想夸大课程标准和教科书的编写工作的意义，但是也没有理由不承认它是教育科学工作中的一种，也没有理由不承认它是一项创造性劳动。应该明确一个观点：质量好的教材跟好的学术论著一样，都应该被认为是科研成果、学术著作。并且，教材研究就是教育科学研究的一个分支，无论是教材编写、审查研究，还是教材管理、政策研究，或是教材出版、发行研究等，都是如此。

教材与教学、学校相伴随，都有着悠久的历史，但教材研究的历史却很短暂。在我国新式教材一百多年的发展过程中，不仅编辑出版了不计其数的各门学科、多种形式的教材，而且也涌现出了一大批教材思想家、编辑家、出版家。他们大都在编辑出版教材的过程中，发表过不少论述教材的著述，提出了关于教材问题的看法和认识，其中一些人还形成了较为全面和深入的思想观点，成为我国教材建设和学术研究的一笔宝贵的财富。新中国70年几代通用教材编写者，大都是本学科的学问家或学科教育专家，其中集学科、教学和教材研究于一身的名家也有不少。我国对教材研究的自觉始于改革开放以后，大家逐步认识到：建设一流的教材不能仅仅“毕其功于一役”，既要有“教材会战”的拼搏精神，也要有长期的扎实的研究实验和学术积淀；既要有熟练的编辑业务能力，又要有精益求精、不断探索的创新能力。1981年创刊的《课程·教材·教法》和1983年由邓小平同志题名的课程教材研究所的建立，对教材尤其是学科教材的研究起到了积极的推动作用，就是一个突出的例证。

毋庸讳言，目前我国专门研究教材的机构和人员不多，教材研究的科学化水平不高，教材理论还不是一个独立的学科和完善的学问，关于教材的基本理论、政策管理、历史发展、编写审查、出版发行、教学使用、评价检查，以及学科教材（含统编教材）、数字教材研究，以及教材比较研究等，都没有形成系统的学理和完整的逻辑体系。这与我国当下教材事业快速发展的好势头不相适应，并影响和制约着各种教材的研发和编写水平。关于学科教材论，早在1991年，人民教育出版社历史编辑室的臧嵘先生在《课程·教材·教法》上发表文章，主张要建立一门“历史教材学”。至今虽然也有不少学科的相关成果相继问世，但是堪称系统而完整研究的理论著作仍然是凤毛麟角，建设高水平的学科教材论，乃至一般教材论、教材专题论仍然任重道远。学科教材论的建设，学科专家的参与是必要的，但这并不是他们的主攻方向；一般意义上的教育学者，特别是课程教学论研究者，应该攻克一般教材论、教材史论的难关，可是专业性很强的学科教材论和一些教材专题论（如教材的出版、印制和发行等）的任务，显然是他们承担不起的。所以，学科教材论和教材专题论还得有一批学科教育研究者、教材编写者和相关专题的研究者挑起这副担子，这是他们责无旁贷的。

因此，我们要正确处理教材的科学研究与实际工作的关系，将教材研究、教材理论体系探索列入教材建设的重要议事日程。一方面，要在全面梳理国内外教材发展和研究的成果和文献的基础上，强化教材的一般理论、重要政策、重大实践以及各学科教材体系及其配套资源和数字化的研究，力争实现各学科教材使用一套、实验一套、研发一套的良性循环的理想状态。另一方面，通过制定教材科研规划、构筑专业课程教材研究平台、创立教材学术组织和杂志、设立教材重大研究课题、扩充教材重点研究和实验基地、建立教材研究成果交流和奖励机制等，进一步提升教材科研水平上台阶，从而为教材工作的创新、发展和繁荣提供强大支撑，为加快构建具有中国特色、世界一流的教材体系提供重要保障。

三

正是基于以上认识，我们启动了“学科教材研究系列项目”，并在2019年底，把这个项目作为人民教育出版社课程教材研究所自定的重大课题，计划投入若干年时间，深入钻研和总结中小学十多门学科的教材理论和实际问题，旨在为构建完整的学科教材论体系而努力，也作为庆祝建国70周年、建社70周年、建党100周年活动，推进基础教育教材编研工作的一部分。这项工作主要由我社学科教材编写者来完成，并邀请社外一些学科教学和教育理论研究者参与其中，还吸收我社老编辑、老专家的智慧和成果。为此，各学科编辑室坚持编研一体、学术立社的老传统和好作风，在繁忙的编写和修订教科书、教学参考书的同时，组织多方力量、投入大量精力，系统总结和研究教材尤其是学科教材编写的理论和方法，取得了令人可喜的成绩。其中，数学、英语、生物等学科教材论的研究成果将在2021年内率先面世。在此写下序言，说明丛书来意，亦表祝贺和感谢！

最后，我们希望这套《学科教材论丛书》的出版，对于完善我国学科教材理论、推动整个教材研究、促进教材事业发展有所助益，也希望业界有更多扎根中国大地的教材研究成果不断涌现，进一步提升学科教材乃至整个教材研究的水平，共同为加快构建具有中国特色、世界一流的教材建设体系和教材理论体系作出积极贡献。

2021年8月7日

前 言

1950年，人民教育出版社（以下简称人教社）成立。由此开始，人教社开始了接续奋斗的教材编研历程，逐渐形成编研一体、学术立社的传统。从那时起，中学生物学教材的研究和编写，就是各套人教版教材编研过程中不可或缺的有机组成。也就是说，在中学生物学教材的研究和编写方面，70余年来，人教社的前辈学者和当前的编研人员，一直在继承与创新中进行教材的研究、编写和出版实践，自然也积累了许多经验。这些经验，值得总结。

2020年，在人教社成立70周年之际，习近平总书记给人教社老同志回信，高度肯定了人教社干部职工接续奋斗取得的成绩，也给人教社提出了“用心打造培根铸魂、启智增慧的精品教材”的殷切希望。一年多来，我们认真学习、领悟习近平总书记重要回信精神，思考如何把“培根铸魂、启智增慧”的要求融进未来的教材中，从而编写出更好的精品教材。要把习近平总书记重要回信精神落实到教材中，需要我们回首走过的路，从历史中汲取经验；需要我们梳理正在进行的工作，从实践中总结提炼出生物学教材编研的一般规律。

在生物学教育界，大家对生物学课程论和教学论已不陌生，但是专门就中学生物学教材进行系统阐述的著作还很少见。虽然生物学课程论和教学论的研究涉及生物学教材，但一般来说，其中的教材研究只占较小的篇幅，而且大部分是宏观层面的理论研究，难以全面系统阐述教材理论，更缺少从教材编者视角出发的研究。同时，教材是依据课程标准编写的系统反映学科内容的教学用书，它是教师教学和学生学习的核心资源和材料，一头连着较为宏观的国家教育方针和课程标准，另一头连着千千万万的课堂和数以亿计的学生，是实现学科育人功能的重要载体。如何基于研究编写出好的生物学教材，是一门不同于课程设计和教学实施的学问，是专门的且有重大现实意义的学问。因此，有必要就中学生物学教材的理论和实践问题展开系统的研究和讨论。

2019年，人教社启动《学科教材论丛书》的编写。本书作为其中一本，也由此启动。那么到底在这本书里写什么呢？编写团队就提纲进行了多次研讨。最终，确定为现在大家看到的内容框架。

从内容框架来看，本书考虑了历史视角和现实情况，考虑了立足本国国情又具有国际视野，考虑了借鉴有关理论又重视从实践中总结提炼；但是，在具体编写时，如何处理好理论和实践的关系，如何处理好关于教材的一般理论和生物学教材特点的关系，如何处理好抽象出普适性规律和列举具体实例的关系等，依然有不少的挑战，尤其是最后一点。如果不考虑历史上的教材，那么难以从历史中获取经验；如果介绍历史上的教材内容过多，又可能成为教材史研究。如果没有具体实例支撑，理论将十分抽象、枯燥；如果具体实例过多、讲述过细，又可能沦为某套、某本教材的介绍。经过讨论，编写团队确定了主要以正在使用的中学生物学教材为研究对象的思路，实例可以适当具体一些；对于历史上的中学生物学教材，则仅在必要时提及。

本书共分七章。第一章对中学生物学教材有关理论和实践作了非常简要的概述（谭永平执笔）。第二章简要介绍了我国中学生物学教材的发展历史（卢媛、林青执笔）。第三章介绍了当前主要发达国家有代表性的中学生物学教材的特点（张秀红执笔）。第四章就中学生物学教材研究与编写的相关理论作了较为系统的阐述（赵占良执笔）。第五章则简要介绍了中学生物学教材编研的工作机制，主要是编者们从事生物学教材编研工作的实践（谭永平执笔）。第六章在第四章的基础上，结合正在使用的中学生物学教材阐述了教材编研时重点考虑的几个问题，涵盖了教材编研涉及的主要工作。本章分量重，执笔者多，第一部分的（一）（二）（四）、（三）（五）、（六）分别由陈慧颖、王天祥、王颖执笔，第二、三、四部分由吴成军执笔，第五部分由包春莹执笔，第六部分由刘丹执笔，第七、八部分由王颖执笔。第七章则对中学生物学教材未来的发展作了展望（谭永平执笔）。

对于从学术研究的角度构建中学生物学教材理论体系，本书是一次有益的探索和尝试，也是多年教材编研经验的总结。但是，有些经验是只可意会不可言传的，一旦落笔，时常会词不达意。就算是能总结并以文字来表达，也因我们水平所限，未必能总结到位；加上前文所述的如何处理各种内容的关系，本身就是没有标准答案的综合权衡，也很可能是见仁见智的。只要本书对从事教材研究和编写的同行们有一些借鉴价值，对广大中学生物学教师理解和使用教材有所助益，我们就深感欣慰了。

如读者发现本书中有不妥之处，敬请谅解并不吝赐教！反馈邮箱：chenhy@pep.com.cn。

赵占良　谭永平

2021年12月

目 录

第一章 概论

教科书，英文为textbook，是最重要的课程资源，历来是课程和教学研究中的焦点之一，也是教师、学生和社会各界关注的热点。教科书是基于一定的学制、课程计划或课程标准（教学大纲）编写的，系统反映不同教学科目学习内容的教学基本用书①。韦氏大词典对textbook的解释是：用于科目学习的书（在英文中这个词最早出现于1779年）②。

教科书是教材，但不等于教材。教科书是“教课用图书”的简称，又叫课本。或者说，教科书是狭义的教材。广义的教材是“教学材料的简称”，指教学过程中教师用来与学生交流的所有物品，包括教科书、讲义、教学指导书、学生作业材料、多媒体课件等。教科书是广义的教材的核心部分。广义的教材出现得比较早。例如，我国的蒙学教材编得很早，秦汉时已有识字课本“字书”；汉灵帝熹平四年（175年），开始刊刻石经作为标准课本③。而普遍采用教科书进行教学是19世纪中叶以后④。

本书不对教科书、教材作明确区分，除有特别说明外，后文中一般所说教材用其狭义，即指教科书。

一、中学生物学教科书发展简史

教科书的产生与“学科课程”这一课程形态的诞生密切相关。学科课程发轫于15世纪，一直持续至今，其代表是“科目主题”的课程和教学。“学科课

① 徐岩．前言［M］//．赵占良，谭永平．中国百年教科书史：生物学卷．北京：人民教育出版社，2020：前言1．

② Merriam-Webster, Incorporated. Merriam-Webster’s Collegiate Dictionary [M]. 10th ed. Massachusetts：Merriam-Webster, Incorporated, 2001：1216.

③ 陈侠．课程论［M］．北京：人民教育出版社，1989：37-51．

④ 陈桂生．变化中的“教科书观念”——“教科书”解读［J］．全球教育展望，2006（11）：37-42．

程”的教育目的，由古代培养“和谐”发展的人转向培养大量的社会工业化所需要的劳动力。学科课程关注学生走出学校后需要的实用技能，课程的分科形式逐渐形成。由于迅速增加的知识量和有限的教学时间这一矛盾在这一时期变得非常突出，因此需要对知识进行甄别、选择和重新组织，由此逐渐发展出教科书。可见，教科书不是自古就有，更不是自古就作为“一课之本”的，其出现和发展，都与学科发展和教育目的演变有密切的关系。

从世界范围看，中学生物学教科书从诞生至今已经有近两百年的历史。中学生物学教科书的诞生，是生物学课程诞生、发展的结果。生物学课程的诞生，又与生物学的发展密不可分。因此，我们还要简要回顾一下生物学学科发展和生物学课程的诞生。

16世纪时，自然科学逐渐从人文科学中独立出来。在自然科学各学科中，生物学是独立和统一比较晚的一门学科：“生物学”作为一个名词出现于1800年，而生物学真正走向独立和统一，是19世纪20~60年代的事情。

古代的学校课程主要是人文方面的，基本上没有自然科学的课程内容。随着自然科学的发展，科学教育也相应地逐渐发展起来。17~18世纪时，延续千年的以人文教育为主的课程发生了重大变化，自然科学被引进了学校课程，一些学校开设了物理学、化学、动物学、植物学等自然科学课[①]。19世纪中叶之后，生物学课程逐渐在中学开设。例如，1859年，英国有不少中学开设了植物学等课程；1893年，在美国高中的课程规划中，生物学的课程内容就有动植物区系、植物学（或动物学）、解剖学和生理卫生[②]。

19世纪中叶以后，我国陆续有一些生物学教科书译本出现。目前可以追溯到的最早的中学生物学教科书，是1859年由韦廉臣、李善兰合译、墨海书馆出版的《植物学》。当然，那时的中学生物学教科书主要是在教会学校使用，社会影响很有限。

中学生物学课程在我国真正设立和中学生物学教科书在我国广为采用，是1902年《钦定中学堂章程》颁布之后的事情。清政府在1902年颁布的《钦定中学堂章程》中，规定了在中学堂第一年到第四年都开设博物课程，博物课的内容包括植物学、动物学、生理卫生和矿物学[③]。同年，虞和寅编辑的《博物学教科书》在上海理科书社出版，这属于最早一批由中国学者自己编辑的生物学教科书。

如果从1902年《钦定中学堂章程》中明确列入博物课程算起，中学生物学教科书进入我国学校教育也有一百多年了。一百多年以来，伴随着中国社会

① 李方．课程与教学基本理论［M］．广州：广东高等教育出版社，2002：53．

② Tanner D, Tanner L. History of the school curriculum［M］. New York：Macmillan Publishing Company, 1990：70.

③ 课程教材研究所．20世纪中国中小学课程标准·教学大纲汇编：生物卷［M］．北京：人民教育出版社，2001：1．

的变迁和教育改革的发展，教科书一直在传承中变化，每个时期的教科书都有各自的时代烙印。

早期的生物学课程、生物学教科书内容主要是动物类群和植物类群的形态结构等，具有深刻的博物学背景。经过百年变迁，如今的生物学教科书的内容与早期相比，已经发生了沧海桑田般的变化。从内容的变化来说，经典的植物、动物分类的知识，以及人体结构、生理的内容，从清末到20世纪80年代，其基本内容的变化并不是颠覆性的，而是既有继承，也有变革。分子生物学、生态学、遗传学、细胞生物学的内容，则有明显的变化。

百年中学生物学教科书中内容的变迁告诉我们，教科书内容既有继承，也确实在百年历程中删减、增补，早期生物学教科书中的许多重点内容到现在已经不见踪迹，教科书的内容一直在与时俱进。总体的趋势是：第一，随着生物学的发展，生物学教科书的知识内容不断丰富；第二，科学方法等的育人价值逐渐受到重视。百年中学生物学教科书中内容的变与不变，既受到生物学科发展带来的知识积累的影响，也受到社会文化进步、教育观念变化的影响。无论变，还是不变，反映的是教科书编写时，一直要思考并回答“什么知识更有价值”的问题。一个多世纪以来，生物学有了长足发展，生物学教科书也必然随着学科的发展而改进。这种改进，表面原因是教科书要反映生物学的“现代性”，关于原理、规律的知识取代“描述性”“事实性”的知识；实质上则是生物学学科的发展，使得原来很有“比较价值”的内容可能不再具“比较价值”，因而需要以新的、更有“比较价值”的内容来取代。

中学生物学教科书在一百多年的发展历史中，不但在内容的选择上有巨大变化，在内容的组织、呈现的方式上，也发生了明显的变化。早期、中期的生物学教科书，一直是以植物学、动物学、生理卫生这样的学科内分科的方式出现；而近几十年来的生物学教科书则走向了学科内的综合，以生物的基本特征为依据按主题组织内容，或全部整合为“生物学”或“生物”教科书。在呈现方式上，生物学教科书由早期的黑白版改为彩色版，其中的插图越来越丰富，版式设计上也有明显的变化。

中学生物学教科书的发展历史也提示我们，生物学教科书的编写，要综合考虑社会发展、学科进展，以及学生发展的需要。教科书的发展，会受到学科进展、社会教育思潮、政治变革和教育改革等诸多因素的影响。生物学教科书的发展，是社会发展的缩影。

二、中学生物学教科书的角色与功能

教科书是最重要的课程资源，那么，它为什么能成为最重要的课程资源？

作为最重要的课程资源，它在教学中究竟有什么功能？又是怎样发挥最重要的学习资源的功能的？回答这些问题，需要把教科书放到课堂实施的教学系统中去分析，需要分析课程标准、教科书和教师的教学等要素之间的关系。

（一）教科书与课程标准、教学的关系

我们都知道，课程标准是教材编写的依据，也是教学和考试评价的依据。这显然是正确的观点。不过，如果标签化理解这样的观点，则对于教学中如何看教材，如何用教材进行教学没有太大的帮助。

课程标准是写给教材编者和教师的，是纲领性文件，是以国家文件的形式，确定的学生学习应达成的目标要求。生物学教科书依据课程标准而编写，在使用之前还要通过国家教育行政部门的审定，以保证教科书体现国家意志。

翻一翻一百多年来的课程标准（或教学大纲），可以发现这类文件越来越厚，对教学的指导也越来越具体。但是，一直以来我们见不到教师拿着课程标准进课堂开展教学，也见不到学生拿着课程标准去学习。

课程标准主要阐述学习结果应达到的程度，而不呈现学习材料和教学的过程；课程标准在阐述目标时，文字可以很精确。但是，即便精确地陈述了概念的定义，也不足以支撑学生的学习。因为概念的理解，探究的体验，需要有作为支撑的事实内容和可操作的活动。教科书则在课程标准与教学实践之间架起了桥梁，它将课程标准中的具体目标进行细化，并以目标实现为追求，精心选择并组织内容，供学生学习。正是在这个意义上，教科书成了学科内容的代表，是课程内容在课堂教学中的直接代表，也是国家意志进入课堂的载体。

教材要依据课程标准来编写，显然，课程标准是教材编写最重要的影响因素，教材要全面落实课程标准的要求。那为什么依据同一个课程标准，不同编者编写出的教材会有很大差异呢？显然，教材编写是一种有依据的再创造。再创造出来的不同版本的教材，特色有不同，质量当然也会有差异。这些教材，都作为课程标准与教学实践之间的桥梁，是课堂教学里师生的直接依托。虽然把教材当作“圣经”的时代过去了，但是，这绝不意味着教材已经不重要了。现实中，有些教师潜意识里认为教材不过是个教学资源，有些课堂里教材是缺席的。正如有学者描述的：现行的教育教学体系中有一种轻视教材的现象，使教材在教育教学中的应有地位逐渐旁落，课堂反而被教辅、参考书、练习册等主宰①。这样的认识和做法，是不妥当的。

（二）教科书与教师、学生的关系

分析教科书是什么，还要把它放到与教师、学生的关系的角度去看。

笔者曾于2010年从教材编写的角度写过《关于教科书编写的若干论点辨析》②。笔者的观点是：教科书是编出来给学生用的，是“学材”，但是对于教

①张定强．教科书教学化：质性分析与路径探寻［J］．当代教育与文化，2012(4)：74-78．

②谭永平．关于教科书编写的若干论点辨析［J］．课程·教材·教法，2010(5)：72-76．

师来说，也是教材；教科书在课堂上，是“范例”，但有时是具有一定权威性的“课程代表”。以下摘录笔者上述文章中关于教科书是什么的两条要点内容。

1. 关于教科书为谁编——“走向生本”的“学材”论辨析

第八次基础教育课程改革（以下简称新课改）中关于教科书为谁编的代表性的理论认为，教科书应该是学生使用的“学材”，即“走向生本”的“学材”论。“学材”论认为：以往教科书重视教师的教而忽视学生的学，新课改要求教科书走向“生本”，强调教科书要以学生的发展为本，面向学生的生活世界，发挥学生的主体性，促进学生的主动学习和全面发展。“学材”论还提出，生本教科书除了具有传统教科书的一般特征外，还应有生活性、探究性、思考性、平衡性和开放性①。教科书应代行教师的一部分职能，是即便教师不在场学生也能够自主地学习的“学习参考书”②。简而言之，教科书应为学生提供学习的工具，是学生使用的“学材”；作为“学材”的教科书应该是易于学习的，是能促进学生乐于学习的③。

对照历史与现实分析可知，上述论点所提出的教科书主要是为学生学习而编的观点，在以往中学生物学教科书编写时从未被否认过。教科书中的知识基本上是教师已知而学生未知的，其编写依据显然是认为学生应当学习这些知识，教科书是为学生而编是不言自明的。从教学现实看，教科书中的知识对于学生来说往往是“一个先验的结构”，无论教科书如何精细地考虑学生的认知规律，它作为一个凝固的、静态的文本，也无法完全与每一个学生的学习心理完美对接。因此，要让学生很好地理解这些知识，往往需要教师把静态的文字转换为动态的、鲜活的课堂。可见，在知识与学生学习心理之间进行无缝隙衔接，往往需要教师创造性地用教科书进行教学。由此可知，教科书编写时要考虑便于教师的教是显而易见的，教科书应该是“教材”。可见，教科书是对应于学生和教师这两个不同的主体的综合，既是“教材”也是“学材”。“教材”和“学材”并不是完全不同质、对立的、非此即彼的，而是可以有机统一的。“学材”论对于生物学教科书的编写也是有意义的。它提醒我们，在编写教科书时，心中要时刻装着学生。

2. 教科书在教学中的作用——“范例”论辨析

新课改中针对以往过于强调教科书对教学的“规范”作用所带来的明显弊端，强调教科书是学习的范例。“范例”论认为，教科书不是课堂教学的全部内容，而只是为课堂教学提供了范例和素材，以便教师能够以这些范例为基础，积极主动地开展教学活动，使学生在理解和建构教材内容意义的基础上，

---

①毕华林．走向生本的教科书设计研究［D］．济南：山东师范大学，2006：1-11．

②钟启泉．确立科学教材观：教材创新的根本课题［J］．教育发展研究，2007（6B）：1-7．

③马志成．彰显教材功能促进教材编制［J］．现代教育科学，2006（5）：51-53．

获得知识与技能、过程与方法、情感态度与价值观的全面发展[①]。从教科书使用来说，强调教师要从“教教材”转变为“用教材教”。不过，“范例”论并不是新近才出现的，早在20世纪初杜威就说过教科书“除了为心智提供学习的材料外，别无其他关系”，叶圣陶也早就说过教本只是些例子。针对以往“教教材”的诸多弊病而强调教科书的范例作用，其意义值得肯定。

在当前一个课程标准多套教材的现实情况下，尽管教科书是课程标准内容具体化的产物，但它是教材编写者为实现课程目标而选择的范例，否则就无法解释不同版本教科书为何对相同具体标准条目的理解会不同；在教学中，教科书应该发挥的作用也确实更接近于范例。现实中，“范例”论已经对教学实践产生了一定影响。有调查表明，当前多数教师认同应该“用教材教”而不是“教教材”。然而，我们也要看到在“范例”论影响下的中学生物学教学现实的另一面：在很多时候教科书仍然被看作“课程代表”，某些时候教科书又被看作是范例，对范例的误读也不时发生。有些教师抛开教科书而自行其是，忽略了教科书中很好的素材，而选择与生物学核心内容关系不大的一些资料作为教学素材，生物课上得不像“生物课”，这种做法的指导思想就是对“范例”论的误读。有些教师在教学中不舍弃教科书上的任何内容，包括旁栏思考题、小字排印的内容，而这些内容本是可以根据实际教学需要进行取舍的；教科书安排的探究活动，教师也因担心考到而每个必讲。这时，教科书没有被看作是范例，而是规范甚至考本。高中生物学教科书中安排了一些开放性的问题，有不少教师感到不习惯，建议“别再搞这些答案不唯一的问题了”；有些初中生物学教科书中，在某些章节以学生活动代替部分知识内容的陈述，即有关知识需要学生通过活动自主建构，而这些内容，却是教师认可程度不太高的。这时，教科书没有被看作范例，因为如果把教科书作为范例，就一定会重视教师自己的个人知识在课堂教学中的作用，会重视学生利用范例建构知识的过程。

尽管“范例”论本身对于在实际教学中更好地发挥教科书的作用，更好地发挥教与学的自主性有参考意义，但是现实情况却是复杂多样的。教科书作为最重要的课程资源，受到教师、学生、家长及社会各界的高度关注。教科书内容的选择和呈现，要遵守国家的政策、法规，要反映教育方针的要求，要依据教育改革的精神，依据课程标准，因此，不能简单地说教科书只是范例。教科书的编写需要综合考虑理论的合理性与现实复杂性之间的关系。在教科书的定位上，编者一方面应该考虑教科书具有范例的性质，教科书中要提供典型、必要、充足的学习材料，服务于教师自主地教与学生自主地学；另一方面应该以规范的标准来要求自己，使教科书无限地接近规范。

以上虽然是从教科书编写的角度来讨论的，但是对于说明教科书是什么也

① 毕华林. 教材功能的转变与教师的教科书素养［J］. 山东师范大学学报，2006(1)：87-90.

有一定的作用。上述讨论中，国家意志、社会发展、学科进展、学生发展等关键词还提示我们，教科书需要协调国家社会发展、学科进展和学生发展的关系。

综上所述，我们可将教科书的角色、功能简要概括如下：教科书是最重要的课程资源，是学生学习的阶梯，是教师教学的帮手；教科书具有一定的权威性，但是教科书不是“圣经”。中学生物学教科书是生物学界、教育界在课堂里的代表，它为学生学习生物学课程提供基本内容支撑，为学生发展生物学素养、为学生的全面成长提供最重要的资源支撑。

三、中学生物学教科书的结构

教科书不同于一般的出版物，而是用于教和学的最重要的文本资源，是学生学习学科课程、提升核心素养的“路程单”。因此，教科书有较为独特的结构。

（一）中学生物学教科书的组成部分

我们先基于经验，按照教科书编写时的考虑，以及读者阅读教科书能看到的显性的内容组成来分析。

首先，中学生物学教科书，一般是按照学段来编写的，一个学期对应一册书的情况比较多，但也偶有一个学年一本，或半学期一本的情况。虽然教科书需要分册、分模块，但是，在一个学段（初中、高中）中，教科书的内容安排都是需要整体考虑的。编写教科书时，需要将课程标准中对整个学段的要求具体化，构建整个学段教科书的内容（一般来说都是知识内容）结构框架，并进行分册内容的安排。教科书的结构框架，往往贯穿一定的主线。例如，很多生物学教科书是以生命活动的基本特征为主线的。又如，新课改时期编写的初中生物学教科书，就以人与生物圈为主线；而高中各模块教科书也都有主线来统领各章节内容。

其次，具体到每册书，一般是按照单元、章、节的层次来组织的。单元、章、节，以及节下的小标题，就构成了教科书的框架结构。

每册教科书，或者全套教科书的开篇，大多有类似于绪论的篇章。在这里，简要介绍生命的基本特征、生物学的主要内容、学习生物学的意义等。一般来说，生物学教科书的绪论不但能起到激发学生学习生物学的兴趣的作用，还能起到先行组织者的作用，帮助学生从整体上把握生物学课程内容或者整本书内容。有些教科书虽然没有标为“绪论”的内容，但是，往往有可以代替绪论作用的篇目，如《致同学们》《科学家访谈》等。

教科书的一个单元往往围绕一个大概念展开，如“生命在生物圈中的延续和发展”，围绕这个大概念设计若干章节。除了每个单元都有若干章节的主干核心内容，单元一般还有单元引言、单元小结等内容。

教科书每章包括若干节。章开始一般有导入，章后一般有小结、检测等内容。节是中学生物学教科书组成的基本单位。中学生物学教科书的节，一般包括以下组成部分：节标题、引言、黑体字标题、正文、旁栏、学生活动、练习、课后阅读等。教材中，除了文字，还有大量的插图，大部分是图文结合的。

如果将每节正文主要内容简单作个区分，可以分为知识内容和学生活动两大类。早期的中学生物学教科书，正文基本为叙述知识，而将学生活动放在整本书或各章节后面。20世纪末开始，我国的生物学教科书则采取正文与学生活动穿插、整体设计的方式来组织。

以上是从教科书显性的结构组成来说的。如果从教科书的要素及其相互关系角度看，则可以按照教科书中内容实质、组成部分的功能等进行分析。

顾明远在其主编的《教育大辞典》中，对“教材结构”是这样解释的：各科教材之间的合理组合和各科教材内部各要素、各成分之间的合乎规律的组织形式。各科教材一般含有知识、技能、智能、思想观点等要素和教材目标、教材内容、学习活动三种成分①。也就是说，在教科书的结构中不仅应包括知识、技能、智能和思想观点等要素，而且应包括教材目标、教材内容和学习活动三种成分，它们是各要素、各成分之间的合理的组织形式②。叶立群则认为：“教材的结构指的是教材有哪几部分，哪几种形式组成的。教材不同于其他作品，它为了使学生对所学的知识和技能能够理解、巩固和运用，并且调动学生的学习积极性，需要采取和运用多种形式，通常采用的是文字的阐述（课文）、图画、图表、表解、实验、作业（练习）等。”③

有学者提出教科书有以下基本要素和组成部分：术语、事实、概念、原理、内在联系等④。有学者对理科教科书的表层形式的分析从以下三个方面来着手——课文编排系统、图像系统、作业系统⑤⑥。课文编排系统是主体，是教科书的知识体系；图像系统与知识体系是有机整合的，图像是对教育内容的另外一种诠释，能让书本知识更直观，也让知识简单明了化，插图的使用，适当地减少了学习难度，增加了课本的生动性，减少了课本的单调性，更能促使学

---

① 顾明远．教育大辞典（第一卷）［M］．上海：上海教育出版社，1990：286．

② 李莉．内地与香港初中中国历史教科书比较研究［M］．武汉：华中科技大学出版社，2014：121．

③ 叶立群．课程教材改革探索［M］．北京：人民教育出版社，1997：62．

④ 王莉．课堂教学技能训练教程［M］．西安：陕西师范大学出版社，2016：39．

⑤ 覃兵，徐红霞，张帅东．民国初年中华书局理科教科书特色解读［J］．课程教育研究，2014（16）：16．

⑥ 覃兵，胡蓉．近代中华书局理科教科书文本研究［M］．北京：光明日报出版社，2016：29．

生有学习的兴趣和动力。作业系统是师生交互活动的理想平台，能帮助学生练习、巩固、应用所学知识，帮助师生更好地实施教学。

基于这些分析，我们可以认为，生物学教科书中，应该由学习目标，支撑目标达成的图文阐释内容、学习活动、作业等部分组成，它们有机组合，系统整合才能构成教科书的有机整体。其中，以往的教科书中的学习目标大多是隐含的，只是在教师用书中以“教学目标”的方式来间接呈现。近些年来，教科书中的学习目标也经常显性化呈现，例如，以“本节聚焦”的方式来呈现本节主要的学习目标，或者以“单元提示”的方式呈现单元核心学习目标。

（二）中学生物学教科书中的学科逻辑与心理逻辑

中学生物学教科书各章节内容的组织具有内在的逻辑，需要综合考虑生物学学科内在逻辑和学生的学习心理（也叫作心理逻辑），教科书的内在结构是学科逻辑与心理逻辑的复合体。虽然一般读物都要考虑读者的心理，但是，教科书面对的主要读者是学生，其内容的学习又非常重要，因此，教科书在考虑读者心理方面的任务，就显得更为重要。

生物学作为一门科学，其知识体系是有内在逻辑的。因此，从生物学的视角看教科书内容的选择和组织，教科书首先要反映生物学学科知识体系的精要部分，要以生物学学科知识逻辑体系为基本框架来组织内容。在考虑学科逻辑时，要注意概念表述的准确性以及概念之间的内在逻辑。

中学生物学教科书是供学生读的，是教师用来教学的，因此，中学生物学教科书要考虑学生的学习心理，要好教利学。教科书考虑学生的学习心理，就需要尊重心理学规律。首先，教科书要考虑学生的实际情况和学习心理，至少包括以下几个方面。学生的基础：知识的深度难度得当、有利于调动学生已有的知识和经验、有利于学生自主地构建新的概念。有利于调动并维持学生的兴趣和注意力：课文的引入能激发学生的学习欲望、课文的组织能吸引学生持续的注意。教材的结构鲜明：标题层次清楚、关键词语突出、内容要点容易把握。有利于知识的巩固、转化、迁移和应用：教科书中提出的问题和练习题，利于学生巩固并内化新知识（如提供多种变式练习），体现出了知识之间联系，设置了应用知识解决新问题的情境；等等。其次，教科书还要便于教师教学。尽管教学是极具个性的活动，一本好的教科书在内容编排上还是应该提供一种基本适用的教法。如果分解得具体一些，需要考虑能否实现这些目标：现有教学条件能够完成教科书的内容；教科书的一节内容基本可以用整数课时去教学；教科书一节内容的呈现基本符合教学流程；教科书中提供了可供选择的多种教学素材……

编写中学生物学教科书，一方面要考虑学科逻辑，要注意科学严谨；另一方面，要考虑学生的心理发展水平，考虑学生的知识水平和认知能力状况。中学生物学教科书里有些生物学概念、原理、规律，照顾学生的认知水平而讲得通俗一点，这时，如果仅仅从科学性的角度去看，可能会认为不科学，甚至“有错误”。这也是有些大学专家批评中学教材许多地方不严谨的原因。不过，如果不考虑中学生的心理特点，一味地追求对概念、原理、规律表述的科学性，可能会造成学生无法理解的结果。因此，中学生物学教科书，在知识内容的处理上，经常是在科学性与通俗性之间寻找平衡。

四、教科书编研需要团队合作

在教科书的编写上，团队合作十分重要。首先，教科书不是个人著书立说，而是要反映国家意志、主流观点；其次，对教科书的质量要求比一般出版物更高，教科书中对事实的选择、概念的表述及内容的组织等，都要慎之又慎。因此，编写教科书时，基本都要采用团队合作的方式。

中学生物学教科书的编写，在编写团队的组织上，一般包括三类专业人士。一是大学、科研院所的学科专家，他们的生物学科研究背景，可以为教科书中学科知识的准确性和时代性提供可靠保证。二是中学一线生物学教师、教研员，他们有丰富的课堂教学经验，非常了解中学一线实际情况，也熟悉学生的学习心理，可以为教科书好教利学提供支持。三是专门从事教科书研究、编写、编辑出版的专业人士，起到组织和核心的作用，他们提供提纲、样章，为编写奠定基础，并在执笔人交稿后对书稿进行修改、打磨，为教科书配图，组织完成后续各项送审工作。

在具体编写方式上，采用个人独立执笔与团队集体研讨相结合的方式进行。在教科书编写过程中，一般每一册教科书由数位作者合作完成，全套教科书需要十几位甚至更多作者合作完成。每位作者执笔其中的部分章节。一般来说，全体编写组至少要集中数次，讨论编写提纲、样章、体例、分工，讨论初稿、修改稿。讨论的过程，就是大家集思广益，合作的过程。

在教科书定稿后，还要有美术设计、插图绘制、照片选择、排版、校对等工作，这些工作也需要大家分工合作。此外，国家教育行政部门还要组织专家对教科书进行审核，在初审后，要组织审读、试教工作，教科书编辑出版队伍要按照审核意见和审读、试教意见修改完善。这也充分体现了教科书需要团队协作。

五、教科书编研出版的科学程序

教科书的编写是一项系统过程。总结人民教育出版社70余年的教科书编写经验可知，教科书的编写应基于研究，并按照科学的编研程序进行，以确保教科书的质量。

（一）基于研究编写教科书

教科书的编写需要在继承的基础上创新。因此，每次编写生物学教科书，都需要考虑正在使用的生物学教科书的优点和不足，这样才能克服短板、发扬优点。因此，教科书的编写需要组织专项课题研究，全面了解正在使用的教科书的适宜性。

生物学教科书是供课堂教学使用的最重要的课程资源，因此，特别需要了解课堂实际情况，使得教科书具有良好的适切性。教科书的编写需要就课堂教学开展研究，进行调查访问，了解一线教学实际情况，这是编好教科书的基础。

教科书的编写要以课程标准为依据，以国家颁布的教育改革纲领性文件为指导，因此，研究国家政策、课程改革要求，是编好教科书必须要做的研究工作。

此外，有关生物学学科本质、生物学前沿进展、国际教育潮流、主要发达国家生物学教科书的研究，也是编好教科书必须做的工作。

（二）科学的编研出版流程

在编写工作流程的设计上，需要分工协作、集思广益。无论是编写，还是后期的审稿，都组织和用好三结合的队伍，从而做到优势互补。在编写过程中，既考虑学科逻辑的严谨，也注意好教好学，考虑学生学习心理。在教材审稿会议上，则细细打磨内容阐述的科学性，认真评估内容的适切性。接近成稿之际，则请专业编辑、学科专家从编校方面和学科知识的严谨方面再次把关，尽最大的努力解决可能存在的科学性错误和编校错误。

在编写机制上，主编、责任编辑和作者始终保持密切的联系，随时讨论修改过程中遇到的问题；美术编辑、绘图人员、排版人员与责编密切协作，良性互动，必要时随时与主编沟通，做到在整体设计的基础上逐页设计，使教材不仅在内容质量上得到提升，在美术设计和版式设计上也有明显进步。

在教科书进入学校使用之前，需要通过国家教育行政部门组织的教材审核。教材审核可能有初审、复审、印前审核等多轮。在教材通过初审后，需要在一定范围内组织教材的试教试用。教材编写出版单位根据试教试用意见修改教材后，再次送审。通过审核之后，教材才能编入教科书目录，供学校使用。

在教科书通过审核、学校开始使用之前，教科书编写团队还要编写教师教学用书等配套教学资源，为教师用好教科书提供保障。同时，编写出版单位还要组织教师培训，以帮助教师理解教科书，用好教科书。

在教科书使用过程中，编写出版单位还会组织回访和调研，了解教科书使用的实际情况，以及一线教学存在的问题和教学中的困难，及时帮助一线教师解决困难。编写出版单位往往还会利用网站、社交软件等平台，通过信息技术手段，做好后续的服务和保障工作。

六、教科书配套资源的立体化开发

教科书作为最重要的课程资源，在使用中往往需要配套资源。因此，配套资源的开发，也是教科书编写、使用必须面对的问题。

生物学教科书的配套资源，一般包括教师教学用书、实验报告册、同步练习、教学理论参考、教学案例集，等等。进入21世纪，随着信息技术的发展，网站成为教师的教学助手。随着数字技术的进步，数字教材的开发，也受到极大关注。数字教材也就成为相应的立体化配套资源的一部分。以下仅介绍其中与教学关系最密切的几类。

教师教学用书可以帮助教师理解教科书的编排意图，提供教科书中习题的答案，提供教学参考案例，提供其他资料包括音频、视频资源等。教师教学用书是教师，特别是青年教师的得力帮手。

实验报告册可以为学生开展教科书中设计的实验、探究提供帮助，进一步明确实验目标、原理，让学生进一步弄清楚实验、探究的步骤，记录结果、得出结论，并进行表达和交流。

配套的同步练习则可以帮助学生梳理教科书内容，把握重点、难点，巩固、应用知识，也可以帮助教师检测学生的学习情况。

数字教科书是近些年来才出现的新的资源。数字教科书可以提供多样化的资源，包括文字、图片、讲解视频、实验视频等，还可以利用网络的人人互动或人机互动，充分体现学习过程中的互动和生成性，实现教材的开放性；可以更好地贴近教与学的实际情景，为个性化的教与学提供更好的支持。数字教科书的资源丰富、互动性好，还能为教师教学即时提供学生的学习反馈，极大地便利了教学，不少学校已经在使用数字教科书进行教学。数字教科书未来将深刻影响教科书的发展。

综上所述，在我国，基础教育阶段教科书的编写是国家事权，中学生物学教科书要反映国家意志，落实国家的教育目标。中学生物学教科书是一类特殊的出版物，是中学生学习生物学课程最重要的课程资源，它对于基础教育阶段的学生素养发展至关重要。中学生物学教科书，是实现生物学课程育人价值必不可少的载体。教科书是一个系统，其目标要综合实现学科课程的育人功能，其内容选择要充分考虑知识比较价值，其内容的组织要考虑学科逻辑和心理逻辑的平衡；其编写需要基于研究，需要团队合作，需要有科学的编研程序。在教学中，把教科书用好，可以起到事半功倍的作用。

第二章　我国中学生物学教材发展历史回顾

一、清末、民国中学生物学教材的发展概况[①]

1859年，韦廉臣、李善兰合译、墨海书馆出版的《植物学》，是我国最早的中学生物学教科书之一。1902年《钦定中学堂章程》颁布之后，中学生物学课程在我国真正设立，中学生物学教科书在我国广为采用。《钦定中学堂章程》中规定，中学堂第一年到第四年都开设博物课程，博物课的内容包括植物学、动物学、生理卫生和矿物学[②]。同年，虞和寅编辑的《博物学教科书》在上海理科书社出版，这是最早一批由中国学者自己编辑的生物学教科书之一。

如果以1902年为起点，中学生物学教科书在我国的发展历程已经超过百年。这一百多年里，教科书的内容选择、插图设计、呈现方式等都发生了明显的变化。

（一）清末中学生物学教材的发展概况

18世纪末，西方新兴的资本主义国家迅猛发展，清政府却在闭关锁国中满足于小农经济，维持着封建统治。到鸦片战争时，西方的炮舰轰开了清王朝的大门，当时的统治者仍在固守祖宗基业。不过，变革的种子已经萌芽。19世纪末，清王朝的统治危机进一步加剧，内有农民起义和反抗，外有列强步步紧逼，不变革难以为继。当时的民族资产阶级维新派，大力宣传西方民主政治。清政府为维护风雨飘摇的封建统治，也不得不适应时代潮流，摆出学习西方进行政治改革的姿态，采取“预备立宪”等措施以图继续维持王朝统治。然而，当时清廷的立宪，主要目的是作姿态，一味拖延，结果拖到了改良派也转变为革命派。中国社会结构的变化，在清朝的最后十年迅速加剧。社会结构的分化，已经为清王朝的灭亡挖掘好了坟墓。

---

① 赵占良，谭永平．中国百年教科书史：生物学卷［M］．北京：人民教育出版社，2020：22-31．

② 课程教材研究所．20世纪中国中小学课程标准·教学大纲汇编：生物卷［M］．北京：人民教育出版社，2001：1．

在西方，伴随着现代教育制度的改革，科学教育的发展很快，这在国民素养提高的过程中发挥着重要作用。然而在我国，直到20世纪初，仍然沿用科举取士，科学技术仍然没有进入教育的主流阵地。

1839年，由西方人主持的“马礼逊学堂”成立。在这所学校所设课程中，有国文、英文和算术，后增代数、几何、地理、历史、生理、音乐等。马礼逊学堂开创了教会在华办学的先声，这可以看作我国学校教育最早接触生物学课程内容的事件。此后，许多教会学校都设有生理学、生物学课程。但是，当时教会学校的教学内容带有浓厚的宗教色彩和神学观点，并且使用的是外国教材，也由外国人执教，国人子弟也并未普遍接受这些课程。因此，严格地说，生物学课程当时并没有真正进入我国学校的课程设置。

19世纪末，在洋务运动中（或受其影响）建立的一些新式学堂中设有生物学课程。不过，这些学堂中的生物学课程仍没有形成什么影响力。19世纪末开始，有一些新式学堂和近代出版机构开始编写教科书，这些教科书以译自日本的居多。

中国近代的生物学教育起始于传教士设立的教会学校。初期的教会学校，只设有生理学和博物学等零星的生物学相关课程。清末传教士在中国设立的学堂，因教学需要，翻译、引进了不少的教科书。当时比较著名的教会出版机构，如墨海书馆、美华书馆和广学会等，出版了一些教科书。系统引进西方教科书的是1877年成立的“学校教科书委员会”，也称益智书会，14年中，其自行编辑出版的、审定适合学校使用的教科书有48种、115册。

洋务运动开始以后，国人建立了一些新式学堂，这些学堂也有一些教科书，但其中的生物学教科书很少。19世纪60年代以后，洋务学堂为了应付西学课程的急需，在没有经过严格甄别和正规编制的情况下，临时仓促翻译了一些西方教科书。当时有组织的翻译机构主要是京师同文馆翻译处和江南制造局翻译馆。据载，短短的几年时间，同文馆师生共编译书籍20余种，而且还在馆设立了专门的印刷机构，以聚珍版刊行于世。同文馆的许多译书也被当时该馆和其他新式学堂作为教科书使用，如《格致入门》《化学阐原》《物理测算》《天文发轫》《星轺指掌》《算学课艺》和《全体通考》等。江南制造局翻译馆是19世纪中国官方最大的西书翻译出版机构。据《江南制造局译书提要》记载，至1909年，江南制造局共译书160余种，1075卷。这些译书很多都被洋务学堂和新式书院选作教科书①。

1902年，清政府为了实现“中学为体，西学为用”，颁布了《钦定中学堂章程》（壬寅学制），这标志着我国近代学校制度正式建立。科学课程从此正式进入正规教育的门户。《钦定中学堂章程》规定，中学堂第一年到第四年都

---

① 吴小鸥．浸润与激荡——清末民国教科书对社会变革之影响［J］．湖南师范大学教育科学学报，2007（5）：19-24．

开设博物课，内容包括植物学、动物学、生理卫生和矿物学。就生物学课程来说，《钦定中学堂章程》的颁布也可看作它在中国学校教育的起点。然而，《钦定中学堂章程》颁布后并没有真正实施。1904年，清政府在壬寅学制的基础上，参考日本学制，又颁布了《奏定中学堂章程》(癸卯学制)。

清政府陆续颁布壬寅学制和癸卯学制之后，全国各地建立起了大量新式中小学堂。随着学堂数的增加和入学人数的增长，对教科书的需求也更加迫切。在这种情况下，从国家的教育机关到民间的出版社和书坊，以至于中小学堂自身，都编写、翻译了大量中小学生物学教科书。当时的民间出版机构如文明书局、商务印书馆已经先于政府抢占了教科书市场，但是政府也不愿放弃对教科书的领导权，一直都在筹划编辑国定教科书。然而，清政府教育机关思想落后、工作效率低下，始终没能编成一整套供全国使用的中小学教科书。在这种背景下，清政府采取了官编教科书与民间教科书并行，对民间教科书进行审定的制度。除学部和京师大学堂外，地方也成立了官办书局，负责编审教科书。总体来看，清政府及其官办机构编写出版的生物类教科书数量有限，影响也比较小。

与清政府及各地方官办书局相比，清朝末年的民间教科书编辑出版显得更加繁荣。山西大学堂等高等和中等学堂、文明书局和商务印书馆等出版机构，以及少数热心人士纷纷参与到新式教科书的编写行列，民间编写出版的教科书占据了中小学教科书的主阵地。日本的中小学教科书对清朝末年新式教科书的影响很大，该时期编译的教科书有的是直接翻译自日本教科书，有的是根据日本教科书稍加改编而成。

1902—1912年，有多种供中学堂学生使用的博物教科书出版。这些书当中，有的书名是博物学，有的是植物学、动物学、生理卫生，多数是日、美等国学者编写、国人翻译的，国人自编的非常少。事实上，在中华民国成立后的一段时期内，从外国直接翻译或编译的教科书仍占很大比例，但是呈逐渐下降的趋势。从教科书作者上看，有外国传教士、政府编译机关的专职人员、民间书坊的编辑、中学教师和留学生等，其中留日学生在日译教科书方面贡献颇多。清朝末年的中学生物学教科书，语言上多为浅近的文言文，不利于生物学知识大面积迅速传播，文字竖排，基本没有正规的标点符号断句，教科书呈现的体例还不是很规范。当时教科书里所用的学科名词术语，与今天我们所习惯的名词术语差别较大。从教科书的内容上看，动物学、植物学教科书的基本内容是解剖学、分类学以及生理学的内容；编译的教科书多采用外国的动植物进行说明，大多不适合中国国情。国人逐渐认识到了这些问题，在后来的自编教科书中不断改进，才有了适合中国国情的、利于更高效地传播生物学知识的现代生物学教科书。

清朝末年的中小学生物学教科书尽管还很不成熟，但开启了以新式教科书传播现代生物学知识的道路，让一部分学生开始接受现代生物学教育，并为之后的自编教科书打下了基础。当然，不可否认的是，在那个年代，仍有编译得比较精美的教科书出现，教科书中的插图绘制准确，甚至还有彩色插图；有的生物学教科书甚至已经安排了显微镜观察等实验。

从清朝末年教科书发展的情况看，一方面，教科书受当时的社会、经济、文化背景的影响；另一方面，它与社会发展是互动的，它虽然不能决定社会政治斗争、经济发展、文化变迁的成败，却反映和影响了人心，显示了社会变动的方向与矛盾起伏规律，成为社会生活中较为活跃的因素。教科书作为拥有全国最大受众市场的读本，不仅惠及各类学堂的学生，其思想内容还对社会产生辐射力，成为社会变革的重要影响因素。我们甚至可以这样说：在一定程度上，教科书是清朝末年和民国时期社会动荡、变革的策源地①。

（二）民国中学生物学教材的发展概况

民国时期是中国教育近代化的转型时期，是中国近代自编教科书的奠基期。中小学教科书的近代化是民国教育近代化乃至中国教育近代化的重要组成部分。民国时期，各科教科书在经历了清朝末年的经验积累后都有了蓬勃的发展，它在中国教育近代化的进程中承担着传承近代文明、涤荡陈旧传统、塑造新型国民的作用。参与教科书编辑出版工作的各民营出版机构在教科书审定制的鼓励下，也在教科书编辑出版的高质量、低价格方面贡献了时代的智慧。民国时期的教科书编写不仅继承了传统"经学"课本的优点、融合了西方教科书的科学因素，也为现代教科书的成熟提供了范本。中学生物学教科书在民国几十年里，发展非常迅速。到20世纪30年代前后，出现了一批优秀的中学生物学教科书。其中有代表性的，有陈桢的《复兴高级中学教科书生物学》。

陈桢编著的《复兴高级中学教科书生物学》可能最能代表民国时期中学生物学教科书的成就，其再版次数近200次，足以说明该书的普及。它不仅在当时国内的高级中学被普遍使用至1954年，还流行于东南亚一带的华侨学校。不少著名的生物学家，如吴旻院士等，曾经谈道，他们的生物学知识就是从陈桢的生物学中自学获得的，也由此才产生了对生物学的浓厚兴趣。

以下我们将民国时期的教科书发展情况，分为民国初期、民国中期，民国晚期三个阶段来阐述。

1. 民国初期（1912—1922年）

1912年，中华民国成立。由于政体的变革，清政府所制定的"忠君、尊孔、尚公、尚武、尚实"的教育宗旨显然有悖于时代潮流，提出和颁布新的教育指导方针是关系到民国教育发展方向的全局性大事。中华民国临时政府成立之后，蔡元培担任了第一任教育总长。在孙中山的整体规划下，蔡元培认为，教育的根本任务在于培养民众"完全之人格"，而要培养这样"完全"的人，

① 吴小鸥．浸润与激荡——清末民国教科书对社会变革之影响［J］．湖南师范大学教育科学学报，2007(5)：19-24．

必须坚持“五育并举”的教育方针。蔡元培“五育并举”的教育方针成了民国初年资产阶级教育的宗旨所在，也直接影响了民初教科书的走向[①]。这是蔡元培根据自己在教育实践中形成的经验，吸取西方近代教育理论的滋养并针对当时社会对教育的要求及教育自身存在的问题而提出的，是对孙中山有关教育思想的丰富和发展，对民初教育改革有重大指导作用[②]。

蔡元培首先对清朝末年学部制定的教育宗旨展开了批判。清朝末年的教育宗旨为“忠君、尊孔、尚公、尚武、尚实”，它反映的是半殖民地半封建社会的需求，也是“中体西用”思想的体现，仍然保留着浓厚的封建意识。蔡元培指出“忠君与共和体制不合，尊孔与信教自由相违”，认为清朝末年的教育宗旨根本不能体现共和政体的要求，必须加以改变。

1912年9月2日，中华民国第一个教育宗旨发布，内容为：注重道德教育，以实利教育、军国民教育辅之，更以美感教育完成其道德。从这个教育宗旨的内容可以看出，它明显删除了“忠君”和“尊孔”两点，从而也就在根本上同清末封建专制主义的教育方针划清了界限。新宗旨中的“道德教育”是指对青少年进行“自由、平等、博爱”等资产阶级的政治、思想道德教育。这是新教育宗旨的核心，也是民国教育的中心。“实利教育”是指对学生进行有关生产知识和技能的教育。“军国民教育”是指军事体育训练。同时，新宗旨还增添了“以美感教育完成其道德”，以此表达了刚刚取得政权的资产阶级的思想境界。这个新宗旨对辛亥革命以后教育事业的发展起到了相当积极的作用。教育部于1912年先后公布了《中学校令》和《中学校令施行规则》，这几条政令对中学学校的教育宗旨、课程设置、学生的修业年限、学生的入学资格等方面作了较为具体的规定，规定了中学以“完足普通教育，造成健全国民”为宗旨。

1912—1913年，教育部陆续颁布了壬子学制、壬子癸丑学制，正式确立了在中国实施资产阶级学校教育的教育制度，进一步推进了中国教育近代化以及教科书现代化。1912年，临时教育会议制定的《学校系统令》（壬子学制）于9月公布实行。此后，教育部又公布了一些各级学校的法令，对壬子学制进行了修改和完善。1913年，教育部对已经公布的法令进行综合，制定了一部完整的学校系统令，即壬子癸丑学制。壬子癸丑学制对课程的设置进行了重大革新，取消了中小学那些读经讲经的课程，增加了自然科学课程和实用课程，这体现了资产阶级教育更重视授予学生实际生活所必需的生产知识和技能。1912年颁布的学制大体上还是沿用了清朝末年的旧学制，不过将各级学校的年限都稍加缩短。

国民政府对清朝末年教科书是否可继续使用采取了分类处理的原则。1912

① 李文慧．民国时期中小学教科书发展研究［D］．保定：河北大学，2005：1．

② 王炳照，阎国华．中国教育思想史：第六卷［M］．长沙：湖南教育出版社，1994：26-27．

年，中华民国临时政府教育部颁布了《普通教育暂行办法》，规定禁止使用清政府学部编撰的教科书，但允许民间编撰的教科书修改后使用。

国家教育行政机关制定各级各类学校的课程标准，编写教科书与学校选取教科书均以此为依据，政府机构只负责教科书审定。这种对教科书的管理方法，有利于发挥各方面的积极性，在比较中竞争，提高教科书质量。虽然个人编写的教科书要求呈教育部审查，但是，实际上各地各校教科书的使用国家难以掌握，教学质量的稳定难以保证。商务印书馆出版的教科书，由高梦旦、庄俞、傅运森、谭廉、杜亚泉、凌昌焕、邝富灼等编辑，包括小学、中学、师范各科用书，其中小学教科书在20年间再版300多次。中华书局出版的“中华教科书”也在全国广泛发行。之后，商务印书馆出版了“实用教科书”“文体教科书”等；中华书局出版了“新制教科书”“新编教科书”“新式教科书”等。

1913年3月19日，国民政府颁布《中学校课程标准》。相比清朝末年的课程文件，1913年颁布的《中学校课程标准》中明显增加了植物的生态分布、动物的分布和生理中的公众卫生等内容。这些都体现出民国初期蔡元培“五育并举”中的“实利教育”和“科学教育”。

具体到中学生物学教科书，这一时期和清朝末年相比，既有继承的部分，也有改革的部分。当时的教科书中也体现了这些教育思想，有关动植物应用的内容开始独立成章，而且篇幅大量增加。在1921年商务印书馆出版的《共和国教科书植物学》中，植物生态学开始独立成章。动物教科书也出现了不同于之前以动物分类为主线的体例，如1920年商务印书馆出版的《共和国教科书动物学》，分别讲授动物的形态、分类、解剖、生理、分布。生理教科书也有专门的章节讲授有关公众卫生的内容。

与清朝末年以翻译为主的教科书相比，民国初期大多数教科书属于国人自编。伴随着学科发展和社会进步，从清朝末年到民国短短十几年间，植物学、动物学以及生理学教科书都体现出一些新的特点。

纵观民国初期的生物学教科书，“尚实”是该段时间的突出特点，所谓尚实，就是学以致用。学部具体规定：凡中小学所用教科书，宜浅近可行，具体可用；教员讲授以实物为标本，使学生知闻并进。有关动植物应用的内容开始独立成章，而且篇幅大量增加。

2. 民国中期（1922—1937年）

1912年颁布的学制因中等教育阶段问题太多而备受争议。这一时期，国内改革学制的呼声越来越强烈。伴随着实用主义教育思潮在中国的传播，以及留美学生的大批回国并在教育界担任要职，“学习美国”成为当时教育界的潮流。教育部在1922年召集学制会议，商讨制定新学制。在中国教育界这场热烈的学制大讨论的推动下，壬戌学制终于诞生了。1922年，教育部公布《学校系统改革令》，即壬戌学制或称“新学制”，将原来的“七・四”制，改为“六・六”制，取消了国民学校及高等小学名称，改为初小四年，高小二年；

中学改为六年，分初级中学三年和高级中学三年。中学阶段从此明确划分为初级中学和高级中学。

新学制的制定，触发了新教材的编写和出版。为了适应学制改革的需要和贯彻儿童中心的教育理论，几家大书局都出版了新学制教科书。例如，商务印书馆出版了“新学制教科书”，中华书局出版了“新教材教科书”“新教育教科书”，世界书局出版了“新学制教科书”，这些教科书体例新颖，有所创新。

在教科书制度建设方面，民国初年允许民间自由编纂教科书，教育部对教科书的使用进行审查。教育部早在1913年就设立了编纂、审查二处，但由于政局不稳，这两个机构也几经裁撤、重设和另外命名。然而，作为民间团体的全国教育会联合会，对中国教育事业作出了积极贡献。从1915年开始，该会多次提出改革中小学校教科书的决议案。例如，1919年10月提出《中小学校教科书应即改编案》，建议各省区教育会或教育厅从速组织教材调查会；各省区教育会得设教科书编纂会等。这些意见和建议，推动了中央政府改革教科书和教科书编审制度化的步伐。

国民政府时期，国民政府对教科书的编审做了一些卓有实效的工作。

首先是相关法令的颁布与国立编译馆的成立。1927年开始，国民政府颁布了几个有关法律条例，涉及教科书审查事宜，强化教科书的审查。1929年1月，教育部公布《教科图书审查规程》，修订《暂行教科图书审查办法》《审查教科图书共同标准》。《教科图书审查规程》第一条规定：学校所用之教科图书，未经国民政府行政院教育部审定或已失审定效力者，不得发行或采用。1932年年底，国民政府公布《中学法》和《小学法》，法令规定，中小学教科图书均应采用教育部编辑或审定者。1932年6月14日，国立编译馆正式成立，隶属于教育部，其职能是掌理教科图书及学术文化书籍的编译事务。国立编译馆一直存在到1949年。

其次是部编教科书的出版。1931年，国民党第四次全国代表大会讨论议定：中小学之教科书，应完全由教育部编印，中小学校应采用此项教科书，同时对坊间所售之教本，中小学教育自编之讲义，一律禁止或取缔。部编中小学教科书尚未印行以前，仍用审查办法，以杜绝不良教科书的发行。1935年国民党第五次全国代表大会上，教育部汇报：教科书之审查，久已施行，部编教科书之计划，中学部分明年可以完成，中等以上学校教本由部统一编定，亦正积极进行，期于短期内完成。1937年前后，教育部就编纂出版了相当数量的教科书，其科目包括国语、历史、地理、算术、自然、几何、化学、矿物、生理卫生等，这是中国有自编教科书以来，由国家机构组织编写的较为系统的一批教科书。国立编译馆在抗日战争胜利后的几年间也编纂出版了一系列中小学教科书，数量不算很多，但科目比较成体系。

1926年，商务印书馆和中华书局分别出版了一套紧随1922年新学制的综合高中生物学教科书：《新学制高级中学教科书公民生物学》和《新中学教科书高级生物学》。这是我国最早出现的将植物、动物与人体生理卫生编制在一起的综合生物学教科书。《新学制高级中学教科书公民生物学》分为上下两卷，上卷五编，下卷三编，总计八编：总论、食物与生命、生物之继续、生物之生活方法、生物之反应生活、生物之改良、人类之生活、人类与他种生物之关系。上卷五编大半重于实验室工作，下卷三编重于校外工作如采集、调查等。《新中学教科书高级生物学》内容更加系统，按照生殖、营养、遗传、进化、应用，分别讲植物、动物和人，从低等到高等，体系简明，质量较高。

1922—1929年，混合动植物学的初中生物学教科书一直没有出现，1929年暂行课程标准又规定初中自然科兼采分科制和混合制两种，并且各给出了课程标准。除1931年中华书局出版的《新中学生物学》属混合初中教科书外，初中教科书没有走向综合，一直都是分科教科书。相反，综合的高中教科书在这之后如雨后春笋般涌现，而且逐渐成熟。

1928年年底，国民政府形式上统一全国，这一年成为对国民党统治具有重大历史意义的年份。行政制度和意识形态都走向统一，“三民主义”中国的时代来临了。1928—1929年，许多出版机构都推出新教科书，迎接这个崭新的历史时期。商务印书馆出版了“新时代教科书”，中华书局出版了“新中华教科书”，科目分类上十分细致。20世纪20年代末，中国教科书有了一段看似精彩的亮相。1933—1934年，由于国内统治的相对稳定，国民政府“新生活运动”的积极开展，中国教科书在这个时段的发展又跃上一个新平台。这个跃进主要表现在商务印书馆推出的规模空前的“复兴教科书”上。该套书不仅包括各个科目，还包括生物学实验课本等。在当时的中国，“复兴教科书”可以说是自中国有教科书以来体系最庞大、科目最齐全的一套教科书，它是民国教科书发展史上的重要里程碑。这套书还尽可能详尽地涉及一些新科目，如实验课本（包括物理学实验、化学实验和生物学实验等），这是中国教科书发展历程中的新事物[①]。

就中学生物学教科书而言，陈桢编著的《复兴高级中学教科书生物学》是这一时期乃至整个民国时期的杰出代表。该书是陈桢根据几百本当时出版的专业书籍、杂志，结合自己的研究论文著成。该书民国二十二年（1933年）出版，之后再版次数近200次，影响十分深远。

《复兴高级中学教科书生物学》按照普通生物学的体系编写，包括细胞的结构与功能、细胞分裂、生物类群、植物生理、动物生理、发育、遗传、进化等内容。该书内容丰富，全面介绍了当时的生物学基本理论和基本知识，尤其是有关遗传理论的阐述，简明、深刻，使学生能从这本教科书的学习中对生物学有全面的了解。书中内容注意反映生物学的新进展，介绍深入浅出，如性别决定的基因平衡理论、中间性、性逆转等。该书十分重视生物学科学史素材的

① 毕苑．中国近代教科书研究［D］．北京：北京师范大学，2004：45-46．

应用，在教科书正文中不时引用、渗透。在书后还附有生物学大事记，简要列出了从古希腊时期到20世纪实验生物学兴起各时期的重大事件。书中的实例，都尽量采用中国的资料，不照搬国外。该书的章节安排合理，文字流畅、图文并茂。

3. 民国晚期（1937—1949年）

由于抗日战争的全面爆发，中国教科书的发展自20世纪30年代后期开始，呈现明显衰落趋势。教科书发展的衰落主要表现在出版频率减少和种类、数量的萧条上。全面抗战时期，汪伪政权下的“教育部编审会”“教育总署编审会”在1940年前后出版了一系列教科书。这些教科书受到爱国抗日的中国人民的抵抗，没有推广开来。抗战时期，国民政府也比较重视教科书的编写，于1932年成立的国立编译馆在1937年前后推出了一套教科书。这套教科书数量不是很多，均由国立编译馆编纂，商务印书馆出版，主要是面向小学校的公民、国语、算术、自然等科目[①]。抗日战争时期，教科书的出版主要是由商务印书馆和中华书局完成的。但中华书局在1937年后分设工厂数所，后来改营印刷业，不注重出版。所以说，自抗日战争全面爆发到“珍珠港事变”，商务印书馆承担了后方中小学校用教科书出版的大部分任务。

1938年3月29日，国民党中央通过的《中国国民党抗战建国纲领》规定，教育制度和教科书要以增进抗战力量为指导。7月，教育部通过了《各级教育实施方案》，要求：对于各级学校各科教科书须彻底加以整顿，使之成为一贯之体系而应抗战与建国之需要，尤宜编辑中小学公民、国文、史地等教科书及各地乡土教科书，以坚定爱国爱乡之观念。抗战进入相持阶段后，各种物资紧缺，流通不畅。教育部组织调查各省所需教科书的数量，暂定教科书补充办法，并编印战时补充教科书。对抗战造成的“教科书饥荒”现象，教育部专设管理机关，下拨专款，主持教科书的印刷、运输、调查和平价事宜，号召学校扩大抄写教科书运动，或采用木刻教科书方法，以救书荒。

1940年的《初级中学课程标准》和《高级中学课程标准》规定，初中自然科学采用混合教学，如采用分科教学时，博物科内容除动植物外，须略及地质及矿物学大要；高中生物学仅在第一学年开设，自第二年起分为甲乙两组，两组在数学、化学、物理、国文、外国语几科的教学时数上略有差异，甲组偏重数学、物理、化学，乙组偏重国文、外国语。

1941年，第三次全国教育会议通过了教育行政改进案及中学教育改进案，关于中学制度方面，提出中等教育阶段除原有“三·三”制中学外，另设六年制中学，不分初高中。

总体来看，全面抗战时期，中学课程改革不是当时的重心。抗战胜利后，1945年9月，国民政府教育部召开全国教育善后复员会议，专门研讨制定了

① 毕苑．中国近代教科书研究［D］．北京：北京师范大学，2004：47．

相关政策。1947年，国民政府教育部组织专家再次对中学课程进行全面改革，1948年正式公布方案。根据1948年的这一方案，初一每周开设3课时的博物，初二每周开设2课时的生理及卫生，高中取消文理分科，在高一每周开设3课时的生物学。这一课程标准未待实行，国民党政权就垮台了。

就中学生物学教科书而言，民国末期出版的教科书很多是以前版本的再版。例如，曹非编、陈烈光参与编写，长沙分丰馆出版的《初中实用植物学》，1934年初版，1948年版本为第17版；曹非编、陈烈光参与编写，长沙分丰馆出版的《初中实用动物学》，1936年初版，1948年版本为第14版；曹非编、陈烈光和曾省斋参与编写，长沙分丰馆出版的《初中实用生理卫生学》，1928年初版，1948年版本为第17版。也有在1948年前后出版的教科书。例如，贾祖璋编，开明书店出版的《开明新编高级生物学》，1948年初版，1949年版本为第9版。

二、中华人民共和国成立后中学生物学教材的发展概况

1949年10月1日，中华人民共和国成立，中国的教育事业翻开了崭新的篇章。中国人民政治协商会议第一届全体会议制定和通过的《共同纲领》明确规定："中华人民共和国的文化教育为新民主主义的，即民族的、科学的、大众的文化教育。"

教科书作为最核心的课程资源，是进行教育改革的重要环节之一。中华人民共和国成立伊始，中央即公开表明教科书要由国家统一组织编写和出版，采取"国定制"。中共中央宣传部部长陆定一在全国新华书店第一届出版工作会议上指出：教科书对国计民生，影响特别巨大，所以非国营不可。在这样的历史背景下，1950年12月1日，由出版总署和教育部共同组建的人民教育出版社带着为国家编写统一的教科书的使命应运而生，参与并见证了包括中学生物学教科书在内的我国基础教育教科书的发展历程。

（一）中华人民共和国成立初期——从"学习苏联"到"联系中国实际"

中华人民共和国成立之初，在全面学习苏联的大背景下，教育改革的方针包括"以老解放区新教育经验为基础，吸收旧教育有用经验，借助苏联经验，建设新民主主义教育"。然而，在实际的执行中，人们在认识上出现了偏差，主要表现为全面地学习苏联的教育经验"生搬硬套"。在教育改革最初的几年，"照搬"苏联相对成熟的经验，帮助我国教育快速度过了恢复期，得到了一定的发展；但伴随而来的问题也愈发明显，主要是照搬的苏联经验与中国实际的不匹配，如果长此以往，必将影响我国教育事业的长远发展。为此，我国经过了十几年的探索，逐步编写出了适合我国国情的教科书。对中学生物学

教科书来说，具体过程又可以大概分为以下几个阶段。

1. 编译苏联教材（1949—1951年）

1950年，教育部颁发了全国统一执行的《中学暂行教学计划（草案）》，其中规定：初中开设植物、动物和生理卫生；高中开设生物学。这对1949年以后全国教学秩序的稳定和教学质量的提高都起到了促进作用。但由于当时人民教育出版社刚刚成立，编辑人员少，教材供应的时间紧迫，赶编新教材难度较大，只能在已经出版的教材中选择比较好的教材加以修改。而在学习苏联的背景下，编译苏联中学生物学教材是当时比较稳妥的选择。该时期，人民教育出版社编译的中学生物学教材有以下几本。

《初级中学植物学课本》（上、下册），东北人民政府教育部编译，周建人、濮源澄校订。

《初级中学动物学课本》（上、下册），周建人编，李沧、于观文助编，上册1950年原版，下册1951年原版。

《初级中学生理卫生课本》，林英、文彬如编，中央人民政府出版总署编审局修订，1949年原版。

这是人民教育出版社成立后出版的第一套全国通用中学生物学教材，该时期高中阶段广泛采用的是陈桢编写和修订的高中生物学教材。这套初中生物学教科书的特点主要有两个：一是肃清了封建的、买办的、法西斯的思想，反映了新民主主义的文化教育思想；二是生物学基础知识比较系统、全面。不足之处是教学内容受苏联的影响较大，有些内容不太符合中国实际[①]，如用大篇幅讲了米丘林学说以及李森科的工作等。

2. 以苏联教材为蓝本进行编写（1952—1957年）

1952年10月，教育部以苏联的中学生物学教学大纲为蓝本，制定了中华人民共和国第一个教学大纲《中学生物教学大纲（草案）》。教育部责成人民教育出版社参照苏联的中小学教材来编写我国十二年制的中小学教材，并规定对苏联教材的整个思想体系与根本内容不作大的变动，只结合中国国情予以适当的改编。该时期，中学的修业年限为六年，初、高中各三年，生物学课程比较受重视，主要表现为：一是开设的科目齐全，包括植物学、动物学、生理卫生以及达尔文主义基础；二是安排的课时数较多。该时期的高中生物学被苏联色彩浓厚的达尔文主义基础所替代，是这一时期教科书建设的一大特点。人民教育出版社根据要求于1952年出版了第二套全国通用中学生物学教材，并随后于1953—1954年以及1957—1958年对该套教科书进行了补充和修订，其中1953—1954年出版的版本如下。

《初级中学课本植物学》（全一册），方宗熙编，李沧助编，1953年

① 课程教材研究所. 新中国中小学教材建设史（1949—2000）研究丛书：生物卷［M］. 北京：人民教育出版社，2010：77.

第一次修订原版。

《初级中学课本动物学》（全一册），方宗熙编，李沧助编，1953年第一次修订原版。

《初级中学课本人体解剖生理学》（全一册），方宗熙编，李沧助编，1953年原版。

《初级中学课本卫生常识》，人民教育出版社编，1954年原版。

《高级中学课本达尔文主义基础》（全一册），方宗熙、王以诚编，1953年北京初版。

《高级中学课本人体解剖生理学》，方宗熙、任树德编，1953年原版。

该套教材注意了各学科的科学性、系统性；不同程度地加强了思想性；多半有教学参考书，对教师教学有一定的帮助。该套教材也可以说是过渡性质的教材，在使用中依然存在着很多问题。比较突出的问题是教材内容多且深，不但造成学生的负担过重，而且也不利于教学质量的提高。此外，教材中以大篇幅介绍了当时苏联的生物学成就，并不适应我国新时期生物学学科教育的需求①。

3.“大跃进”形势下开始贯彻“百家争鸣”的方针（1958—1961年）

1958年，全国掀起“大跃进”高潮，当时的中小学教材被批判为“少慢差费”“陈旧落后”，脱离政治，脱离生产，脱离中国实际②。中共中央、国务院发出通知，各地可以对教育部颁布的通用教材进行修订、补充，也可以自编教材。这一时期，各地纷纷进行缩短学制的试验，不少地区也自编了适应学制试验的教材。

1958年3月颁布的《关于1958—1959学年度中学教学计划的通知》要求加强劳动教育，加强生物学等学科的实验、实习、参观和课外小组活动。在这样的历史背景下，该时期各地编写的教科书大多一味地重视联系生产实际，削弱了生物学的基础知识和基本技能，增加了不少与生物学无关的政治内容。在实际教学使用中，这些教材的系统性差，教学难度大，后来被批评为“形式主义”、贴“政治标签”。

1959年，中央指示“普通中小学教材应该保持全国必要的统一性和应有水平”，要求教育部组织编写全国通用中小学教材。1961年，人民教育出版社一方面修订当时正在使用的教材（第二套全国通用教材），同时编写出版了一套十年制教材，供少数实验学校使用，力图纠正“大跃进”时期学制、课程、教材的混乱局面③，具体如下。

《中学课本生物学》，分第一册、第二册、第三册，人民教育出版社

① 赵占良，谭永平. 中国百年教科书史：生物学卷［M］. 北京：人民教育出版社，2020：12.

② 课程教材研究所. 新中国中小学教材建设史（1949—2000）研究丛书：生物卷［M］. 北京：人民教育出版社，2010：101.

③ 同①276.

编，均为1961年第1版。

《初级中学课本生理卫生》（全一册），人民教育出版社编，1961年第1版。

这是人民教育出版社编写出版的第三套全国通用中学生物学教材，但该套教材没有完全避免“大跃进”时期贴“政治标签”、系统性差等问题。但是，该套教材也有进步之处：在内容上逐渐摆脱了苏联的影响，不再以大篇幅介绍米丘林等苏联科学家的成果；根据当时的“在编辑自然科学教材方面还要贯彻百家争鸣的方针”，在“遗传和变异”部分，同时讲了“孟德尔—摩尔根学派对遗传和变异的研究”和“米丘林学派对遗传和变异的研究”。

4. 总结经验教训，联系中国实际（1962—1965年）

1963年3月，中共中央发出《中共中央关于讨论试行全日制中小学工作条例草案和对当前中小学教育工作几个问题的指示》，文件指出，中华人民共和国成立以后，中小学的教学质量总的来看是提高的，但是，1953年以后一段时期的教育工作中，照抄外国经验的教条主义的做法以及1958年“教育大发展中某些不适当做法”，使“教育质量有所下降”，要求教育部按照条例规定，总结经验，制定教学计划和教学大纲，在今后两三年内编写或选定质量较高的全国通用的教科书。

这一时期的学制恢复为十二年，小学六年，初中三年，高中三年。值得说明的是，1963年以前，我国采用的教科书制度基本上是“国定制”，从1963年《全日制中学暂行工作条例（草案）》颁布开始，我国开始施行“国定制与审定制相结合”的教科书制度，以“审定制”为主。因此，该时期除了人民教育出版社编写出版了第四套全国通用中学生物学教材（仅包括初中阶段），许多省市有关部门也编写出版了生物学教材。在高中阶段，该时期推荐使用的是北京出版社出版的高中生物学教材。其中，人民教育出版社出版的教科书书目具体如下。

《初级中学课本植物学》，人民教育出版社生物编辑组编，1963年第1版。

《初级中学课本动物学》，人民教育出版社生物编辑组编，1964年第1版。

《初级中学课本生理卫生》，人民教育出版社生物编辑组编，1964年第1版。

该套教科书与之前的相比有不少进步之处。第一，注意加强基础知识和基本技能的训练，纠正了“大跃进”时期贴“政治标签”的错误做法，系统介绍了植物体、动物体、人体的形态构造和生理的知识，以及动植物的主要类群、分类和进化的知识，还设计了一些生物学实验。第二，理论密切联系我国实际，克服了学习苏联经验而生搬硬套的弊病，讲授了许多生物学知识在农业生产和生活上的应用，还讲授人体各个系统的卫生保健知识，以及预防传染病、环境卫生、劳动卫生、爱国卫生运动等内容。第三，继续贯彻“百家争鸣”的方针，同时介绍了摩尔根遗传学派和米丘林遗传学派的基本理论。

（二）“文化大革命”到“拨乱反正”——从“严重受挫”到“逐渐恢复”

1.“文化大革命”期间教材建设严重受挫（1966—1976年）

1966—1976年，“文化大革命”的十年是我国教育受到严重冲击的十年，教材建设也严重受挫。“文化大革命”一开始，全国通用的中学教材就被看作“封资修的大杂烩”，成为批判的对象，被停止使用，负责编写、出版全国中小学教材的人民教育出版社被撤销，全体人员下放到教育部五七干校劳动。

该时期，中共中央发出通知，要求大、中、小学一边进行教学，一边进行改革，逐步提出教学制度和教学内容的革命方案，可以自选教学内容，自编教材。1968年，北京、上海等地教育部门组织力量编写暂用教材，于1969年开始发行试用。不少没有编教材的地区采用了北京、上海编的教材。

“文化大革命”期间，许多省开设农业基础课来替代生物学课程，主要讲授“三大作物（稻、麦、棉）一头猪”，各地自编的教材体系混乱，生物学基础知识和实验基本技能相关内容被大量削减[①]。

2.“拨乱反正”教材建设逐渐恢复（1977—1980年）

1976年10月，中共中央政治局采取果断措施，粉碎“四人帮”，全国各项工作逐渐进入全面恢复和发展时期。1977年，邓小平同志复出，首先紧抓了教育战线的拨乱反正，他做了影响中国教育乃至中国人命运的两件大事：恢复已经停止了十年的高考；决定重新编印全国通用教材。根据指示，教育部组织了由原人民教育出版社的主要编辑，大、中、小学教师和教育科学研究部门的教研人员构成的编写班子，以“全国中小学教材编写工作会议”的形式，开始草拟中小学各科教学大纲和编写全国通用的中小学教材，在教材编写中还聘请了知名专家担任各科教材的编写顾问。

为1978年秋季开学的中小学生奉献一套全新的统编教科书，成为当时教育战线一项重大的“政治任务”。根据1978年颁发的《全日制十年制学校中学生物教学大纲（试行草案）》，人民教育出版社编写出版了第五套全国通用中学生物学教材，具体包括以下书目。

《全日制十年制学校初中课本生物全一册》（试用本），中小学通用教材生物编写组编，1978年3月第1版。

《全日制十年制学校高中课本生物全一册》（试用本），中小学通用教材生物编写组编，1978年11月第1版。

《全日制十年制学校初中课本生理卫生全一册》（试用本），中小学通用教材生物编写组编，1978年3月第1版。

① 课程教材研究所．新中国中小学教材建设史（1949—2000）研究丛书：生物卷［M］．北京：人民教育出版社，2010：128.

作为“文化大革命”之后出版的第一套全国统一教材，这套教材具有鲜明的改革特点。一方面，纠正了“文化大革命”时期教材编写中在对待“政治与业务”“理论与实际”等问题上的不适当的处理方法，以及严重削弱基础知识与基本技能训练的错误做法。另一方面，教材内容逐渐与国际接轨。该时期的初中生物学教材与以往将生物学分为植物学和动物学的模式有很大区别，教学内容具有综合性，在借鉴了国外主要教科书后，以生物体的基本构造、生物的构造和功能、生物的多样性、生物和环境的关系及生物的进化等为主要内容。高中生物学教材则力求反映当代生物科学的新进展，突破了以往各版高中生物学教材的教学内容和编排体系。其最大的特点是内容第一次跨入分子水平，阐述了有关生命活动本质的内容，从分子水平讲述遗传和变异，基本上实现了与国际接轨。这版高中生物学教材的出版是我国生物学教材改革史上的重要里程碑。

但是，这套教材特别是高中生物学教材存在“深、难、重”的问题，主要原因有以下两点：一是教材编写时对“文化大革命”给学校教育所造成的恶果，如师资水平不高、学生基础差、教学仪器毁坏严重等估计不足；二是该时期生物课的课时被缩减且安排不够合理，不利于生物学课程的开展。

值得一提的是，1979年，教育部、国家出版事业管理局联合召开全国教材出版发行工作会议，提出了切实保证做到教材能“按时、足量供应学校”，实现“课前到书，人手一册”的要求。这一要求也是人民教育出版社至今一直坚守的原则，让每一位学生在开学前能够拿到崭新的教材。

（三）改革开放初期——探索自己的教材编写模式

中华人民共和国成立后，我国的教材建设不乏波折，经历了“大跃进”和“文化大革命”的洗礼，到改革开放前，我国的教材建设才逐步恢复并开始稳步发展。改革开放后，教育发展受到国家的高度重视，1982年制定的宪法以国家根本大法的形式为新时期教育立法奠定了最高法律准则。1983年10月，邓小平提出了著名的“三个面向”，指明了新的历史时期教育发展的战略方向：教育要面向现代化，面向世界，面向未来。可以说，改革开放后，我国的教材建设也打开了新的局面，开始逐步探索更适合中国国情的教材编写模式。

1. 编写全日制六年制、五年制教材（1981—1989年）

1979年以来，在实际的教学实践中，十年制面临不少问题。例如，小学五年，学生毕业后不继续升学的，年龄太小不利于就业；中学五年难以完成教学任务，学生负担过重的问题越来越突出。以上问题都亟待改革学制以及修订教学计划等来解决。教育部于1981年4月，颁发了《全日制六年制重点中学教学计划试行草案》和《全日制五年制中学教学计划试行草案的修订意见》，要求一般中学在1985年之前过渡为六年制。

1981年颁发的教学计划中，课程设置比较全面、科学，与之前的相比更为合理，其中生物学的课时数有所提高，这为新教材的编写奠定了很好的基础。人民教育出版社生物编辑室接受教育部的委托，于1981年下半年起草了中学生物学和生理卫生两个教学大纲的初稿。这一版教学大纲特别注重了初中和高中两个阶段学习内容的分工与衔接。初中阶段讲述感性的、比较浅显的、侧重生命现象的植物学、动物学和生理卫生的内容；高中阶段在初中教学内容的基础上，讲述生物共性的、比较深难的、涉及生物的基本特征、生命活动的共同规律的教学内容①。据此，人民教育出版社编写了第六套全国通用中学生物学教材，从1982年开始陆续供应，具体书目如下。

《初级中学课本植物学全一册》（试用本），李沧等编，1982年2月第1版。

《初级中学课本动物学全一册》（试用本），叶佩珉等编，1983年1月第1版。

《初级中学课本生理卫生全一册》（试用本），任树德等编，1983年1月第1版。

《高级中学课本生物全一册》，人民教育出版社生物编辑室编，1982年2月第1版。

从整体上来看，该套教材特别注重基础知识和基本技能：增加了现代生物科学的基础知识；重视实验教学，注意联系学生生活和生产实际。具体分析，该套教材中的每一册教材与之前的相比都具有明显的进步特点。初中植物学教科书压缩了植物形态方面的内容，增加了植物生理方面内容的深度与广度；不同于之前的教科书将植物体描述为静止的，该书指出植物体处在动态平衡中；生态学的内容渗透到各个章节。初中动物学教科书突出了动物进化的观点、生态学的观点，还增加了动物行为学的内容。初中生理卫生学教科书对知识体系进行了调整，较以前的更为合理，如将“皮肤”从“排泄系统”中分离出来；将“青春期生理卫生”并入“生殖和发育”一章；将原来的“爱国卫生运动”改为“传染病”。高中生物学教科书调整了内容体系，扩展了细胞生物学、遗传学、分子生物学、生态学和环境保护等内容；为解决“深、难、重”的问题，适当降低了难度、删去了次要的内容，在写法上也注重联系学生实际，结合实例来讲解抽象、难懂的原理。

2. 编写两种要求的高中教材（1984—1989年）

1983年，教育部提出高中生物课实行两种教学要求和采用两种教材。教育部于1985年颁发的《高中生物教学纲要（草案）》指出：“基本要求的教学内容，适用于二年制和三年制高中。较高要求的教学内容，由有条件的学校在保证学生学习基本要求的前提下选用。”之所以在高中生物实行两种教学要求和采用两种教材，是希望不同程度的学生都能有所得，在提高教学质量的同时

① 课程教材研究所．新中国中小学教材建设史（1949—2000）研究丛书：生物卷［M］．北京：人民教育出版社，2010：160.

还能减轻学生的负担，有利于学生的全面发展。

人民教育出版社在1982年版的高中生物学教科书的基础上，改编形成了符合两种要求的教科书，即第七套全国通用中学生物学教材，具体书目如下。

《高级中学课本生物（甲种本）全一册》（试用），人民教育出版社生物编辑室编，1985年1月第1版。

《高级中学课本生物（乙种本）全一册》（试用），人民教育出版社生物编辑室编，1985年1月第1版。

甲种本的教学内容、编排体系、程度深浅，基本上适合重点中学和条件较好的中学使用。乙种本与甲种本相比，不只是适当调整了教学内容、降低了程度，而是较好地体现了对高中生物课的基本要求。第一，甲种本的基础知识、基本原理和基本技能，在乙种本中大都保留下来了，而这些内容是重点中学和一般中学的学生都必须掌握的。第二，由于删去了较难的、次要的、重复的内容，简化了过细的内容，乙种本的脉络更加清楚，重点更加突出，对教和学的要求更加明确、具体，从而可以达到既减轻学生的学习负担，又大面积地提高生物学教学质量的目的①。总的来说，乙种本的适用范围比甲种本更广。

（四）义务教育法实施到新课改——遵照义务教育法要求，注重学段衔接

1986年4月12日，第六届全国人民代表大会第四次会议通过了《中华人民共和国义务教育法》，该法于1986年7月1日正式施行。该法律的颁布是为了保障适龄儿童、少年接受义务教育的权利，保证义务教育的实施，提高全民族素质。同年9月22日，全国中小学教材审定委员会在北京成立，我国中小学教材制度由国定制转变为审定制，"一纲多本"的制度改革启动。实施义务教育法后的首套初中教材于1989—1992年出版，而与之配套的高中教材到1997—1998年才出版。在这期间，人民教育出版社按照国家教委1990年颁发的《现行普通高中教学计划的调整意见》，于1990—1991年出版了一套高中教材。为了更好地体现教科书的套系，本书先介绍1990—1991年出版的这套高中教材，再介绍义务教育法之后出版的首套初中教材及配套的高中教材。

1. 根据调整后的教学计划和教学大纲编写高中教材（1990—1995年）

1990年3月，国家教委颁发《现行普通高中教学计划的调整意见》，对1981年颁发的高中教学计划进行调整。目的是在与九年义务教育教学计划相衔接的高中教学计划尚未制定之前，调整当时使用的高中教学计划来作为必要的过渡。与此同时，该文件的颁布旨在解决当时普通高中存在文理偏科，学生知识结构不尽合理，学生课业负担过重的问题。调整后的课程结构由学科课程和活动两部分组成，学科课程采取必修课和选修课两种形式。同年，国家教委颁发了《全日制中学生物学教学大纲（修订本）》，并决定调整后的高中教学计划和教学大纲将从1990年秋季开始实施，从高中一年级入学新生开始实行。

① 叶佩珉．生物学课程教材改革探索［M］．北京：人民教育出版社，2002：339.

人民教育出版社根据以上要求编写了第八套全国通用中学生物学教材，具体书目如下。

《高级中学课本生物（全一册）（必修）》，人民教育出版社生物自然室编，1990年10月第1版。

《高级中学课本生物（全一册）（选修）》，人民教育出版社生物自然室编，1991年10月第1版。

这套教材的必修课本，包括细胞、生物的新陈代谢、生物的生殖和发育、生命活动的调节、遗传和变异、生命的起源和生物的进化、生物与环境7章。这样选取和安排的教学内容，比较符合高中生物学课程的教学目的，而且前后各章的教学内容具有密切的内在联系，比较符合循序渐进的原则，可以使学生对生物界的自然面貌形成正确的认识，同时受到辩证唯物主义观点的思想教育。当时的高考对生物学科考查内容的要求包括初中生理卫生和高中生物必修两部分。为便于学生高中三年级进行高考复习，选修课本将初中生理卫生和高中生物必修内容综合为一个知识体系，并且有所拓展和加深，使学生对什么是生命、生命的基本特征、生命的本质以及人体生理卫生等问题在认识上有进一步的提高，进而形成更加综合和深入的理解①。

2. 义务教育法实施后首套初中教材的编写及修订（1986—2001年）

1988年年初，国家教委颁发了《九年制义务教育全日制初级中学生物学教学大纲（初审稿）》，同时适用于“六·三”制和“五·四”制两种学制。人民教育出版社生物自然室根据该教学大纲（初审稿）、《中华人民共和国义务教育法》以及当时颁布的教学计划，编写了义务教育三年制、四年制初中生物学教材实验本，具体书目如下。

《义务教育三年制初级中学教科书（实验本）生物》，人民教育出版社生物自然室编，第一册（上）1989年10月第1版；第一册（下）1990年4月第1版；第二册，1990年10月第1版。

《义务教育四年制初级中学教科书（实验本）生物》，人民教育出版社生物自然室编，第一册，1990年10月第1版；第二册，1991年10月第1版；第三册，1992年10月第1版。

1992年6月，国家教委颁发了《九年义务教育全日制初级中学生物教学大纲（试用）》。人民教育出版社据此修订了上述实验本义务教育教材，形成正式本于1992—1994年陆续出版，经审查后供全国各地选用，具体书目如下。

《义务教育三年制初级中学教科书生物》，人民教育出版社生物自然室编，第一册（上）1992年10月第1版；第一册（下）1993年4月第1版；第二册，1994年10月第1版。

① 赵占良，谭永平．中国百年教科书史：生物学卷［M］．北京：人民教育出版社，2020：396-398．

《义务教育四年制初级中学教科书生物》，人民教育出版社生物自然室编，第一册，1992年10月第1版；第二册，1993年10月第1版；第三册，1994年10月第1版。

这套初中教材是人民教育出版社出版的第九套全国通用中学生物学教材的初中部分，也是实施义务教育法之后出版的首套义务教育教材。这套教材是在总结了之前教材编写的经验教训，研究了美国、俄罗斯、日本等国的生物学教材的基础上编写的，既体现了义务教育的特点，又充分反映了时代精神，切实做到了改革创新。在教材编写的体例上，该套教材的栏目设计十分丰富，如包括“看一看，想一想”“演示实验”“动动脑”“动动手”“课外读”等栏目。这些栏目的编写充分考虑了学生的心理特点和认知规律，贯彻了启发式教学的指导思想，能够全面训练学生的综合能力，提高了教材的教育价值，是教科书发展史上的重要进步。这套教材在全国推广后，反响很好。

2000—2001年，人民教育出版社生物自然室根据《九年义务教育全日制初级中学生物教学大纲（试用修订版）》的要求，对1992—1994年出版的九年义务教育三年制、四年制初中生物学教材又进行了修订，2001年经全国中小学教材审定委员会审查通过，供全国除上海市和浙江省以外省（自治区、直辖市）的初中使用。实际上，在修订这套教材的同时，新课改已经启动，人教社也在同步开展生物课程标准实验教材的编写，因此这一版修订的教材具有明显的过渡性质。也正因如此，这套教材在修订时，也努力向新课改的要求靠拢，特别是加强了“探究性学习”。随着新课改的逐步推进和课程标准实验教材的逐渐推广，到2008年，这套修订后的教材基本停止使用。总的来看，从1989年第1版开始到2008年，这套教材的使用时间相当长，产生了较为广泛的影响。

这一时期，在教科书编写方面，国家实行的是“一纲多本”的政策。国家教委在全国范围内组织编写了风格不同、水平不同、适应不同地区特点的义务教育生物学教材，初步实现了生物学教材的多样化。

3. 与义务教育初中教材配套的高中教材的编写及修订（1996—2003年）

实施义务教育法之后，与义务教育阶段相衔接的高中生物学教材到1997—1998年才正式出版，即第九套全国通用中学生物学教材的高中部分，与上述义务教育教材共同构成一套完整的教材。

1996年3月26日，国家教委基础教育司印发了与九年义务教育课程计划相衔接的《全日制普通高级中学课程计划（试验）》，该计划将学科类课程分为必修、限定选修和任意选修。同年，国家教育委员会制定了《全日制普通高级中学生物教学大纲（供试验用）》。根据以上文件的要求，人民教育出版社编写、出版了与义务教育教材相衔接的高中生物学教材试验本，具体书目如下。

《全日制普通高级中学教科书（试验本）生物（必修）》，人民教育出版社生物自然室编著，第一册1997年12月第1版、第二册1998年6月第

1版。

《全日制普通高级中学教科书（试验本）生物（选修）全一册》，人民教育出版社生物自然室编，1998年12月第1版。

这套高中教材必修第一册自1997年秋季开始，在天津、江西、山西进行教学试验。选修教材自1999年秋季开始在天津市、江西省和山西省的所有普通高中学校进行教学试验。2000年1月，教育部印发《关于扩大普通高中新课程方案试验的通知》，将原在江西、山西、天津进行的课程试验扩大至黑龙江、辽宁、山东、江苏、安徽、河南、青海共十个省、直辖市。1月31日，教育部印发《全日制普通高级中学课程计划（试验修订稿）》，取消了选修课包括限定选修和任意选修的规定。《全日制普通高级中学生物教学大纲（供试验用）》也于1999年开始修订，2000年1月完成大纲送审稿（试验修订版）。人民教育出版社根据以上文件以及试验省市反馈的意见，对该教科书进行了修订，形成了试验修订本，具体书目如下。

《全日制普通高级中学教科书（试验修订本·必修）生物》，人民教育出版社生物自然室编，第一册2000年3月第2版、第二册2000年11月第2版。

《全日制普通高级中学教科书（试验修订本·选修）生物全一册》，人民教育出版社生物自然室编，2000年12月第2版。

这套高中教材主要体现出以下特色。第一，注重与义务教育教材内容的衔接，如在体液调节部分，先通过列表的方式归纳初中已经学过的几种激素的产生器官和作用，再讲述初中未学过的激素。第二，在为全体高中学生打好生物学基础的同时适当减轻学生的学业负担，主要途径是处理好教学内容的先进性与可接受性之间的关系。第三，增加并改进了观察、实验、调查、课外生物科技活动等内容，加强理论联系实际，渗透“科学、技术与社会（Science, Technology and Society，简称STS）”教育思想，加强了教材的启发性和教育性，以帮助学生实现全面发展。第四，教材以16开、全彩色大开本呈现，版式设计新颖、图文并茂，可读性强。

2002年4月，教育部颁布了在《全日制普通高级中学生物教学大纲（试验修订版）》的基础上经过再次修改形成的正式版教学大纲《全日制普通高级中学生物教学大纲》。人民教育出版社根据该教学大纲对上述试验修订本教材再次进行了修订，于2002—2003年陆续送审通过并开始使用。2004年，高中课程改革启动，这套教材逐渐被课程标准实验教材取代。

（五）新课改至今——改革创新始终在路上

2001年，《全日制义务教育生物课程方案（实验）》《全日制义务教育生物课程标准（实验稿）》颁布，中华人民共和国成立后的第八次基础教育课程改革正式启动。

1. 义务教育课程标准实验版教材的编写及修订（2001年至今）

《全日制义务教育生物课程标准（实验稿）》提出了三大课程理念：面向全体学生、提高生物科学素养、倡导探究性学习。不同于之前的教学大纲，该课程标准在课程内容体系的构建上突出“生物圈”的概念，设置了包括“生物圈中的绿色植物”“生物圈中的人”“生命在生物圈中的延续和发展”等共10大主题的内容。在课程目标的设置上从知识、能力、情感态度三个维度来提出，即“三维目标”。人民教育出版社据此编写了第十套全国通用中学生物学教材的初中部分，经审定后左上角标注“经全国中小学教材审定委员会2001年初审通过”，具体书目如下。

《义务教育课程标准实验教科书生物学》，课程教材研究所生物课程教材研究中心编著，七年级上册2001年6月第1版、七年级下册2001年12月第1版、八年级上册2001年12月第1版、八年级下册2002年12月第1版。

这套初中教材具有明显的改革特点，它以“人与生物圈”为主线构建知识体系，从“生物和生物圈”的宏观层面进入，以“生物和细胞”的微观层面为依托，依次铺陈对各类生物的介绍（着重介绍绿色植物和人），再从“生物圈中生命的延续和发展”的共同规律提升高度，最后以“健康地生活”作结。可以说，教材的体系缜密且流畅，有助于循序渐进和自主学习，也能够使学生深切感悟生物圈是人类和其他生物共同的家园，帮助学生形成人与自然和谐发展的观念①。教材在编写中还特别注重以下原则：把握基础性，体现先进性；有利于学生主动学习、自主探究；突出科学探究能力的培养；重视科学态度、科学方法和科学价值观的教育；渗透STS教育思想；广泛联系学生的生活经验和知识基础；加强启发性和可读性；具有弹性②。这套教材自2001年9月开始在全国38个实验区使用。随后，实验范围逐年扩大，至2006年，义务教育阶段生物学新课程全面铺开。

《全日制义务教育生物课程标准（实验稿）》经修订后于2011年以《义务教育生物学课程标准（2011年版）》颁布。修订后的课程标准特别注重生物学重要概念，其中的重要概念以描述概念内涵的形式展开；在具体内容部分增加了动物类群的内容要求；对课程性质、目标行为动词、实施建议等也作了一些调整。人民教育出版社根据此课程标准对《义务教育课程标准实验教科书生物学》教科书进行了修订，于2012—2013年出版，经审定后左上角标注“教育部审定2012”，具体书目如下。

《义务教育教科书生物学》，课程教材研究所生物课程教材研究中心

① 朱正威．人教版《义务教育课程标准实验教科书·生物学》（七～八年级）简介［J］．中小学教材教学，2003（27）：4-8．

② 赵占良．《义务教育课程标准实验教科书·生物学（七年级下册）》简介［J］．中小学教材教学，2002（18）：5-7．

编著，七年级上册2012年6月第1版、七年级下册2012年10月第1版、八年级上册2013年6月第1版、八年级下册2013年9月第1版。

新课改后，从2001年开始陆续有多个版本的初中生物学教材出版，除了上面介绍的人教版的教科书，还包括：江苏教育出版社的《义务教育课程标准实验教科书生物》，北京师范大学出版社的《义务教育课程标准实验教科书生物学》，河北少年儿童出版社的《义务教育课程标准实验教科书生物学》，江苏科学技术出版社的《义务教育课程标准实验教科书生物》，济南出版社的《义务教育课程标准实验教科书生物学》，山东科技出版社的《义务教育课程标准实验教科书（五·四学制）生物学》。

2. 高中实验版教材的编写及修订（2003年至今）

2003年3月，教育部颁布了与义务教育阶段新课程衔接的《普通高中新课程方案（实验）》和《普通高中生物课程标准（实验）》。《普通高中生物课程标准（实验）》提出了高中生物学课程的基本理念：提高生物科学素养、面向全体学生、倡导探究性学习、注重与现实生活的联系。高中课程标准的课程目标也是以三维目标的形式呈现。在课程设计上，划分为讲授生物学核心内容的必修模块，包括分子与细胞、遗传与进化、稳态与环境；以及为满足学生多样化发展的需要而设计的选修模块，包括生物技术实践、生物科学与社会、现代生物科技专题。人民教育出版社据此编写出版了第十套全国通用中学生物学教材的高中部分，经审定后左上角标注“经全国中小学教材审定委员会2004年初审通过”，具体书目如下。

《普通高中课程标准实验教科书生物1必修分子与细胞》，课程教材研究所生物课程教材研究中心编著，2004年5月第1版、2007年2月第2版。

《普通高中课程标准实验教科书生物2必修遗传与进化》，课程教材研究所生物课程教材研究中心编著，2004年5月第1版、2007年1月第2版。

《普通高中课程标准实验教科书生物3必修稳态与环境》，课程教材研究所生物课程教材研究中心编著，2004年5月第1版、2007年1月第2版。

《普通高中课程标准实验教科书生物选修1生物技术实践》，课程教材研究所生物课程教材研究中心编著，2004年6月第1版、2007年1月第2版。

《普通高中课程标准实验教科书生物选修2生物科学与社会》，课程教材研究所生物课程教材研究中心编著，2004年5月第1版、2007年1月第2版。

《普通高中课程标准实验教科书生物选修3现代生物科技专题》，课程教材研究所生物课程教材研究中心编著，2004年6月第1版、2007年2

月第2版。

这套高中教材于2004年秋季在广东省、山东省、海南省和宁夏回族自治区进行实验，到2010年，高中新课程在全国全面铺开。高中课程改革启动后，出现了5个版本的高中生物学教材，除人教版教材外，还包括：江苏教育出版社的《普通高中课程标准实验教科书生物》，中国地图出版社的《普通高中课程标准实验教科书生物学》，浙江科技出版社的《普通高中课程标准实验教科书生物学》，河北少儿出版社的《普通高中课程标准实验教科书生物》（这套教材后改为由北京师范大学出版社出版）。

2017年《普通高中生物学课程标准（2017年版）》颁布，并于2020年发布修订版。该课程标准的基本理念为：核心素养为宗旨、内容聚焦大概念，教学过程重实践，学业评价促发展。课程结构调整为必修、选择性必修、选修三个部分，其中必修包括“分子与细胞”“遗传与进化”两个模块，选择性必修包括“稳态与调节”“生物与环境”“生物技术与工程”三个模块。人教社据此对课程标准实验教科书进行了修订，修订后的书目如下。

《普通高中教科书生物学必修1分子与细胞》，课程教材研究所生物课程教材研究中心编著，2019年6月第1版。

《普通高中教科书生物学必修2遗传与进化》，课程教材研究所生物课程教材研究中心编著，2019年6月第1版。

《普通高中教科书生物学选择性必修1稳态与调节》，课程教材研究所生物课程教材研究中心编著，2020年5月第1版。

《普通高中教科书生物学选择性必修2生物与环境》，课程教材研究所生物课程教材研究中心编著，2020年5月第1版。

《普通高中教科书生物学选择性必修3生物技术与工程》，课程教材研究所生物课程教材研究中心编著，2020年5月第1版。

这套教材的修订以《普通高中生物学课程标准（2017年版）》为依据，以发展学生核心素养为宗旨，在广泛调研、总结反思的基础上，继承原实验教科书的优点，充分考虑教学实际情况，同时借鉴国际科学教育发展的新成果，全面提升教材育人价值。注重发展学生的核心素养是这次教材修订的重点之一，主要体现在以下方面：聚焦重要概念，为发展核心素养奠基；注重生命观念的理解和提炼，为分析解决生物学相关问题提供正确指引；系统渗透科学方法教育，加强科学思维训练；重视真实情境下的探究实践，落实实践育人；注重提升学生的社会担当意识和能力①。教材还有机融入了社会主义核心价值观，加强了爱国主义教育，注重传统文化教育，助力学生的全面发展。

这套教材于2019年开始在北京、天津、山东、辽宁、海南五省市选用；

---

① 赵占良，谭永平．聚焦学科核心素养，彰显教材育人价值——普通高中生物学教材修订的总体思路［J］．课程·教材·教法，2020（1）：82-89．

2020年增加了14个选用省市；至2021年，该教材已在全国大部分地区推广使用。为了更好地适应新时代教育的发展要求，该教材不仅有丰富的纸质版配套资源如教师教学用书、同步解析与测评、探究活动报告册，还增加了配套资源如数字资源、网络服务平台等。这些资源与教材配合，对教师教好教材、学生学好教材都起到了很好的促进作用。

我国教科书的发展史好似一面镜子，透过它我们看到了一代代中华儿女的成长之路，看到了国家的振兴与富强之路。“以史为鉴，开创未来”，紧跟时代的步伐，教科书的编写仍将在继承中发展，改革与创新始终在路上。在这个过程中，不变的是教材编写者们的初心，用心打造“培根铸魂、启智增慧”精品教材的决心，为实现中华民族伟大复兴的中国梦助力的信心。

第三章　国外中学生物学教材的现状分析

教材是课程的重要组成部分，是实现课程目标最直接的载体。教材内容的选择和设计都要反映国家课程标准等文件的要求，其内容的多寡、栏目的设计等都会对实际教学过程产生影响。国外（尤其是发达国家）的生物学教材体现了他们科学教育研究的成果和教育理念的更新，对我国中学生物学教材的编写和修订都有较高的参考价值。为较清楚地展示有关研究方法，本章将就几个发达国家有代表性的教科书的特点作较为具体的介绍，主要以高中阶段的生物学教材为对象进行分析。

一、国外高中生物学教材的内容体系

中学生物学的基本任务之一是帮助学生理解生命，进而形成辩证唯物主义的自然观。中学生物学基本知识的核心指向是理解生命，这些知识可以回答“生命是什么”“生命活动如何运行”和“生命为什么会这样”这三个基本问题。我们从国外众多版本的教材中选取了以下六个有代表性的版本，对教材中的知识内容进行介绍。

（一）教材知识体系的整体分析

1. 剑桥国际生物学

Cambridge International AS and A Level Biology（以下称为剑桥国际生物学）是由英国剑桥国际考试中心依据剑桥高级水平考试大纲编制的高中生物学教材，适用于准备参加高级水平普通教育证书考试的学生[①]。依据高级水平考试大纲的要求，高中生物学课程内容围绕以下核心概念展开：细胞是生命的基本单位、新陈代谢、遗传的分子机制、自然选择、生物与环境的相互作用。教材整体上分为“高级辅助水平”和“高级水平”两个模块，这也是对应了“高级

① 编者注：该教材名称中的“A Level”指的是英国高级水平（Advanced Level）普通教育证书，“AS Level”指的是高级辅助水平（Advanced Subsidiary Level）。

水平”课程的两个阶段，学生在第一学年需要完成高级辅助水平模块内容的学习，并参加相应的考试。如果对生物学有较大的兴趣，可以在第二学年继续完成高级水平模块内容的学习，并在学年末参加考试获得证书。高级辅助水平模块主要围绕着细胞结构和功能、生命体系的重要物质及其运输和代谢展开，涉及分子、细胞、系统三个层次中的生命活动。高级水平模块则是围绕能量代谢、稳态、遗传的分子机制、进化、生态这五个核心内容展开，更多的是从个体和群体的水平对生命系统进行介绍。这些内容涵盖了高等教育生物类专业多门必修课程的内容，为学生进一步在生物学、生态学或医学领域的深造打下良好的基础（表3-1）。

表3-1　剑桥国际生物学的内容体系

模块	章	节
高级辅助水平	1细胞结构	1.1显微镜，1.2细胞是生物体的基本单位
	2生物分子	2.1生物分子的检测，2.2糖类和脂质，2.3蛋白质和水
	3酶	3.1酶的作用机制，3.2影响酶活性的因素
	4细胞膜及物质运输	4.1流动镶嵌模型，4.2细胞内物质的输入和输出
	5有丝分裂细胞周期	5.1细胞核与细胞的复制与分裂，5.2有丝分裂过程中染色体的行为
	6核酸和蛋白质合成	6.1DNA（脱氧核糖核酸）的结构与DNA复制，6.2蛋白质合成
	7植物体内物质的运输	7.1运输组织的结构，7.2运输的机制
	8动物体内物质的运输	8.1循环系统，8.2心脏
	9气体交换与吸烟	9.1呼吸系统，9.2吸烟
	10传染病	10.1传染病的类型，10.2抗生素
	11免疫	11.1免疫系统，11.2抗体与疫苗接种
高级水平	12能量与细胞呼吸	12.1能量，12.2细胞呼吸
	13光合作用	13.1作为能量传递过程的光合作用，13.2影响光合作用因素的探究，13.3光合作用的适应
	14稳态	14.1动物的稳态，14.2植物的稳态
	15控制与调节	15.1动物生命活动的调节，15.2植物生命活动的调节
	16遗传	16.1遗传信息的代际传递，16.2基因控制性状，16.3基因调控
	17自然选择与进化	17.1变异，17.2自然与人工选择，17.3进化
	18生物多样性、分类和生物多样性的保护	18.1生物多样性，18.2生物分类，18.3生物多样性的保护
	19遗传技术	19.1遗传技术的原理，19.2遗传技术在医学中的应用，19.3农业中的转基因生物

相对我国的高中生物学教材而言，剑桥国际生物学对“酶”“传染病”“吸烟”等内容较为重视，将其列为独立的章节，这些内容都和现实生活紧密联系，有利于学生积极运用生物学知识解决生产、生活中与生物学相关的问题。另外，“植物体内物质的运输”“循环系统”“呼吸系统”的内容在我国属于义务教育阶段的内容，这里也专门设置了章节来讲述。在教材内容的组织上，剑桥国际生物学的各章之间很难用一条明确的主线联系起来。

2. IBDP生物学

国际文凭课程（International Baccalaureate Diploma Programme，简称IBDP）是为16~19岁的学生提供的、为期两年的大学预科课程。IBDP关注学生在智力、情感、道德等多个方面的全面发展。IBDP由三门核心课程“认识论（theory of knowledge，简称TOK）”“专题论文”“创造、行动、服务”和六组学科课程群“语言与文学研究”“语言习得”“科学学科”“艺术学科”“数学”“个体与社会”组成。核心课程为必修课程，六组学科课程群为选修课程，其中的每门课程分为两种不同的水平：标准水平（standard level，简称SL）和高级水平（higher level，简称HL），学生需要从六组学科课程中各选一门科目进行学习，其中至少三门（不超过四门）是课时为240个小时的高水平课程。

IBDP生物学隶属于科学学科群，课程内容包括核心（core）、附加高级水平（additional higher level）、选修（option）和实践活动方案（practical scheme of work）四个部分，每部分又分为不同的主题。学生根据自己的兴趣可以选择IBDP生物学的高级水平或标准水平，两者在课程内容的广度和深度、学时上都有差异。

由培生教育出版集团出版的*IBDP Standard Level Biology*（以下称为IBDP生物学）是IBDP生物学代表性教材之一。教材内容涵盖全面，既包含如分子生物学、细胞生物学等基础的生物学内容，也包含生物技术、气候变化等生命科学的前沿动态和学科交叉内容，选修的内容则是在基础学科内容上的拓展，注重生物学与生产、生活的联系，如工业中的微生物、人体健康相关的知识，有利于学生生物学知识的运用，体现了STS的思想（表3-2）。教材内容主要是以大学阶段的学科分类来划分了不同的章，在呈现的顺序上基本上也是按照从微观的分子、细胞到宏观的生态系统来组织，课程内容系统性强，逻辑清晰。

表3-2　IBDP生物学的内容体系

章	节
1细胞	1.1细胞学说、细胞分化和细胞替代，1.2细胞是生物体的基本单位，1.3细胞的超微结构，1.4膜结构，1.5细胞的起源，1.6细胞分裂
2分子生物学	2.1代谢的分子基础，2.2水，2.3糖类和脂质，2.4蛋白质，2.5酶，2.6 DNA和RNA（核糖核酸）的结构，2.7 DNA的复制、转录和翻译，2.8细胞呼吸，2.9光合作用

续表

章	节
3遗传	3.1基因，3.2染色体，3.3减数分裂，3.4遗传，3.5基因修饰与生物技术
4生态	4.1物种、群落和生态系统，4.2能量流动，4.3碳循环，4.4气候变化
5进化与生物多样性	5.1进化的证据，5.2自然选择，5.3生物多样性的分类，5.4亲缘分支分类学
6人体生理学	6.1消化与吸收，6.2血液循环，6.3传染病的预防，6.4气体交换，6.5神经元和突触，6.6激素、稳态和生殖
7选修A：神经生物学与动物行为	A.1神经发育，A.2人脑，A.3对刺激的应答
8选修B：生物技术与生物信息	B.1工业中的微生物，B.2农业中的生物技术，B.3环境保护
9选修C：生态与保护	C.1物种和群落，C.2群落和生态系统，C.3人类对生态系统的影响，C.4生物多样性保护
10选修D：人体生理学	D.1人体的营养，D.2消化，D.3肝的功能，D.4心脏

3. 格伦科生物学

由麦格劳-希尔教育出版公司于2017年出版的*Glencoe Biology*（以下称为格伦科生物学）是美国高中主流生物学教材之一。该教材的编写依据是《新一代科学教育标准》（Next Generation Science Standards，简称NGSS）。

格伦科生物学全书的内容涵盖全面。在教材开篇的第一章就围绕“什么是生物学”这一主题，对什么是生物学、生物学的研究方法、科学本质等内容进行了阐述，有利于学生在学习生物学具体的学科知识之前形成对生物学的价值、生物学研究中的方法的整体认识，帮助学生理解生物学，进而理解科学，形成科学本质观。NGSS中提出的生物学中的四个学科核心概念为“从分子到生命体：结构和过程”“生态系统：相互作用、能量、动力”“遗传：性状的遗传和变异”“生物进化：统一性和多样性”。后续的单元主题围绕着这些核心概念选择和组织内容，既包括了有关生态、细胞结构与功能、组成细胞的分子、新陈代谢、稳态与调节、基因的本质以及从基因到蛋白质的过程、遗传和变异、进化等基础知识，还包括植物学、动物学、微生物学相关的内容（表3–3）。教材的前4个单元分别对生态、细胞、遗传和进化4个主题展开，后续的4个单元则是按照生物的分类，分别对微生物、植物、动物的分类、特征、生理活动等进行了阐述，力图帮助学生对生命系统中的各种生物种类、各项生命活动有一个全面的了解。最后一个单元针对人体各系统的组成、结构与功能展开，这对于学生健康生活理念的形成有重要价值。教材整体上内容丰富、逻辑清晰、系统性强。

表3-3　格伦科生物学的内容体系

单元	章	主要内容
第1单元 生态学	第1章 生命研究	科学本质与科学方法
	第2章 生态学原理	生物之间的关系、生态系统的物质循环和能量流动
	第3章 群落、生物群系和生态系统	群落生态学、陆地生物群系、水生生态系统
	第4章 种群生态学	种群动力学、人口
	第5章 生物多样性及其保护	生物多样性、生物多样性面临的威胁及保护生物多样性
第2单元 细胞	第6章 生物中的化学	组成生命的原子、元素、化合物及化学反应
	第7章 细胞的结构与功能	细胞学说、质膜、细胞结构和细胞器、细胞运输
	第8章 细胞的能量	光合作用与细胞呼吸
	第9章 细胞增殖	细胞的生长、有丝分裂和胞质分离、细胞周期
第3单元 遗传学	第10章 有性生殖与遗传学	减数分裂、孟德尔遗传学、基因连锁和多倍体
	第11章 复杂遗传和人类遗传学	人类遗传的基本模式、复杂的遗传模式、染色体与人类遗传
	第12章 分子遗传学	遗传物质DNA、DNA的复制、转录和翻译、基因的调控和突变
	第13章 遗传学和生物技术	遗传学的应用、DNA技术、人类基因组
第4单元 生物多样性的进化史	第14章 生命进化史	进化的化石证据、生命的起源
	第15章 进化	自然选择、进化的证据、进化理论的发展
	第16章 灵长类动物的进化	灵长类动物、从人科动物到古人类、人类的祖先
	第17章 生物分类	生物分类的历史，现代生物分类系统，域和界
第5单元 细菌、病毒、原生生物和真菌	第18章 细菌与病毒	细菌、病毒与朊病毒
	第19章 原生生物	原生动物、藻类、类真菌原生生物
	第20章 真菌	真菌及其多样性、真菌生态学
第6单元 植物	第21章 什么是植物	植物的进化与适应、非维管植物、无种子维管植物、种子植物
	第22章 植物的结构与功能	植物的细胞和组织，植物根、茎、叶的结构与功能，植物激素与植物应答
	第23章 植物的繁殖	繁殖器官和原理、被子植物

续表

单元	章	主要内容
第7单元 无脊椎动物	第24章 动物简介	动物的特征、动物的身体结构、海绵动物和刺胞动物
	第25章 蠕虫和软体动物	扁形动物、线形动物和轮虫动物、软体动物、环节动物
	第26章 节肢动物	节肢动物的特征和多样性、昆虫纲动物
	第27章 棘皮动物和无脊椎动物	棘皮动物的特征、无脊椎动物
第8单元 脊椎动物	第28章 鱼类和两栖动物	鱼类的特征和种类、两栖动物
	第29章 爬行动物和鸟类	爬行动物、鸟类
	第30章 哺乳动物	哺乳动物的特征和多样性
	第31章 动物行为	基础行为和生态行为
第9单元 人体生理	第32章 皮肤系统、骨骼系统和肌肉系统	皮肤系统、骨骼系统、肌肉系统
	第33章 神经系统	神经系统的结构与功能、感觉、药物的效用
	第34章 循环系统、呼吸系统和排泄系统	循环系统、呼吸系统、排泄系统
	第35章 消化系统和内分泌系统	消化系统与内分泌系统、营养学
	第36章 生殖和发育	生殖系统，胚胎发育，出生、成长和衰老
	第37章 免疫系统	传染病、非传染性疾病、免疫系统

4. 纳尔逊生物学

Nelson Biology（以下称为纳尔逊生物学）是由圣智学习出版公司于2015年面向澳大利亚维多利亚州教育证书考试（Victoria Certificate of Education，简称VCE）编写的生物学教材，VCE证书目前受到许多国家大学入学申请的认可。

该教材共有4个单元，每个单元的学习时间为一个学期，第1和第2单元一册，第3和第4单元一册（表3–4）。第1单元先是帮助学生从宏观的角度理解生命的多样性和统一性，理解生物之间、生物与环境之间的复杂关系、理解生态系统中的物质与能量、结构与功能，有利于学生从整体上理解生物在自然界中的地位。第2单元从微观的角度帮助学生认识到细胞作为最基本的生命单位，其结构如何、由什么组成、如何通过物质和能量代谢维持整个生命系统的正常运作。第3单元从分子、细胞水平解释了遗传机制，解释了生命如何通过进化实现了延续。第4单元解释了生命系统如何协调一致，共同实现了自身的稳定。值得注意的是，教材从公共卫生的角度阐述了传染病的传播与预防。教材整体上十分关注生物技术在生物学研究中发挥的重要作用，这些都体现出教材对STS教育理念的渗透。这些知识为学生在大学继续生物学的学习和研究打下基础。

另外，在两册教材之后都独立设计了“科学探究”一章，以帮助学生形成发现和提出问题、作出假设、制订计划、进行数据的收集、分析和评价、应用科学研究方法和科学模型、解释和交流等关键科学技能。

表3-4 纳尔逊生物学的内容体系

单元	章	主要内容
第1单元 生物多样性及生物间的相互联系	第1章 生物多样性	澳大利亚的生物多样性、物种多样性、生态系统多样性
	第2章 生物分类	生物分类系统、分类单元、双名法、分类的依据、进化树、技术对分类学的影响
	第3章 生态系统多样性	生物圈、生态系统、生境、生态系统的分类、生态位、种间关系
	第4章 生态系统的物质和能量	生命的能量之源、能量的转化和利用、食物链和食物网，能量的流动、能量模型、物质循环、生物放大效应
	第5章 种群动态	种群、种群的数量变化与调节、种群恢复
	第6章 生态系统的变化	初生演替和次生演替，人类活动对生态系统的影响
第2单元 细胞与多细胞生物	第7章 细胞	细胞是生命系统的基本单位、细胞学说、真核细胞和原核细胞、细胞的结构、细胞器的结构与功能、呼吸作用与光合作用、生物大分子
	第8章 细胞与其生活的环境	细胞膜的结构与功能、细胞内物质的输入和输出、主动运输和被动运输、胞吞胞吐、影响物质运输的因素
	第9章 细胞内活动	生化反应与酶，酶的特性及影响酶活性的条件、细胞呼吸和光合作用
	第10章 从细胞到多细胞生物	从单细胞生物到多细胞生物、细胞的特化和分化、动植物组织与器官
	第11章 动物的系统	循环系统、淋巴系统、消化系统、呼吸系统、排泄系统的组成、结构与功能
	第12章 植物的系统	植物的分类、水的运输、气体交换、营养物质的运输和吸收
	第13章 科学探究	选择探究的问题、提出假说、探究方案的设计、实验技术和方法，数据的收集和分析、结果的分享
第3单元 遗传与生命的延续	第1章 DNA	DNA的结构、DNA中的遗传信息、生命的延续、细胞分裂、减数分裂与受精作用
	第2章 遗传密码	蛋白质、转录和翻译
	第3章 遗传多样性	基因突变和染色体变异、基因的特异性表达
	第4章 孟德尔遗传定律	相对性状、基因的分离和自由组合定律、基因的连锁、伴性遗传
	第5章 生物技术和基因技术	生物技术的发展、基因工程、克隆、转基因、DNA图谱、生物技术与人类、农业生产和生物多样性保护、伦理问题
	第6章 进化的证据	达尔文进化理论、地球的历史、化石证据、进化模式
	第7章 自然选择与物种形成	种群内的变异、自然选择与适应、进化的原则、物种多样性、物种灭绝

续表

单元	章	主要内容
第4单元 内环境的维持	第8章 稳态	刺激的识别、神经调节、激素调节、稳态和平衡、体温调节、渗透压、水盐平衡
	第9章 应激与反应	细胞内信号系统的进化、对信号的应答与反应、激素调节、信号分子、电信号、细胞信号通信的紊乱
	第10章 病原体	疾病、非细胞病原体、细胞病原体、疾病的传播
	第11章 免疫调节	免疫系统、免疫应答、植物免疫机制
	第12章 适应性反应	免疫记忆、体液免疫、接种、免疫系统的配合
	第13章 公众健康	疾病的传播与预防、疫情与公共卫生、传染病与非传染病
	第14章 科学探究	探究计划、实验与技术、数据的收集与分析、结果的交流

5. 两种AP生物学教材

美国大学先修课程（Advanced Placement，简称AP）是在高中开设的具有大学水平的课程。生物学是其中自然科学类的一门课程，被视为衔接高中和大学生物学课程的桥梁。因而，AP生物学教材在内容选择时既要保证内容的广度，几乎涵盖了大学所有与生物学相关科目的内容；又要兼顾深度，从而为学生在大学学段更高层次的学习主题做好准备，教材的框架和我国的普通生物学教材非常相似。

Campbell Biology（以下称为坎贝尔生物学）是培生教育出版集团出版的一本经典生物学教材。作为AP教材，它同时也被许多高等学校作为普通生物学教材使用。教材围绕进化、组织、信息、物质和能量、相互作用5个核心主题选择和组织内容。*AP Biology*（以下称为麦格劳生物学）是麦格劳-希尔教育出版公司依据AP生物学课程框架编写的教材，围绕进化、能量、信息储存与传递、系统的相互作用4个核心主题选择和组织内容。因此，两本教材在内容和逻辑主线上都极为相似，都是从生命的分子基础开始，随后依次展开介绍细胞、遗传、进化、植物、动物和生态的内容，展现出当代生物学核心知识的脉络（表3–5）。以核心的主题组织内容，有利于学生形成对生命的完整的、连贯的理解。

表3–5 两种AP生物学教材的内容体系

坎贝尔生物学（第10版）		麦格劳生物学（第11版）	
单元	章	单元	章
	1进化、生物学思想和科学探究		1什么是生命
第1单元 生命的化学	2生命的化学基础；3水和生命；4碳和多样的生命分子；5生物大分子的结构和功能	第1单元 细胞	2化学基础；3生物大分子；4细胞的结构和功能；5膜的结构和功能；6代谢：能量和酶；7光合作用；8细胞呼吸
第2单元 细胞	6细胞之旅；7膜的结构和功能；8代谢；9细胞呼吸和发酵；10光合作用；11细胞通信；12细胞周期		

续表

坎贝尔生物学（第10版）		麦格劳生物学（第11版）	
单元	章	单元	章
第3单元 遗传	13减数分裂；14孟德尔和基因的概念；15遗传的染色体基础；16遗传的分子基础；17基因表达；18基因表达的调控；19病毒；20 DNA工具和生物技术；21基因组及其进化	第2单元 生命的遗传基础	9细胞周期和细胞繁殖；10减数分裂和有性生殖；11孟德尔遗传；12基因的分子生物学；13基因表达的调控；14生物技术和基因组
第4单元 进化的机制	22达尔文的生命观；23种群的进化；24物种的起源；25地球上生命的历史	第3单元 进化	15达尔文与进化学说；16种群的进化；17物种形成与宏进化；18生命的起源和历史；19分类学、系统学和系统发育
第5单元 生物多样性的进化	26系统发育学和进化树；27细菌和古菌；28原生生物；29/30植物多样性；31真菌；32动物多样性；33无脊椎动物；34脊椎动物的起源和进化	第4单元 微生物和进化	20病毒、细菌和古菌；21原生生物进化和多样性；22真菌的进化和多样性
第6单元 植物的形态和功能	35植物的结构、生长和发育；36物质的吸收和运输；37土壤与植物营养；38被子植物繁殖和生物技术；39植物对信号的反应	第5单元 植物的进化和植物生物学	23植物的进化和多样性；24有花植物的结构和组织；25有花植物的营养和运输；26植物生长的调节；27植物的生殖
第7单元 动物的形态和功能	40动物形态和功能的基本原理；41动物营养；42循环和气体交换；43免疫系统；44渗透调节和排泄；45激素和内分泌系统；46动物繁殖；47动物发育；48神经元、突触和信号；49神经系统；50感觉和运动；51动物行为	第6单元 动物进化和动物生物学	28无脊椎动物进化；29脊椎动物进化；30人类进化
		第7单元 比较动物生物学	31动物组织和体内平衡；32循环和心血管系统；33淋巴和免疫系统；34消化系统和营养；35呼吸系统；36体液调节和排泄系统；37神经元和神经系统；38感觉器官；39运动和支架系统；40激素和内分泌系统；41生殖系统；42动物发育
第8单元 生态	52生态和生物圈；53种群生态学；54群落生态学；55生态系统的恢复；56保护生物学和全球变化	第8单元 行为和生态	43行为生态学；44种群生态学；45群落和生态系统生态学；46生物圈中的生态系统；47生物多样性恢复

通过对以上六个版本的国外高中生物学教材基本内容的分析，不难发现，教材都包括生命的物质基础、细胞结构和功能、物质和能量代谢、生殖和发育、遗传与变异、进化、生物多样性、生态学等生物学科的基础内容。另外，教材也十分关注生物学研究的新进展。

（二）国外教材中“进化”内容的比较分析

以上国外教材虽然在整体的内容框架上并没有明显的差异，但是在具体概念的内容要点选择上体现出各自的特色。我们选取了六个版本教材都十分重视的核心概念“进化”来进行横向分析和比较（表3–6）。

表3-6 “进化”内容在国外生物学教材的呈现

教材版本	主要内容要点	特色
剑桥国际生物学	变异（连续变异与不连续变异的遗传基础、t检验探究环境如何影响表型、变异在选择中的重要性）； 自然选择和人工选择（资源竞争、稳定选择、定向选择、破坏性选择、平衡选择、人口和基因库、哈迪-温伯格定律、人工选择具体应用）； 进化（自然选择、进化的分子证据、物种形成、物种多样性、生殖隔离、生物灭绝原因）（共38页）。	以知识的内部逻辑构建单元知识体系，层层递进；详细阐述了t检验与哈迪-温伯格定律的应用，探究过程完整，数据具体，注重科学探究能力的培养；重视理论的应用，关注生物学在社会中的应用；知识内容相对较少。
IBDP生物学	进化的证据（达尔文与华莱士、什么是进化、化石记录与进化、人工选择与进化、自适应辐射下同源结构的进化、连续分化与逐渐分化的概念）； 自然选择（进化机制、突变、减数分裂和有性繁殖、适应或不适应、传递成功的特征、自然选择与特征频率）； 生物多样性的分类（物种名称的双名法、类群的层次结构、一种常见的祖先物种、重新分类、自然分类）； 分支学（用于分类的特征、进化枝、相似和同源性状、进化树、重新分类）（共42页）。	以进化和生物多样性为框架，层层递进，逻辑清晰，知识内容翔实，表述严谨，既注重知识掌握、技能培养、思维提升，又关注进化学知识及思维在生活中的运用。
格伦科生物学	生命进化史（进化的化石证据、生命的起源）； 进化（以自然选择为核心的达尔文进化理论、进化的证据、进化理论的发展）； 灵长类动物的进化（灵长类动物、从人科动物到古人类、人类的祖先）； 生物多样性的分类（生物分类的历史、现代生物分类系统、域和界）（共115页）。	以生物多样性的进化史为主线，图文丰富，有趣生动，设计了丰富的实验探究活动与科技写作活动，注重批判性思维、科技探究能力、科技写作能力的培养。
纳尔逊生物学	进化的证据（进化的革命、地球的生命和时代、进化的证据、化石年代测定方法、进化及其模式）； 自然选择（种群变异、基因库、等位基因频率、迁移与基因流、基因漂移、瓶颈效应、方正效应、自然选择导致的适应性进化、人工选择、达尔文与马尔萨斯、性选择、自然选择特点、进化原理）； 物种形成（物种概念、物种多样性、生殖隔离机制、物种灭绝）（共55页）。	以生命活动的先后顺序为主线来构建框架，重视概念的理解；教材知识交叉，注重前后知识衔接；通过故事、探索活动培养学生的科学素养、探究能力。
坎贝尔生物学	进化机制（物种变异、种群的进化、物种起源、地球上生命的历史）； 生物多样性的进化历史（发展史和生命之树、细菌和古菌、原生生物、植物多样性、真菌、动物多样性概述、无脊椎动物导论、脊椎动物的起源与进化）（共285页）。	以进化机制及生物多样性为主线，图文并茂，通俗易懂，既具有翔实的科学知识内容，又具有多样的科学探究活动，如假设性提问、联系性问题、数据的分析、实验的反思与设计等。

续表

教材版本	主要内容要点	特色
麦格劳生物学	进化（达尔文与进化论、种群进化、物种化与宏观进化、生命的起源与历史、分类学、系统学与系统发育学）； 微生物学与进化（病毒、细菌与古菌、原生生物进化与多样性、真菌进化与多样性） 植物进化与生物学（植物进化与多样性、开花植物结构与组织、营养与运输、生长反应的控制、生殖）； 动物进化与多样性（动物进化、无脊椎动物、冠轮动物多样性、蜕皮动物多样性、无脊椎后口动物、脊索动物、脊椎动物、鱼类、两栖类、爬行类、哺乳动物、人类进化）（共309页）。	以生物进化为主线，从低等到高等，结构逻辑清晰，知识内容详细，配有视频辅助资料，配图丰富生动；列举生活中的例子辅助理解概念，通俗易懂；以科学史引入，探究活动丰富。

由表3-6可知，以上教材在进化部分的组织框架大致相同，以进化机制及生物进化为主线，大多包含了变异、自然选择、物种形成、物种多样性等重要知识。但在具体的内容选择与组织上有所差异。美国的格伦科生物学教材内容有趣生动，探究活动丰富，重视对学生批判性思维、科学实验能力及科技写作能力的培养。IBDP生物学内容精简，逻辑清晰，格外重视学生运用相关知识解决现实问题的思维与能力。英国的剑桥国际生物学内容相对较少，但详细阐述了t检验与哈迪-温伯格定律的应用，探究过程完整，数据具体，重视生物学理论的应用，具体阐述了三个人工选择的例子。麦格劳生物学与坎贝尔生物学教材的知识内容丰富，详细介绍了进化机制与微生物、植物和动物的进化阶段。澳大利亚的纳尔逊生物学特别运用了网络平台对教材书本进行了补充与拓展，更注重生物学与社会的联系，教材中包括了较多的社会计划。

总之，国外高中生物学教材在内容的选择上兼具基础性和前沿性，注重科学史、科学研究等情境的创设，体现了科学的实证性和严谨性，拓宽了学生的视野，充分挖掘出知识的育人价值，有利于学生科学素养的养成。

二、国外高中生物学教材中科学本质的表征

科学本质观是科学素养的重要组成部分，发展学生适当的科学本质观被公认为是最普遍的科学教育目标之一，同时也是国际科学教育改革努力的方向[①]。很长一段时间以来，科学本质内容在很多国家的课程文件中都受到特别

① 张培．科学本质理论研究述评［J］．化学教学，2015（5）：12-17.

的强调，它同光合作用、进化论、细胞学说等学科内容一起被视为基础教育课程的重要学习主题。教材中对科学本质内容的呈现能够帮助教师更有效地开展科学本质的教学，能够帮助学生对“科学是什么”“科学如何区别于非科学”“科学是如何产生和发展的”“科学有何价值”等问题形成更为精确的理解。

（一）国际科学教育研究者对科学本质的理解

人们对科学本质的认识是随着科学和社会的发展动态变化的。在科学教育界，对科学本质教学内容的选择还存在争议和差异。对科学教育中的科学本质有两种代表性的认识：有学者认为“科学是一种思维方式，科学是一种研究方法，科学是一个知识体系，科学是一种社会建制”；而有学者指出科学本质是指科学的认识论，是在科学知识发展中固有的价值观和信念。同时，美国科学促进协会（American Association for Advancement of Science，简称AAAS）在其发布的《面向全体美国人的科学》一书中将科学本质分为三个方面：①科学世界观——世界是可被认知的，科学理念是会变化的，科学知识的持久性，科学不能为所有问题提供完整答案；②科学探索——科学需要证据，科学是逻辑和想象的融合，科学解释和预见，科学家要努力鉴别避免偏见，科学不迷信权威；③科学事业——科学是一项复杂的社会活动，科学由学科内容组成，由不同机构研究，科学研究有着普遍接受的道德规范，科学家在参加公共事务时既是科学家也是公民[①]。后续很多学者在AAAS科学本质内涵框架的基础上，对科学本质三个维度进行了更为细致的界定（表3-7）。总之，这两种观点对后续教育文件和教材中科学本质内容的选择、科学本质教学和评价提供了直接的依据。

表3-7　科学教育家的科学本质观

提出人与年份	科学本质观
莱德曼（Lederman），阿卜杜勒·赫里克（Abd-El-khalick）2000	科学知识的本质： 1. 暂定性：科学知识不是绝对真理，可能随着研究的深入而改变，但在一定时间内具有稳定性； 2. 创造性：科学知识是科学家创造性工作的产物； 3. 理论和定律：理论和定律都具有科学解释的能力，但它们是不同类型的科学知识体系，两者不能相互转化。 科学探究的本质： 4. 经验性：科学知识以经验为基础，科学知识都基于观察或实验的证实； 5. 主观性：科学研究不可避免地受到研究者个人的教育背景、思想观点等主观因素的影响； 6. 科学方法多元化：科学研究方法是多种多样的； 7. 观察与推论：科学工作依赖于观察和推论，但观察和推论是有区别的，科学观察是基于人的感觉而获得信息，科学推论是科学家提出的对观察到的事物的解释。 科学事业的本质： 8. 科学会受到社会与文化的影响。

① 美国科学促进协会．面向全体美国人的科学［M］．科学普及出版社，2001：3-11.

续表

提出人与年份	科学本质观
莫斯 （Moss） 2001	1. 科学知识依赖于实证，并需经过检验； 2. 科学不能为一切问题提供答案； 3. 科学知识具有发展性和暂时性； 4. 科学是我们认识自然界的一种方式，通过科学探究，我们可以感知、描述和理解自然界； 5. 科学用于理论之间的比较、预测和解释自然现象、对已有的研究成果进行检验并提出新的问题； 6. 科学探究需要逻辑思维、好奇心、想象力和偶然发现新奇事物的天赋； 7. 科学是一种影响并反映社会需要的社会活动，科学家的工作受到社会文化背景和个人经验的影响； 8. 科学研究中包含提出问题、收集与分析数据、得出结论、交流和讨论、观察和进行实验。
邱明富， 高慧莲 2004	1. 科学知识的本质：累积性、暂时性、创造性、可复制性、公开性； 2. 科学探究的本质：实证性、观察是一种理论负载的行为、科学方法的多样化； 3. 科学事业的本质：伦理和道德原则、科学家的身份、科学团体的重要性（STS）。
刘健智 2006	1. 科学知识的本质：认识性、相对性、公开性、累积性、重复性、局限性； 2. 科学探究的本质：实证性、归纳性、创造性、预见性、非固定性、非权威性、非绝对客观性； 3. 科学事业的本质：科学与道德、技术、社会、身份，科学共同体。
韦斯特瑞宁 （Vesterinen） 2015	1. 科学试图解释自然现象； 2. 科学中不存在唯一的方法； 3. 模型和建模对于科学非常重要； 4. 科学和技术相互影响； 5. 科学发展过程中需要创造力； 6. 科学是一个大的社会文化背景的产品； 7. 科学的发展具有历史性； 8. 科学对文化和社会的影响； 9. 科学本质上是一种全球化的现象，对当地和全球都有影响； 10. 科学知识的可靠性和暂定性； 11. 科学活动具有理论负载的性质。

由表3–7可知，虽然科学本质维度划分已确定，但是对于科学本质三维度中的具体内容，仍然不断有学者提出新的观点，不过也有部分科学本质属性被公认为是正确的。科学教育专家莱德曼（Lederman）认为，中学阶段的科学本质教学内容应该选择没有争议的科学本质观内容来传授给学生，这一观点也被大多数学者认同。

（二）国外科学教育文件中的科学本质内容

尽管目前科学教育界对科学本质教育的必要性已经达成了一致，但是对应该教什么科学本质的内容还存在分歧。在科学教育的实践中，教育者面对的最大难题是如何寻求科学本质本身的复杂性、争议性和教育内容的具体性、明确性、普遍性要求之间的平衡。而且，不同的群体对科学本质的理解有较大的差异性，专家和新手建构的科学本质观就明显处在不同的层次上。因此，研究者对“哪些科学本质内容适合学生的理解”“学生对科学本质的理解在不同的学段如何保持连贯”等问题的探讨仍在继续。研究者就曾经运用实证研究的方法对“学校教学需要教哪些科学本质”这一问题展开研究，结果表明科学与技术、科学知识发展中的伦理与道德层面、科学知识的经验基础、科学知识的累积性和修正性、观察和测量、科学知识的特征、科学的具体方法、假设与预测、科学思维的多样性、科学的创造性等维度被认为在科学教育中应当具有重要的地位[①]。这些维度是学生认识科学的必经之路，在多个国家的科学课程文件中都有所体现。

由于当前还存在科学教师对科学本质的理解不够充分、不够全面的现象，很多教师缺乏开发科学本质教学资源的能力。这些都要求课程研究和设计者为教师提供明确的科学本质内涵的界定。

近年来，国际科学教育改革稳步推进，很多国家都颁布了新的科学课程文件，美国、加拿大、英国等的科学课程标准中都进一步强调了学生对科学本质的理解，并在课程文件中对科学本质的内涵进行了界定。我们对部分国家的科学课程标准进行了分析，归纳了其中涉及的科学本质内容，如表3–8所示。

表3–8　近年来部分国家科学课程文件中的科学本质教学内容

文件名与年份	科学本质教学内容
美国《新一代科学教育标准》2013	1. 科学知识基于经验证据 2. 科学是一种思维方式 3. 科学知识会不断修订 4. 科学由人类努力构建 5. 科学探究使用多元方法 6. 科学假设在自然系统中存在某种秩序 7. 科学模型、定律、机制和理论可解释自然现象 8. 科学致力于解决自然和物质世界的问题
《澳大利亚国家科学课程纲要》2015	1. 科学是富有协作性和创造性的人类努力结晶 2. 科学知识具有可争议性，随着新证据的出现而得到修订 3. 科学受到社会的影响，社会价值观和需求会影响科学研究的重点，进行科学实践和技术应用时必须考虑社会影响 4. 科学涉及观察、提问、描述对象的变化和提出模式预测未来 5. 科学基于实证 6. 科学致力于解决问题并为个人决策提供信息 7. 科学知识的进步往往依赖技术的发展，技术进步往往与科学发展相关
《法国科学课程标准》2015	1. 科学的建构基于观察和实验，需要假说和实证 2. 科学知识的进步和技术的发展具有相互作用 3. 科学能够影响社会 4. 科学依赖观察和推论，但观察和推论不同

① Osborne J, Collins S, Ratcliffe M, et al. What “ideas-about-science” should be taught in school science? A Delphi study of the expert community[J]. Journal of Research in Science Teaching, 2003(7): 692-720.

续表

文件名与年份	科学本质教学内容
《韩国科学课程标准》2015	1. 科学在技术、工程、社会、文学、体育、建筑和艺术等职业中起到重要作用 2. 科学基于实证 3. 科学依赖逻辑推理能力和论证能力 4. 科学需要创造力和想象力 5. 科学具有跨学科性 6. 科学方法多种多样 7. 科学需要考虑伦理因素 8. 观察和推论不同 9. 科学模型的作用是解释自然现象和预测未来 10. 科学、技术和社会之间相互影响 11. 科学是人类努力建构的解释自然现象的产物，会随着社会文化背景变化而不断变化 12. 科学问题产生于科学现象和社会问题 13. 合作在科学探究中起重要作用 14. 科学具有暂定性 15. 科学与道德、宗教、政治和文化有关
《新西兰科学课程标准》2015	1. 科学是一种知识体系，是解释世界的方式 2. 科学知识具有暂定性 3. 科学研究是负载理论的 4. 科学基于实证和逻辑推论 5. 科学研究成果需要公开，以使同行检阅和讨论 6. 科学用于满足社会中的需求，解决社会中的问题 7. 科学用于开发新技术
《英国国家科学课程标准》2015	1. 科学试图解释自然现象 2. 科学对经济和社会具有重要影响，也会受社会文化的影响 3. 科学基于实证 4. 科学会随着时间推移发生变化和发展 5. 科学成果需要受到同行评审 6. 科学涉及观察、假设、实验、理论 7. 科学需要考虑可能出现的道德问题
我国《普通高中生物学课程标准（2017年版2020年修订）》2020	1. 科学知识可能随着研究的深入而改变 2. 科学工作依赖观察和推论 3. 科学工作采用基于实证的范式 4. 科学是创造性的工作 5. 科学工作要高度关注主观因素的影响 6. 理论和定律赋予科学解释的能力，但两者不尽相同 7. 科学会受到社会和文化的影响

大多数国家的科学教育标准都重视学生科学本质观念的形成，在具体内涵的界定上基本都继承了AAAS对科学本质三个维度的理解，具有较强的一致性（表3–9）。同时，不同国家课程文件对科学本质的呈现形式又有各自的特点。例如，美国的NGSS中没有设置独立的科学本质内容模块，而是将科学本质教育的内容内隐于科学与工程实践和科学概念之中，并针对不同学段提出了学生科学本质学习结果的外在表现，使得科学本质目标更加清晰，更有利于科学本质教育与学科教育的融合。

表3-9 部分国家科学课程文件中涉及较多的科学本质教学内容

科学本质的维度	内涵	内涵详解
科学知识的本质	暂定性	科学知识可能随着研究的深入而改变
	解释性	科学模型、定律、机制和理论可解释自然现象
	创造性	科学是创造性的工作
	观察与推论	科学基于观察和推论
科学探究的本质	科学方法的多样化	科学方法多种多样，没有万能的科学方法
	实证性	科学基于实证的范式
科学事业的本质	人文性	科学是由来自不同文化背景的人合作努力建构的
	科学与社会	科学与社会相互影响
	科学与技术	科学与技术相互影响

除了这些课程文件，IBDP也在其科学领域的各学科课程指南中，从“什么是科学、什么是科学探究，理解科学，科学的客观性，科学的人文性，科学素养与公众对科学的理解”几个方面对科学本质的内涵进行了系统而细致的描述（表3-10）①。在课程指南的课程内容部分，IBDP还将特定的科学本质的内涵与生物学的学科概念相联系，明确了科学本质教学的学科内容载体，使得科学本质不再是抽象的理论②。例如，在进行细胞学说的学习时，学生需要认识到“多数生物都符合细胞学说，但也有例外”，这一结论是科学家通过对科学数据中的趋势和差异的研究获得的，体现了科学研究中的数据极其重要这一科学本质。这样的呈现方式有利于学生在概念学习的过程中领悟科学的本质，为教材编写和课堂教学中开展科学本质教育提供具体的内容载体。

表3-10 《IBDP生物学课程指南》中科学本质的维度与基本内涵

维度	基本内涵（总结）
1 什么是科学，什么是科学探究	1.1 科学的基本假设是世界是一个独立的、可被感知的外部现实 1.2 理论科学、应用科学、工程技术这些领域是互相交叉与融合的 1.3 科学方法是多元的 1.4 科学探索需要创造和想象力，以及严谨的思考和应用 1.5 许多科学发现常常来自直觉 1.6 科学家运用的术语和推理过程是共同统一的 1.7 科学需要基于证据进行合理的怀疑 1.8 科学重视证据，科学家通过观察、实验等多种途径获得证据，仪器和技术的发展常常推动新发现产生 1.9 新的证据可以对理论进行完善和修正 1.10 模型可以解释无法通过实验或观察解释的现象 1.11 实验结果可以为科学论证提供证据 1.12 信息技术的发展使建模发挥更大的作用 1.13 科学研究是一项人类活动，科学研究中具有共同的方法体系和原则

① International Baccalaureate Organization. Biology guide: first assessment 2016 [M]. Cardiff: International Baccalaureate, 2015: 1-169.

② 张秀红，陈敏，樊婷婷，等. IBDP生物学课程指南的主要内容与特点分析［J］. 生物学教学，2018（7）：8-10.

续表

维度	基本内涵（总结）
2 理解科学	2.1 理论、定律、假设都是不同的科学概念 2.2 理论可以解释世界、检验假设，作出预测 2.3 假说和新理论的产生都要基于已有的理论，也会出现理论的“范式转移” 2.4 定律是源于对一般行为模式的观察得出的规范化的陈述，科学规律可以根据新的证据进行修正 2.5 假设可通过实验和观察来验证 2.6 对自然界的解释必须是简明且可检验的 2.7“奥卡姆剃刀定律”指理论在具有最大解释力的前提下应尽可能地简化 2.8 相关性和因果关系也是重要的科学概念 2.9 实验有其局限性，可以通过抽样等多种方法来开展研究
3 科学的客观性	3.1 科学研究中的数据极其重要 3.2 重复测量和增多样本量可以提高数据的可靠性 3.3 科学家需要尽量降低随机误差和系统误差，提供尽可能真实的数据 3.4 科学家需要理解误差、不确定性、准确性与精确性之间的差异，通过多种技术手段提高数据的可靠性 3.5 科学家要尽量避免认知的偏见 3.6 虽然一些科学发现不能完全被科学家精确观测，但能确定其存在 3.7 技术的发展有利于大数据的收集和储存 3.8 科学研究需要使用由科学家们编写的软件来进行数据分析，这些数据和软件可被研究人员广泛使用
4 科学的人文性	4.1 科学是高度协作的，由从事科学、工程、技术等不同领域的工作人员组成了科学共同体，从不同领域出发来解决同一个问题 4.2 科学团队合作应当基于一个普遍认识：科学是开放和自由的 4.3 科学家们的合作包括研究成果的交流和各种研究活动的协作 4.4 科学家通过同行评议发表自己的成果，并与其他科学家共享、交流 4.5 科学家们在一些领域的研究发现具有重大的伦理和政治意义 4.6 科学研究中保证数据完整而真实地呈现是最重要的，要确保学术诚信 4.7 科学研究必须得到社会的资助，资金的来源很重要 4.8 科学也存在着伦理道德和社会发展上的问题
5 科学素养与公众对科学的理解	5.1 科学家对于社会和公众层面理解科学有重要作用 5.2 科学家在其专业之外的科学议题上，可能并不比普通公众更有资格提建议 5.3 科学素养包括能够认识和辨别错误的推理 5.4 偏见和谬误可以导致伪科学 5.5 科学家能使用专业术语描述科学，术语在日常生活和科学语境中具有不同的意义 5.6 科学领域能进行各项富有创造力和想象力的无限探索，还存在着许多科学问题等待挑战

整体而言，近期的科学教育课程文件中的科学本质属于现代科学本质观，体现了科学本质的多面性和辩证性。例如，既强调科学知识的客观性和稳定性，也强调科学知识的主观性、开放性和发展性。这些对科学本质辩证的观点，能够让学生认识更加真实的科学。各国在选择科学本质内容时也要考虑本国的实际情况。例如，我国科学本质教育起步较晚，在内容选取上应该抓住科学的关键特征：科学是认识世界、建构科学知识的一种有效途径；科学知识以开放、发展为历史形态；科学方法以实证、逻辑为基本特征，以论证为核心机制；科学精神以理性的怀疑为基本内核；同时，科学是人类社会的

事业，它与技术和社会密切关联，既影响着社会的方方面面，也受社会和技术的深刻影响①。各国课程标准文件中对科学本质的阐释，为教材编写提供了基础。

（三）国外代表性教材中科学本质内容的选择与呈现

在各国课程文件的引领下，教材中也日益凸显科学本质的内容。国际科学教育界也陆续开发了多个教材分析工具来评估科学教材的科学本质是否与课程文件的要求保持一致。

有学者开发了“科学教材科学本质内容分析程序”，包括：①科学是一套知识体系，②科学是一系列的研究方法，③科学是一种思维方式，④科学与技术、环境相互联系②。教材中呈现的相关科学概念、科学事实、科学理论和原理，记忆性的知识和信息被纳入主题一；教材中呈现的要求学生进行计算、实验、使用图表、回答问题等科学活动被归入主题二；教材中强调了科学的经验性和客观性，或呈现了对科学家如何工作、科学事业如何运作的思考则归入主题三；教材介绍了现代科学和科学发展现状的内容归入主题四。1996年，研究者沿用了上述分析框架，分析了7本中学生物学教材中4个主题的分布情况，结果表明大多数教材非常注重“科学是一套知识体系”这一主题的呈现，而很少强调科学与技术和环境之间的联系，以及“科学是一种思维方式”③。类似的研究在澳大利亚也有开展。研究者分析了澳大利亚20本高中物理教材中的科学素养主题，发现大多数教材也是过于注重科学知识，而忽视“科学作为一种思维方式”④。2007年，有学者用上述框架对美国5本高中生物学教材进行了分析，这次分析表明教材中这4个科学本质（科学素养）主题的呈现相较之前更加均衡，尤其是对“科学是一系列的研究方法”强调得最为明显。需要注意的是“科学作为一种思维方式”也开始受到重视，这说明教材不仅强调科学术语和科学技能，已经开始关注科学发展背后的意义和思想⑤。2014年，一项对美国和韩国的高中生物学教材的研究发现，美国教材通常在教材的第一章（有些会在后面的章节）专门对科学本质的4个主题进行集中介绍，而

---

① 谭永平．再论科学的本质与中学生物教学［J］．中学生物教学，2017（13）：8-10.

② Chiappetta E L, Sethna G H, Fillman D A. A quantitative analysis of high school chemistry textbooks for scientific literacy themes and expository learning aids[J]. Journal of Research in Science Teaching, 1991(28)：939-951.

③ Lumpe A T, Beck J. A profile of high school biology textbooks using scientific literacy recommendations[J]. The American Biology Teacher, 1996(3): 147-153.

④ Wilkinson J. A quantitative analysis of physics textbooks for scientific literacy themes[J]. Research in Science Education, 1999(3): 385-399.

⑤ Chiappetta E L, Fillman D A. Analysis of five high school biology textbooks used in the United States for inclusion of the nature of science[J]. International Journal of Science Education, 2007(15): 1847-1868.

韩国教材更为均衡地呈现了这4个主题①。

2008年，有学者开发了下面的教材分析框架，对多个版本的高中生物学教材中的科学本质进行了分析。该教材分析框架包含10个科学本质的具体指标，分别是：①科学知识基于经验证据；②推论性；③创造性；④理论负载；⑤科学知识的暂定性；⑥科学方法的谬误；⑦科学理论的性质；⑧科学定律的性质；⑨科学的社会层面；⑩科学的社会和文化嵌入性。此外，还编制了一套赋分量表，每一个科学本质指标的分数范围为–3分到+3分，以反映科学本质每个指标在教材中表达的准确性（理性/质朴）、完整性（内部一致/内部不一致）和呈现方式（显性/隐性），整本书科学本质的得分在–30分到+30分②。通过对多个版本教材的分析，研究者发现科学本质的某些指标，尤其是“理论负载”“科学的社会和文化嵌入性”这两个指标在很多教材中没有呈现出来，甚至还存在认为科学存在统一方法的错误观点。研究者还发现，相对于课程标准等文件，教材编写者本身对教材中科学本质内容的呈现具有更大的影响。2016年，沿用这一套研究方法，研究者对纵向跨越了50年的16种美国高中生物学教材和18种高中物理学教材中科学本质呈现的范围和形式展开了分析。结果显示，被评估的教材对某些科学本质指标非常不重视，并且主要呈现出的都是对科学本质的质朴理解③。2015年，有学者对7本高中生物学教材“孟德尔遗传”这一章中科学本质和科学探究的呈现进行了评估。其中科学本质的分析框架包含7个指标：“科学知识是暂定的”“科学知识基于经验证据”“主观性”“推理、想象和创造”“科学的社会和文化嵌入性”“观察和推论”“理论和定律”。结果显示科学本质框架中的大多数指标都在教材中有所呈现，但是99%为隐性表述，仅有1%为显性表达④。

通过不同学者的研究可以发现，国外中学生物学教材中的科学本质内容呈现出更加全面和均衡的趋势，在呈现方式上以隐性为主，且存在部分科学本质内容的表述不科学的现象。

1. 麦格劳生物学中科学本质内容呈现的特点分析

该教材内含丰富的科学本质观内容，还专门设立了“Nature of Science（科学本质）”栏目，在正文中也有大量科学本质的显性化的描述，以突出对学生

---

① Lee Y H. Comparative Analysis of the Presentation of the Nature of Science in U.S. High School Biology and Korea High School Science Textbooks[J]. National Teacher Education Journal, 2014(2): 11-17.

② Abd-El-Khalick F. Images of Nature of Science in Middle Grade Science Trade Books[J]. New Advocate, 2002(2): 121-127.

③ Abd-El-Khalick F, Myers J Y, Summers R, et al. A longitudinal analysis of the extent and manner of representations of nature of science in U.S. high school biology and physics textbooks[J]. Journal of Research in Science Teaching, 2016(1): 82-120.

④ Campanile M F, Lederman N G, Kampourakis K. Mendelian genetics as a platform for teaching about nature of science and scientifi c inquiry[J]. Science & Education, 2015(24): 205-225.

科学本质观的培养。整体而言，教材中对科学本质的具体的维度的呈现更加侧重于“科学知识基于经验证据”“科学知识的暂定性”和“科学的社会和文化嵌入性”等方面。具体的分析结果如下。

（1）通过设计专栏，对科学本质观进行外显且理性的呈现

该教材专门单独设置科学本质栏目，全书的科学本质栏目共计34个。科学本质栏目通过多样化的生物学内容体现科学本质的内涵：既包括科学前沿的热点话题（如DNA条形码、人工肺、生殖性克隆和治疗性克隆等），结合生物学中具体的知识展开（如酶抑制剂可导致死亡、达尔文理论的遗传学基础、疾病中信使RNA加工的异常、脂肪对人的作用等），也有对具体的科学方法的讨论（如统计学的利与弊、DNA微阵列技术等），还有结合科学在日常生活中应用的实例（如发酵与食品制作、竹子的多种用途、植物的清洁作用等）。科学本质栏目结合以上具体内容，一般会在栏目正文部分的结尾处，显性化地总结出科学本质的具体的内容，在最后会提出相应的问题，引导学生思考科学本质的内涵。由此，学生不仅达到掌握科学知识的目标，还能够理解科学知识背后的意义及本质，形成科学的思维和观念。例如，教材的“生命的物质基础——有机大分子”一节中，科学本质栏目展示了随着研究的深入，对动物脂肪、反式脂肪的认识也逐渐发生了变化，并影响了人们的生活习惯。在栏目的最后一段中，显性化地指出了“科学知识的暂定性——科学知识会随着新证据的出现而不断完善”的本质。这种专设科学本质栏目的呈现方式，能够为学生理解科学本质提供明确的指引，有利于他们科学本质观的形成。

（2）科学本质内涵的同一维度在不同单元主题中反复呈现

麦格劳生物学中不仅设置了专门的栏目来体现科学本质，在正文中科学本质观也有显性化的呈现。例如，该教材第一章第四节就对科学研究中的一系列方法及研究过程进行了阐述。该教材中对科学本质的呈现有些是显性化的描述，也有些是隐性化的描述，将科学本质蕴含在科学史、科学探究案例等素材之中（表3–11）。

表3–11　麦格劳生物学中科学本质指标分析框架

科学本质内涵的维度	实例节选
科学知识基于经验证据	实例1　科学家们用他们所有的感官进行观察。黑猩猩的行为可以通过视觉手段来观察，臭鼬的性情可以通过嗅觉手段来观察，响尾蛇发出的警告可以提供危险即将到来的听觉信息。科学家还可以通过使用仪器来扩展他们的感官能力，如用显微镜可以看到肉眼无法看到的物体。（教材正文） 实例2　二十世纪中叶是科学发现激动人心的时期，一方面，遗传学家忙于确定DNA是生物的遗传物质；另一方面，生物化学家们在疯狂地尝试描述DNA的结构。在这个时代，一系列经典实验的开展为现代分子生物学知识的大爆发奠定基础。（教材正文）

续表

科学本质内涵的维度	实例节选
科学知识基于经验证据	实例3　杜布赞斯基（Dobzhansky）……是最早为自然选择提供实验室证据的科学家之一。他说，若无进化之光，生物学中的一切将毫无意义。通过自然选择理解进化论不仅会帮助你理解地球上生命的多样性，而且会帮助你预想发生在你周围的突变、适应和繁殖等一系列的事件。（教材导入）
科学知识的暂定性	实例1　随着系统学家更多地了解更多的生物，分类学也会经常发生变化。（教材正文） 实例2　曾经，人们相信生物含有一种“生命力”，使他们得以生存。随着时间的推移，科学已经告诉我们生物和非生物都是由相同的元素构成的。（教材导入） 实例3　多年来，科学家认为内含子在基因中就是浪费了空间。现在，我们意识到它们在细胞中有重要的功能……（教材正文）

由此可以看出，相同的科学本质内涵的维度在教材的不同章节中反复呈现，通过不同的科学知识、现象来显性或者隐性地反映科学本质观，为学生科学本质观的建构提供了多样化的情境素材，而不是机械地、平铺直叙地告诉学生科学本质到底是什么，这样的设计有利于逐步加深学生对科学本质内涵的理解，继而在头脑中形成持久的科学本质观念。

（3）通过“生命伦理问题”栏目渗透“科学的社会和文化嵌入性”要素

麦格劳生物学在章尾的习题之后专门设置了“生命伦理问题”栏目，展示与章节主题相关的生物医学、环境与人口、动物实验和植物保护及器官移植等方面的伦理问题，旨在使学生认识科学是在一个大的社会文化环境下进行实践的人类事业，侧重渗透“科学的社会和文化嵌入性”这一特征。科学事业的本质是科学本质的一个重要组成部分，有学者认为，科学事业的本质主要体现在三个方面：科学中的伦理和道德原则，科学、技术与社会的关系，科学家的身份和科学共同体。其中，学生“科学的伦理和道德”维度科学本质观的形成，以条文的方式机械灌输绝非明智之举，只有让学生在自然的情况下通过体验性的学习来领悟科学研究中的伦理和道德原则的重要性，才能使他们印象深刻、做到身体力行。麦格劳生物学中为学生呈现了多个与人类生活相关的实例，学生通过实例的学习可以体会到科学中的伦理道德问题，更深入地理解科学、技术与社会的关系。例如，在学习了组成生命的各种化学分子之后，在本章的末尾指出“近年来的研究表明，人工合成的有机化合物（如杀虫剂、除草剂、消毒剂、塑料和纺织品等）可以通过生物圈的物质循环进入环境甚至人体之中，对环境和人体的健康造成危害，因此应该严格规范工业化合物的使用”，体现了工业化合物在给生活带来便利的同时，也引发了环境和健康问题；在人体呼吸系统的章末尾的“生命伦理问题”栏目中，教材阐述了抗生素在细菌性疾病治疗中的重要作用，同时也表明抗生素的不当使用会导致耐药性现象，因此要合理地使用抗生素。

上述两个例子分别是对环境和医学领域中出现的与章节主题相关的生命伦理问题的陈述，引导学生运用所学的科学知识分析及思考现实生活中的科学、技术与社会相关的问题，并辩证地看待问题。与此同时，该栏目隐含了“科学是在一个大的整体环境下进行实践的人类事业，受到各种因素的影响，特别是道德伦理方面的影响”的观点，侧重渗透“科学的社会和文化嵌入性”这一要素的培养。

2. IBDP生物学中科学本质内容呈现的特点分析

IBDP生物学中涵盖了内涵丰富的科学本质内容。另外，IBDP生物学在栏目设置、内容组织上有着自己独特的地方，同样影响着科学本质内容的传递和呈现。我们具体分析了IBDP生物学中呈现科学本质观的特点。IBDP生物学在每个次级主题中都设置了大量不同的旁栏，包括科学本质、TOK、国际连线、应用、有趣的事实、提示、挑战自我等多个栏目。IBDP生物学在呈现科学本质内容时，既对课程指南中的“科学本质”进行了具体化呈现，还在其中融合了课程本身与时俱进的培养理念，在让学生正确认识科学的同时，进一步发展他们的思维、能力，以及情感态度价值观。通过分析发现，IBDP生物学中科学本质的呈现具有如下特点。

（1）专设科学本质栏目，对科学本质进行具体且外显的呈现

在IBDP生物学中，每一个次级主题下都开设了科学本质栏目，这些科学本质栏目分为两种。一种是呈现在正文内容之前，作为本节内容的学习目标之一。教材中的科学本质栏目设置的目的是让学生在整个的学习过程中，都能够思考科学知识和科学过程的本质，从整个学科宏观的角度思考科学方法和科学成果的可信度以及科学中的人为因素的影响等①。教材每一节课中最少有一个专门的栏目来显性化地呈现科学本质。例如，“分子代谢”一章科学本质的学习目标是：尿素的人工合成为推翻“活力论”提供的证据。在正式学习开始之前，就能让学生明白这一内容所体现的科学本质内涵，从而能够有目的地进行学习。

另外一种科学本质栏目镶嵌在正文内容之中，是结合具体案例对目标科学本质的细化。它与目标科学本质是总和分的关系，目的就是让学生通过对某一主题内容的学习，不仅能够掌握相关的科学知识，还能理解科学背后的意义，形成科学的思维和观念。在这些正文的栏目中，往往结合一些科学故事或者案例，在具体的生物学情境中呈现科学本质。例如，教材中详细描述了维勒人工合成尿素的科学史料，以呈现科学本质。这个例子展示了哪些科学本质呢？一是科学理论会随着时间不断发生修正，随着维勒人工合成尿素的实验证据的出现，人们对于“活力论”提出了质疑，并且在其他证据的支持下，提出了“并

① 包春莹．例谈国外生物学教材中关于科学本质的内容及其启示［J］．中学生物教学，2017(6)：4-7.

没有特殊的生命元素存在”的结论；二是科学发现常常是偶然的，维勒人工合成尿素实验并不是为了反对“活力论”而专门设计的，但是他的成果却为“活力论”提供了有力的反证；第三个科学本质是“通常来说，一个新的科学发现并不会立马被所有人认识到它的重要性，这就是为什么科学发现需要公开发表的原因之一”，公开发表可以让整个科学界都能看到并理解这一新的科学发现。

正文中的这一科学本质栏目就是对前面目标科学本质栏目的具体呈现。通过一个科学史案例，详细讲述了人工合成尿素实验前后引起的科学观念的变化。因此读者很容易就能推断出科学知识的暂定性这一特征。而随后这一特征在该栏目中也得到了外显的强化；另外，教材也没有放过这一科学史中的一些细节：科学发现存在的偶然性以及科学成果公开发表的意义。如果教材没有对这两个细节进行外显的强化，读者很容易忽略它们。科学发现存在的偶然性往往涉及科学家需要不同于常人的洞察力和想象力，而科学成果公开发表的意义在于能够得到同行的检验和认可，是对科学的“社会性”和科学的“创造性”的认识。因此通过这种具体且外显的呈现方式，可以使读者既全面又深入地理解这一科学史中所体现出的科学本质。

（2）在不同的章节中同一科学本质目标反复强化

概念的形成需要建立在大量的事实的基础上，同样，科学本质观的形成和发展也不能一蹴而就。在教材中需要对科学本质内容进行整体设计，结合不同的学科内容和实例反复呈现，从而给学生持续的刺激，有利于他们科学本质观的持续建构。IBDP生物学中对同一科学本质目标在不同的章节内容中反复强化，例如，“利用理论解释自然现象”这一目标，就可以通过“水分子之间形成氢键的理论解释了水的性质”“能量流动的概念解释了食物链的有限长度”等不同的学科内容来呈现。

通过分析，我们发现不同的科学本质的维度在教材中呈现的次数也存在很大的差异，其中呈现次数最多的三个指标是“科学以观察和实验为依据”“科学的社会和文化嵌入性”和“科学知识的暂定性”。科学基于观察和经验是人们对科学本质的认识中起源最早的一个观点，它也是最贴近科学本质的一个特征。而科学的暂定性是在观察和经验的基础上发展而来。这两个特征反映的是科学本身核心的特征，属于科学本质纵向维度；而“科学与技术”“科学的社会和文化嵌入性”“科学的社会性”，反映的是科学与社会之间的相互作用，是科学本质的一种外延特征，属于科学本质的横向属性。这些指标贯穿于整本教材中，分别从纵向和横向上反映出科学的本体特征和外延特征。

这种反复强化设计可以帮助教师和学生更准确、全面地理解科学本质，为科学本质的教学提供了丰富和直观的材料，为科学本质观的培养设计了锚定点，使得科学教育不再是一句空泛的口号，而可以落实到每一节课的教学中。

（3）在科学思维和开放意识的训练栏目中呈现科学本质

在IBDP第四学科群（科学学科领域）的课程目标中，明确指出学生要能够批判性地欣赏全球背景下的科学研究和创造力，认识到科学和技术的使用对不同文化、道德产生的影响，培养对科学活动中的有效协作及交流的必要性和价值观的批判性认识。这一目标理念也在IBDP生物学中得到了落实，在教材中设有TOK栏目和国际连线栏目。TOK也是IBDP三门核心课程之一，是一门深入了解知识是如何建构的，而不是学习特定知识的课程。TOK课程着重体现批判性思维和探究过程，鼓励学生分析知识的本质、探索知识建构的问题。在IBDP生物学的TOK栏目中，常常会结合一些具体的教材内容，设置开放性的问题，引导学生反思知识获得的方法和过程，使学生形成辩证性和创造性思维；国际连线栏目则是基于“国际理解”的教育理念，内容往往讲述的是科学研究在全球化背景下的交流与合作。这两个栏目使IBDP生物学在呈现科学本质的时候，不仅关注科学本身，还将科学置于全球化视野，呈现科学与技术、文化、伦理、社会政策之间的相互关系，使学生能批判、辩证地看待科学和与科学相关的问题，形成开放、宽容的意识和跨文化的理解力和包容力。例如，教材中在讲述DNA和RNA的双螺旋结构模型的发现过程时，在国际连线栏目这样写道：尽管沃森和克里克在1953年首次发现了DNA双螺旋结构模型，但是来自世界不同角落的科学家们都在这一模型的建立过程中作出了贡献。奥地利的查哥夫发现了腺嘌呤和胸腺嘧啶、鸟嘌呤和尿嘧啶的个数总是相等的，英国的富兰克林和新西兰的威尔金斯在DNA衍射图谱中计算了各种DNA分子内部的距离。栏目中的内容体现了科学研究是在一个大的社会背景下进行的事业，跨越不同国家和地区的科学家们可以共同致力于科学研究。

在该“国际理解”栏目之后，教材还结合栏目中科学家的合作实例设计了相关的TOK栏目：尽管一些信息在世界各地得到交流共享，但第一个准确的DNA模型的发现却是具有非常高的竞争性，许多来自不同领域的团队都会分享相关信息，也有一些科学家不愿意分享他们的研究和发现。应如何理解这种“反科学”的现象？引导学生反思科学研究中的信息共享和信息保密的现象，从而能辩证性地看待个人竞争与合作共享之间的关系，使学生认识到科学的两面性，并在这个讨论的过程中逐渐形成批判性思维和辩证看待问题的观点。

这些栏目的设置全面而且立体地呈现了科学本质，能够加深和拓展学生对科学本质的理解，并在让学生认识科学本质的同时，形成科学的思维模式以及开放、宽容的国际意识。

（4）设置学习活动，关注科学本质的实践维度

科学本质观的形成离不开学生在实践活动中的亲身体验。例如，对社会性科学议题的分析和辩论等实践活动，被认为是科学本质教育的重要途径。在IBDP生物学中某些科学本质栏目，设置了不同类型的学习活动，让学生在活

动中实现科学素养目标的达成。例如，在教材的“糖和脂质”一节中，设计了一个实践活动：“尝试评估食物中的脂质含量在饮食中的健康性”。通过调查和探究活动，学生可以掌握进行科学研究所必备的一些科学探究技能和解决问题的能力，同时通过探究得到的结论，可以形成对食物中的脂质含量科学且合理的认识，塑造正确的健康观念，并以此来指导自己日常生活中的饮食方式。

IBDP生物学在科学本质栏目中，开设了各种理论和非理论的实践学习活动，旨在让学生通过活动掌握科学探究的相关技能，或形成辩证性、批判性的思维，塑造正确的科学观念，进而引导个人的生活行为。可以说，IBDP生物学对于科学本质的呈现不只是停留在认知维度，还通过实践将其上升到了科学素养的高度，以实现科学本质的育人功能。

综上所述，我们认为IBDP生物学在体现科学本质观方面有很多可借鉴之处。首先，该教材对科学本质观的呈现虽然在不同指标维度的频次上有所差异，但是总体上对教材分析框架中涉及的指标都有涉及，且大多数指标都通过显性的方式呈现。其次，教材中对于科学本质的呈现情况较为理性，说明该教材对科学本质的表述是比较准确的。最后，各科学本质指标无论是显性呈现还是隐性呈现，都具有较高的内部一致性，这种内部一致性的判断根据除目标科学本质以外，在同一文本内容中还以有没有其他相关的科学本质指标呈现来判断。这说明IBDP生物学注意到了科学本质各要素之间的相关性，如前面所提的“创造性”和“推论性”，“科学知识的暂定性”和“科学知识基于经验证据”，这些指标常常共同呈现在同一文本内容中。这种一致性的呈现可以反映出科学本身的多面性。

3. 格伦科生物学中科学本质呈现的特点

在格伦科生物学的每个章节中，都设置了包括阅读预览、迷你实验、数据分析实验、生物学实验、评估、词汇回顾等在内的多个栏目。该教材在呈现NGSS中所要求的“科学本质”的同时，还充分扩展了“科学本质”的内容，从而促进学生全面认识科学，进一步培养科学本质观。该教材中科学本质观的呈现方式具有如下特点。

（1）专设章节重点阐述科学本质

格伦科生物学在开篇专设一节“科学本质”对其内涵进行重点阐述。该节围绕“科学是一个发展解释的探究过程”的重要概念展开，阐述了“什么是科学”和“日常生活中的科学”两大方面，其中呈现了“科学知识基于经验证据”“推论性”“科学理论的性质”“科学知识的暂定性”“理论负载”“科学定律的性质”“科学的社会层面”以及“科学的社会和文化嵌入性”8个科学本质指标，并且结合生物学研究中的实例对各维度的内涵进行了清晰的界定，帮助学生在进入生物学课程学习之前，建立对科学本质的整体印象。例如，教材在本节内容中对科学的界定表述为“科学是一种基于自然世界研究的知识体系，是一种基于无偏见的观察和实验的创造性的探究过程。当来自许多相关调查足够支持某一个观点时，科学家们认为这个观点是一种理论，一种能够解释自然现象，被许多观察和实验所验证的理论。科学定律描述自然界中特定条件下的关系，理论和定律从根本上来说是不同的，理论不会成为定律，定律也不会成为理论。”以上表述中显性化地呈现了“科学知识基于经验证据”“科学理论的性质”“推论性”以及“科学定律的性质”4个科学本质指标，并且与我们之前梳理的教材中科学本质的分析框架的内涵完全一致。

该生物学教材中对大部分科学本质的指标都有表述，且准确度较高。例如，教材关于科学知识的暂定性的描述为：“你如何知道哪些信息是基于科学的？大多数科学领域都是由对已知事物不断重新评估的研究所引导的，这种重新评估导致了科学家们对新知识的评估，而对新知识的探索是推动科学进步的动力。”这种显性化对科学本质内容的集中呈现是国外教材中常见的一种方式，教材编写者常常将科学本质的内容通过一个完整的科学研究的案例来呈现，有利于学生在开始生物学学习之前，能建立对科学本质的整体认识。学生只有知道了科学的本质，在随后的课程学习和实践时才能够自觉地以科学本质观指导和规范实践性学习活动。

（2）科学本质观的呈现方式是显性与隐性相结合

从分析的情况来看，大多数科学本质指标在格伦科生物学中都有显性的呈现方式，且显性与隐性相结合的方式较多。这种混合型呈现方式在科学史内容中尤为明显。例如，在有关细胞学说的科学史中，列举在细胞学说发展历程中不同的科学家利用显微镜的观察提出的观点和贡献，显性化地呈现了“科学知识基于经验证据”的维度；而通过总结科学家们的观察和结论从而得出细胞学说这一事实，又隐性化地呈现了“推论性”的科学本质。这种显性和隐性相结合的方式也是目前多数教材采用的一种科学本质的呈现形式，一方面可以利用隐性材料弥补显性材料呈现的不足，另一方面也能够潜移默化地渗透对学生科学本质观念的培养。

总之，通过对格伦科生物学中科学本质观呈现的梳理，发现教材在科学本质观的呈现是显性和隐性相结合的方式，在具体的内容维度上，教材更加关注了“科学知识的暂定性”“科学知识基于经验证据”“科学、技术与社会的关系”这些维度，“科学的局限性”在教材中有所欠缺。除了这些与科学本质直接相连的部分，教材中还设置了大量的生物学相关职业的介绍，也可以从侧面反映出科学家是如何工作的，帮助学生全面地认识科学。

4. 纳尔逊生物学中科学本质呈现的特色

纳尔逊生物学符合澳大利亚课程、评估及报告权威机构（The Australian Curriculum，Assessment and Reporting Authority，简称ACARA）对其高级中学生物学课程的要求，旨在让学生从细胞水平到广阔的生物群落水平了解生命的复杂性，领悟生命的奇妙之美及其相互联系，理解相关真实情境，并学会理性、批判性看待科学问题。该教材是由在学术及中学教育等方面富有经验的专家团队联合编著，达到澳大利亚A成就标准水平，分为上下册。

该教材每一章节均以“科学理解”概念框开头，它既全面涵盖本章节要求学生掌握的重要科学思想、概念和理论，同时也是澳大利亚高中生物学课程大纲内容的具体细化。在正文部分设置了多种多样的栏目，包括科学素养、案例研究、章后问题回顾等栏目。通过分析发现该教材在呈现科学本质内容时具有如下特点。

（1）多样化栏目对科学本质的呈现

纳尔逊生物学设置了多样化的栏目渗透科学本质要素。“案例研究”栏目结合真实情境帮助学生形成持久的科学本质观念。“科学素养”栏目则提供一篇科学文章或媒体文章，鼓励学生批判、辩证地看待问题，且使用证据来评估所提出的观点和结论或者运用推理和知识来构建一个有效的科学论证。下面对“案例研究”和“科学素养”栏目进行举例说明。

在关于免疫系统的内容中，通过对免疫系统与疼痛关联的研究案例的陈述及相关问题，引导学生思考科学本质内涵。该栏目通过医学专家探索治疗人类疼痛方法的最新案例，一方面展示关于免疫系统研究的最新进展，体现了教材内容的与时俱进；另一方面展现了科学家们在探索过程中共同致力于科学研究，他们之间相互交流与合作以寻找不仅可以治疗慢性疼痛，还能预防和根除疼痛的方法，隐性呈现了科学本质中的“科学的社会层面”要素。同时，案例中还通过哈钦森博士对他的新发现的评论——医学界比科学界更容易接受一些想法，隐含了“科学家所坚持的理论、前认知、期望等主观因素都会影响他们的科学研究工作，这些主观因素会影响科学家对研究问题和研究方法的选择，以及对观察结果的解释”的观点，即隐性呈现了“理论负载”的科学本质指标。在此基础上，该案例还显性、理性地呈现“科学知识可能受到社会、经济和文化等领域的影响”的观点，即呈现科学本质中的“科学的社会和文化嵌入性”的指标。此外，该栏目在案例后面往往还设置了思考问题，帮助强化学生的科学本质观念。

教材中还通过设置多个科学素养的栏目来体现科学本质。例如，在“孟德尔遗传学”一节中的“科学素养”栏目是源于“The Age”的一篇科学文章，讲述了人体中某些和犯罪有关联基因的检测，可能造成罪犯通过指责他们的基因来逃避罪行，并且引发一系列伦理问题。通过案例，可以引导学生批判、辩证地看待该问题，运用知识和推理有效地进行科学论证。在这过程中，学生认识到科学会受到道德伦理因素的影响，从而建构科学本质中“科学的社会和文化嵌入性”的观念。在该文章的章尾还明确指出，运用科学不能解决由邪恶基因所带来的伦理问题，即显性且理性呈现科学本质中“科学的局限性”的指标。

（2）专设科学调查章节，渗透科学本质观念培养

纳尔逊生物学尤其重视学生科学调查技能的培养，在上下两册教材中均专门单独设置科学调查章节，将科学调查与科学本质观念结合，不仅可以引导学生学会进行科学调查，还可以渗透科学本质观念培养。例如，在科学调查研究一节中，教材认为“进行科学调查是体验科学的机会。科学是通过观察和实验来发现事物。有时，科学的一个重要进步始于偶然的观察或幸运的意外。又如，在听了挤奶女工的意见后，那些感染了牛痘的人免受一死。英国医生爱德华·詹纳实际上启动了疫苗接种。詹纳用牛痘疮的样本给一个小男孩接种疫苗，使他免受天花的侵害。然而，在科学家真正开始理解免疫的生物学基础之前，还需要50年的时间和大量经过仔细规划的研究。像这类偶然的事情可能会开启一个新的研究领域，但随后会展开精心策划的调查。科学调查可能需要数年时间才能完成，可能需要许多科学家之间的合作，还可能需要在澳大利亚或海外获得特殊仪器设备。”上述是对科学调查简短的一段描述，使学生初步认识科学调查，同时以显性且理性的方式分别呈现了科学本质中的“科学知识基于经验证据”“创造性”及“科学的社会层面”。

（3）在正文中显性化地呈现科学本质

纳尔逊生物学对科学本质的内容除在专设的章节和栏目中呈现外，在正文中也穿插了体现科学本质的内容，与具体的学科内容结合起来。同时，相同的科学本质要素在不同的章节中通过不同的内容载体呈现。例如，对于“科学和技术的关系”这一科学本质要素，在生物多样性、进化等章节中都有显性化的表述。虽然单元主题不同，但都可呈现相同的科学本质要素，且均以镶嵌于正文内容的形式显性而理性地表征该要素。这样有利于学生建立科学知识与科学本质要素之间的联系，挖掘科学知识背后所蕴含的共性科学本质要素。同时，通过前后跨章节的学习，能够不断对共性科学本质要素进行强化，继而在头脑中形成持久的科学本质观念。

除此之外，教材中还有大量的对科学本质观隐性呈现的内容，例如，对达尔文进化理论提出的过程等科学史素材中就隐性地呈现了科学知识的暂定性等科学本质观的内容，需要教材使用者在教学的过程中进一步发掘。

综上所述，澳大利亚纳尔逊生物学设置的多样化栏目，特别注重科学本质观念的呈现，每一个栏目均涉及一个或多个科学本质指标。有些科学本质指标在栏目中反复出现，可得到不断的巩固和强化。同一栏目中出现多个科学本质要素，有利于学生系统、有组织地建立各个要素之间的联系，从而形成持久的科学本质观念。

通过对国外不同版本教材中科学本质观内容的选择与呈现特色的分析，我们发现国外教材对科学本质的呈现多以显性与隐性相结合的形式，除了设置专门的栏目、反思性的问题、总结提炼等形式显性地呈现科学本质，也将科学本质的呈现与具体的学科内容相结合，将科学本质潜移默化地渗透在科学史、科

学探究活动、社会性科学议题等素材之中，实现科学本质的隐性化呈现。相对而言，显性的呈现方式更有助于科学本质教育目标的达成，但是由于显性呈现方式对科学背景材料要求比较严格（一般要求是科学史或科学叙事），且还要与相关的教材内容结合起来，因此呈现材料往往受到限制。而这些国外生物学教材采用了显性和隐性相结合的方式来呈现科学本质，可以弥补显性科学材料呈现受限的不足。隐性呈现方式往往蕴含于一些活动或者用于进行情感教育的内容中，在加强教师和学生的互动、改善课堂氛围上也有其独特的价值。在科学本质内涵的覆盖面上，这四个版本教材中对前文所述科学本质分析框架中的科学本质指标均有呈现，且多数表达都是理性和内部一致的。这与相关课程标准对科学本质的重视不无关系，例如，在IBDP科学课程的10条课程目标中，许多都是从认知水平上对学生提出了相应的科学课程学习要求，旨在让学生能在全球视角下批判性地欣赏和认识科学及科学与技术、社会之间的相互关系。

我国新修订的人教版高中生物学教材中也明显加强了科学本质的内容，通过章小结的发展素养、课外阅读栏目、生物科学史话、教材正文及习题等立体化地呈现科学本质，有些栏目如科学家访谈、生物科学史话等集中反映了科学本质的多个方面，有时也会在正文中及时穿插渗透①。

三、国外高中生物学教材中生命观念的呈现

教材承载着传递知识、传承文明的使命，而教材的容量有限，编者只能从浩如烟海的学科知识中选取很少的一部分写入教材。那么，在教材编写的过程中应该优先选择哪些内容？当然是最有价值的那部分知识，而“什么知识最有价值”这一课程论的经典难题也成为了教材编者必须要面对和解决的难题。尤其是近年来生命科学发展迅速，学科知识迅速增长，精选课程内容需要站在学生素养发展的角度，选取那些能够最大限度提升学生素养的知识。

学生学习生物学并不是为了记住那些零散的知识，而是要通过概念的学习，理解生命的本质，发展生命观念和科学思维。由于生命观念的内隐性和抽象性，教材中对生命观念的呈现需要从内容选择、活动设计、评价等多个方面精心设计。同时，不同国家的或不同课程的课程标准中对生命观念内涵的界定的差异，也会造成不同版本教材在生命观念的呈现上有明显的不同。

2013年，美国《新一代科学教育标准》颁布，提出要培养学生的跨学科

① 包春莹．例析人教版高中新教材中关于科学本质的内容［J］．中学生物教学，2019（17）：7-11.

通用概念和学科核心概念。AP课程在其生物学教学大纲中也提出要发展学生的“大概念”。因此，我们重点选取AP课程的生物学教材进行介绍。

（一）麦格劳生物学呈现生命观念的整体分析

1. AP生物学课程教学大纲中的大概念

AP生物学的课程教学大纲由AP生物学课程发展委员会负责编制，每两年修订一次。教学大纲是AP生物学教材编写和AP考试的重要依据。AP生物学课程特别强调学生对核心概念的理解，其教学大纲也是紧紧围绕生物学中的大概念精选课程内容，并提供了学科的概念框架。相对于我国的高中生物学课程标准中的课程内容，AP生物学课程教学大纲中的知识更加宽泛，特别强调进化、物质与能量、信息、系统内的相互作用等大概念，并且围绕着这四个大概念建立了课程的内容框架。在每个大概念下，教学大纲都列出了支持大概念的核心概念，并且列举了一系列的基础概念和关键事实来帮助学生理解概念；重视学生对各个知识点及其关系的融会贯通[1]。AP生物课程教学大纲中的概念框架如表3–12所示。这里的“大概念”与我国高中生物学课程标准中的观念类似，都是居于学科核心的综合概念，都是持久的、可迁移的、抽象的，两者的习得都需要一个缓慢而逐渐深化的过程。因此有人也将“big idea”翻译为大观念[2]。相对而言，我国课程标准对生命观念是采用词语的形式来表达。因此，我们可以将上述四个大概念分别与进化观、物质观和能量观、信息观、系统观相对应。生态观在AP课程教学大纲中并没有独立出来，而是融合到其他观念之中。

表3–12　AP生物学课程教学大纲中的概念框架

大概念1：进化形成生命的多样性和统一性	1.A 进化是种群遗传信息的组成的改变	1.A.1 自然选择是进化的主要机制 1.A.2 自然选择作用于种群表型的变异 1.A.3 进化中的改变是随机发生的 1.A.4 包括数学在内的多个学科可以为进化提供证据
	1.B 地球上的生物来自共同的祖先	1.B.1 有机体中某些核心的生命活动或特性在有机体中在进化中保留下来并广泛存在 1.B.2 进化树和分支图是表征进化历程的重要模型
	1.C 环境的改变促使生物持续的进化	1.C.1 地球演化的过程中不断发生着物种的产生和消亡 1.C.2 两个种群发生生殖隔离时形成新的物种 1.C.3 种群的进化是持续性的
	1.D生命系统的起源可以通过自然的进化去解释	1.D.1 生命的起源有多个假说，并且它们都有证据支持 1.D.2 不同领域的科学证据支持生命起源的不同模型

① 宋洁，李越，邓万燕，等. 美国AP生物学课程革新对我国实验教学的启示［J］. 中学生物学，2018（4）：64-66.

②盛慧晓. 大观念与基于大观念的课程建构［J］. 当代教育科学，2015（18）：27-31.

续表

大概念2：生命的生长发育繁殖及动态平衡的保持都需要物质和能量	2.A 有机体的生长、繁殖和生命系统的稳定都需要能量和物质	2.A.1 所有的生命系统都需要能量的输入 2.A.2 生物体为生命活动捕获和储存能量 2.A.3 生物的生长、繁殖和系统的稳定都需要与外界进行物质交换
	2.B 生长、繁殖和动态平衡需要内环境	2.B.1 细胞膜的结构决定了其选择透过性 2.B.2 持续的跨膜运输维持了细胞的生长和内环境的动态平衡 2.B.3 真核细胞的膜系统将细胞划分为不同的区域
	2.C 有机体利用反馈调节维持细胞的生长、繁殖和动态平衡	2.C.1 有机体利用反馈调节维持内环境并对外环境的变化作出反应 2.C.2 生物对外部环境的变化作出反应（生理和行为）
	2.D 生命系统中的生长和动态平衡会受到系统外环境的影响	2.D.1 从细胞到生物圈的所有系统都受到复杂的生物和非生物相互作用的影响（包括物质和能量的交换） 2.D.2 稳态机制反映了生物来自共同的祖先，进化是由于生物对不同环境的适应 2.D.3 生命系统的动态平衡会受到环境的干扰 2.D.4 植物和动物存在多种维持动态平衡的化学机制
	2.E 生长、繁殖和平衡等多种生命活动存在节律性的协调	2.E.1 节律性对生命活动非常重要 2.E.2 生理活动的节律性由多个机制调控 2.E.3 生命活动的节律性是自然选择的结果
大概念3：生命系统存储、检索、传输和应对生活中必不可少的信息	3.A 遗传信息提供了生命的延续性	3.A.1 DNA（某些情况下为RNA）是遗传信息的主要来源 3.A.2 真核生物中，通过包括细胞周期和细胞有丝分裂或减数分裂以及受精的过程，遗传信息传递给下一代 3.A.3 以染色体为基础的遗传为基因从亲代到子代的传递提供了一种理解方式 3.A.4 许多性状的遗传模式并不能简单地用孟德尔定律去解释
	3.B 遗传信息的表达涉及细胞和分子机制	3.B.1 基因的特异性表达导致了细胞的分化 3.B.2 各种细胞内外的信号传输介导了基因表达
	3.C 遗传信息的加工是不完美的，这正是遗传变异的来源	3.C.1 基因型的变化导致表型的变化 3.C.2 多种因素可以导致遗传信息的变异 3.C.3 病毒复制时会发生变异，病毒感染可以影响宿主的基因组
	3.D 细胞之间通过信号的产生传递和接收建立联系	3.D.1 细胞信号通路的相同特性反映了它们的进化历史 3.D.2 细胞与其他细胞通过直接接触或化学信号进行交流 3.D.3 细胞通过化学反应连接信号的传递和接收 3.D.4 信号转导通路的变化可以改变细胞的反应
	3.E 生态系统的内部以及生态系统之间都存在信息的交流	3.E.1 个体可以接收信息也可以将信息传递给其他个体 3.E.2 神经系统可以感知、传输外部和内部信号，并产生反应

大概念4：生命系统的相互作用具有复杂的特性	4.A 生命系统内的相互作用导致生命系统复杂的属性	4.A.1 生物分子的子组件以及它们的顺序确定，分子的属性 4.A.2 亚细胞的结构和功能，及其相互作用，提供基本细胞过程 4.A.3 外部刺激和基因表达之间的相互作用导致细胞分化，并进一步形成组织和器官 4.A.4 生物个体具有复杂的性能是由于它们的组成成分之间的相互作用 4.A.5 种群由复杂相互作用的个体组成 4.A.6 生命系统和环境之间的相互作用导致物质循环和能量流动
	4.B 竞争与合作是生命系统的两个重要方面	4.B.1 分子之间的相互作用影响其结构和功能 4.B.2 器官之间的相互协作提升了物质和能量利用的效率 4.B.3 物种之间和种群之间相互作用影响着物种的分布和丰度 4.B.4 本地区和全球的生态系统随时间发生着变化
	4.C 生命系统中的组件之间自然发生的多样性影响与环境的相互作用	4.C.1 分子组成单位的变化为细胞提供了更广泛的功能 4.C.2 环境影响基因的表达 4.C.3 种群变异的水平影响种群的活力 4.C.4 物种的多样性影响生态系统的稳定性

2. 麦格劳生物学呈现生命观念的特点

该教材内容的选择和设计都依据AP生物学课程教学大纲中规定的内容，紧紧围绕四个大概念，精选课程内容。麦格劳生物学特别重视为学生提供生物学的概念框架，通过多种形式，帮助学生理解生命的本质，掌握大概念，形成生命观念。教材中体现生命观念的主要特色如下。

（1）显性化呈现了围绕大概念的生物学概念框架

生命观念的形成是建立在理解概念、规律等生物学知识的基础上，但是知识的积累并不必然带来观念的发展。教材既需要为观念的形成提供丰富的生物学事实、现象、概念等，更要帮助使用教材的教师和学生梳理概念之间的关系，帮助他们理解事实、概念、观念之间的关系。麦格劳生物学尤其注重对生命观念及其概念框架的显性化的呈现，主要表现在以下几个方面。

首先，在教材各章节之前的学习指导中，为学生呈现了教材中AP课程概念框架的具体分布。例如，在概念框架中的大概念1下，教材列出了大概念下属的一般概念及教材中选取的典型事实材料或关键知识的具体分布，帮助学生对整本教材中从大概念到具体的知识点概念框架建立整体的认识。

教材的章首页都以列表的形式呈现了本章内容涉及的大概念及其具体的内涵。例如，在“第三章 生物大分子”中，教材列出了本章中涉及的4个大概念及内涵：①进化——生物多样性的形成是由DNA及其编码的化学分子的变化而形成的；②能量和稳态——碳原子通过稳定和多样的共价键形成了糖、核酸和脂质等生物大分子物质；③信息与信号：核酸在遗传信息的储存和传递中有独特的作用；④相互作用与系统：生物大分子是所有细胞行使其功能的基础。

科学观念是科学知识的核心成分，我们一般在表述观念时用“词语+观”的形式，但是其具体的内涵是非常丰富的，以能量观为例，物理、化学、生物学的学科基本观念中都包含能量观，但是在不同的学科中能量观又体现出学科的特性。该教材中对大概念内涵的呈现有利于学生建立对大概念的深入认识。

该教材还在每章的结尾设计了专门的版块，呈现本章涉及的大概念与概念的关联，与章首页的大概念列表首尾呼应。

（2）凸显了系统观和进化观在生命观念中的地位

该教材强调了进化、相互作用与系统两个大概念在生物学中的重要地位。

对于进化观，教材在第一章生命概述中就将其作为生物学中的统一的概念进行了专门的介绍，进化体现了生命多样性中的统一性；除了在进化这一单元中，其他单元内容也都注重与进化观的联系。例如，在“4.3真核细胞”一节中，教材在介绍真核细胞的结构与功能之前，首先介绍了真核细胞的起源及进化历程；在后面的单元设置中，教材也设置了专门的章节首先介绍某一物种的进化历程，然后再介绍该物种的结构和功能。

对于系统观，教材在第一章第一节如何定义生命中，除了介绍生命需要物质和能量、生命的应激性、稳态、生殖和发育、进化和适应等特性，还专门强调了生命的涌现性，这正是系统的一个重要特性。教材中还设置了专门的栏目体现进化观和生态观。例如，在光合作用一章中，教材设计了“生物系统”的栏目，从系统的视角论述了热带雨林的破坏对全球气候变化的影响；在DNA复制一节中，教材除了在正文中描述了DNA复制的过程，还在“生物系统”栏目中介绍了DNA的复制需要多个酶的参与和配合完成，体现了生命系统内部的协调运作，等等。

（二）坎贝尔生物学呈现生命观念的整体分析

坎贝尔生物学所涵盖知识的深度和广度使其成为很经典的教材之一，也被AP课程广泛使用。该教材的一个标志性特征是它为学生的学习提供了一个围绕组织、信息、物质和能量、相互作用、进化五大科学主题的概念框架，帮助学生区分生物学概念的“树木与森林”，并且促进学生对概念之间逻辑关系的理解。科学主题位于科学知识体系的最高层次，具有统领科学知识的价值和地位。由于自然界本身是一个具有普遍联系和相互作用的统一整体，不同科学领域在对自然界开展研究的过程中，形成了一些跨越学科的、普适的科学概念和规律。从这些“共通”的科学概念和规律中，我们可以提炼出具有普遍意义的、能够统领科学教育各分支学科的概念，如物质、能量、平衡、变化、系统、相互作用等。它们被称为科学主题[①]。科学主题解释了科学知识的本质，将不同领域的科学知识关联起来。科学观念被认为是对科学研究的过程、结果

① 胡玉华. 科学教育中的核心概念及其教育价值［J］. 课程·教材·教法，2015(3)：79-84.

及其应用的概括性的理解和认识。科学主题是站在跨学科的角度提出的科学知识中最精华的部分，反映了自然界最本质的规律和内在联系；科学观念则是人们站在现代科学知识的基础上，对自然界、人类社会及科学本身的最一般规律的认识，是人们在研究和学习科学知识的过程中逐步建立的知识在思想领域里的反映[①]。科学主题与科学观念都具有对科学知识的统领性，在教材分析的过程中我们可以将科学主题和科学观念等同起来，因此，通过对坎贝尔生物学中如何体现“科学主题”的分析，可以为教材中如何体现生命观念提供借鉴和启示。

坎贝尔生物学在教材内容的选择和组织上以“生命观念”为脉络，精选课程内容，通过多种形式力图帮助学生建立生物学知识的概念框架。

1. 教材中生命观念的内涵

（1）“组织”主题的内涵

教材中的“组织”这一科学主题是从系统的视角看待生命的复杂性。生命系统是高度组织化的，表现为细胞、组织、器官、个体、种群、群落、生态系统的有序级联结构，每个层次都是其高一层次系统的组成部分。

整体“涌现性” 生命系统作为一个复杂层级系统，一个显著的特征就是其“涌现性”，也就是我们通常所说的“整体大于部分之和”。系统中的整体表现出新的特性并不是其组成部分性质的叠加，一旦把整体还原为它的组分，这些特性便不复存在。因此，早期的还原论试图通过研究部分的性质及其相互作用的规律，从而推断出整体的性质，最终发现这在生命系统中很难实现。涌现性并不是生命系统独有的特性，自然界中的很多系统，从手表、自行车到大气、山脉等都显示出各自作为系统的整体涌现性。但是，生命系统相对而言更加复杂，因此，学生在生物学学习的过程中应更加关注从系统、整体的角度去理解生命系统。

结构与功能 生命系统的各个层次都存在结构与功能相适应的关系。对生物体结构的分析有利于我们了解它的功能，反之，对功能的了解也有利于认识生物体的结构。生命系统内结构与功能的这种适应关系可以用自然选择的理论来解释，是进化的结果。

细胞是结构与功能的基本单位 在生命系统的结构层次中，细胞是最基本的单位，可以执行生命所需的所有活动。细胞根据结构可以分为真核细胞和原核细胞两种类型，它们具有一些共有的特征，例如，都有细胞膜的包被，可以调节物质的进出。

（2）“信息”主题的内涵

生命是物质、能量和信息的统一体。生命系统中的信息有多种类型，如遗

① 何彩霞. 对“科学主题”、“科学观念”的认识［J］. 北京教育学院学报，2001(9)：51-54.

传信息、神经生理信息、化学信息等，坎贝尔生物学中的“信息”主题仅是围绕遗传信息在生命活动中的表达、传递和调控，其他形式的信息并没有抽提出来。

DNA是主要的遗传物质 作为遗传信息的DNA储存在细胞核中的染色体之中。在细胞分裂时，DNA复制使两个子代细胞都继承了亲代细胞完整的染色体组，保证了遗传信息的稳定性。基因是有遗传效应的DNA片段，在染色体上呈线性排列，基因是遗传的单位。随着细胞的生长和分裂，由DNA编码的遗传信息指导各项生命活动。DNA的双螺旋结构为遗传信息的储存提供了结构基础。遗传信息流可以通过从DNA到RNA再到蛋白质指导生命活动。

基因组学（DNA序列的大规模分析） 目前，包括人类在内的多个物种的全基因组测序已经完成，蛋白质组学的研究也在开展之中。高通量测序技术为基因组和蛋白质组的研究提供了技术保证，生物信息学运用计算机等工具来存储、组织和分析遗传信息的大数据。不同领域的科学家展开合作，对DNA编码蛋白质的相关机制及非编码RNA等展开研究。

（3）“物质与能量”主题的内涵

生命活动离不开物质、能量的传递和转换。生物体的一个重要特征是能够利用能量进行生命活动。生物体的运动、生长、繁殖，细胞的各项活动都需要能量。生命系统能量的最终来源主要为太阳，在生命活动的过程中，伴随着物质的循环，能量从一种形式转换到另外一种形式，大部分的能量最终以热能的形式散失。在细胞、个体、生态系统的各个层次都有能量的流动和转换。

（4）“相互作用”主题的内涵

从分子到生态系统的各个层次，系统组成部分之间的相互作用使其形成一个整体。例如，生态系统的生物与生物、生物与环境之间存在广泛的相互作用。在较低层次的生命系统中，组成生物体的器官、组织、细胞和分子的组分之间的相互作用保证了生命活动的顺利进行，如在血糖平衡调节过程中各种器官和激素之间协调一致从而保证了机体血糖的平衡。生命系统自我调节的具体机制是反馈，其中负反馈较为常见。

（5）“进化”主题的内涵

进化解释了生命的多样性和统一性。现今生活在地球上的多种多样的生物都有着共同的祖先，化石、胚胎学和分子生物学都可以提供进化的证据。

生物多样性的分类 早期的生物学家通过对生物的结构、功能和其他明显特征的比较对生物进行分类，随着达尔文进化理论的提出，生物学家便开始建立基于进化关系而非表型相似性的分类系统，即所谓系统发育分类系统。分子生物学的发展，尤其是DNA序列比对等新的技术为生物分类提供了新的证据。研究者由此提出了三域分类学说：生物分为真核生物、真细菌和古菌三域，域被定义为高于界的分类单位。生物多样性中蕴含着统一性，在生命系统的不同层次中都有所体现。例如，生物共用同一套遗传密码，不同生物细胞结构有很大的相似性等。进化的机制可以为生命系统中的多样性和统一性提供解释。

达尔文和自然选择学说 达尔文的进化论包括两大要点：共同来源和自然选择。达尔文通过持续的观察提出了自然选择学说，包括生存斗争、遗传和变异、适者生存。通过连续的选择，能够更加适应环境的变异积累起来，从而出现了新的结构和功能，并导致物种形成。

系统树 系统进化树是用支序分类的方法对物种进行分类，表明被认为具有共同祖先的物种之间的亲缘关系。每一个进化枝的物种都来自一个共同的祖先，具有一个共同的分支点，并具有某些共同的形态特征。系统树展示了现有的生命是如何通过漫长的历史进化而来。

综上所述，坎贝尔生物学中的科学主题的内涵充分体现了生命是一个复杂的系统，通过生物学的学习，学生应该运用系统思维理解生命的层次性、整体涌现性和复杂性。进化观在坎贝尔生物学中占有非常重要的地位，学生应通过生物进化内容的学习，建立起生物学各部分的联系，从而更好地理解生物学。

2. 坎贝尔生物学中生命观念的显性化呈现

坎贝尔生物学对科学主题“基本理解”的显性化表达，可以帮助教师和学生把握生命观念。坎贝尔生物学在教材的第一章就开宗明义地介绍了教材中的五个生命观念的具体内涵（见上文），体现出坎贝尔生物学对科学主题的重视。另外，在每一章的章引言部分都会介绍本章的学习要点，并提示学生从观念的角度去理解本章的知识点。例如，第五章的章引言中就提出本章要学习的主要内容是生物大分子，并提示学生从整体涌现性、结构与功能相适应的角度去理解大分子的结构、性质和功能。这样，学生既可以通过概念的学习来发展观念，又可以以观念为框架，将新的概念纳入已有的概念框架之中，实现有意义的学习。

生命观念是抽象的，在教材编写和教学实践的过程中能够显性化专门陈述生命观念的内涵固然重要，但是，这样做并不意味着学生就能够直接理解或形成观念。学生生命观念的形成必须建立在对概念深入理解的基础上，不可能一蹴而就，而是要经历一个循序渐进的过程。因此，在实践的过程中必须找到生命观念在相应的生物学概念中的锚定点，梳理出观念对应的概念和关键事实[①]。教材编写时，也可以适时对生物学概念进行梳理，并将概念与观念联系起来，有利于为学生生命观念的发展提供持续的、及时的指导。在每一章的开头，都列出了本章要学习的关键概念，在章的结尾也会对本章的关键概念及其次级概念进行梳理和罗列。例如，第五章“生物大分子的结构和功能”的首

---

① 谭永平. 发展学科核心素养——为何及如何建立生命观念［J］. 生物学教学，2017（10）：7-10.

页，列出了需要学习的六个关键概念：①大分子是由单体构成的聚合物；②碳水化合物是生命的燃料和组分；③脂质包括多种疏水分子；④结构多样的蛋白质具有多样的功能；⑤核酸储存、传递并表达遗传信息；⑥基因组学和蛋白组学推动了生物学的研究和应用。这些概念可以帮助学生明确学习的核心内容，也为学生理解生命观念提供了概念的支撑，有利于他们建立以生命观念为核心的概念框架。

在每章的结尾，教材又会对本章的核心概念进行进一步的总结，也是以陈述句的形式分别列出每节的核心概念，从而与章首页中的核心概念列表首尾呼应，同时，还对支撑这一核心概念的次级概念或者关键事实进行了梳理和呈现。若本章各节内容之间存在较为明显的对比关系，教材会以表格的形式对各节的知识点进行比较和对比，有利于学生建立各节知识之间的联系。

观念的形成离不开情境。坎贝尔生物学的章首页中都配有一幅与本章内容相关的插图，并结合插图的情境设置启发性的问题，引入本单元的学习主题。在章引言中，坎贝尔生物学会对插图中的情境进行介绍，并将情境与相应的观念联系。例如，第五章的章题图为乙醛脱氢酶的立体结构，提出的问题为“为什么蛋白质的结构对其功能非常重要？”由此可以启发学生思考本章应形成的生命观念——结构与功能观。

3. 注重概念的相互联系

通过概念之间的关联，可以促进学生对核心概念的理解，观念形成的过程本身也包含着通过对比与比较、抽象与概括、推理等思维过程，以概念为材料，最终形成观念。坎贝尔生物学致力于学生对概念及其之间关系的整体理解，并且在教材中通过多种形式来实现这一目标。

第一，教材突破了传统插图设计中孤立、割裂的现状，将多个相联系的生命活动从直观、整体的角度设计了多个联结图，把不同章节的主题结合起来，充分展现了概念之间的网络关系和整体面貌。例如，在教材的第十章结尾的联结图，将教材第五至十章中涉及的生命活动设计到一幅图中，总结起来包括物质的交换、能量的流动和利用、信息的传递，从而帮助学生理解细胞这一最基本的生命系统是物质、能量和信息的统一体。这种插图的设计有利于学生建立生命的物质观、能量观、信息观和系统观，并促进在今后对其他层次生命系统的学习过程中运用这些观念理解相应的生物学概念。生命系统在自然界中本身就是高度有序的整体，为了研究或者学习的需要，我们常常将其分割为孤立的事件，联结图的设计呈现出了生命系统运作的真实面目，对学生理解生物学各分支领域的概念之间的关系、从整体上认识生命的本质、建立生命观念具有重要意义。

第二，教材的节习题或插图注释中设计了大量的“建立联系”，引导学生通过前后知识的联系理解本节的内容。例如，在“第二章 生命的化学基础 第一节元素和化合物”的节习题中，概念检测第一题要求学生依据科学主题“组织性”来解释食盐是如何体现涌现性的；第三题要求学生联系进化这一科学主题去解释自然选择在耐蛇纹石（一种含水的富镁硅酸盐矿物的总称）物种进化过程中可能起到的作用。在第六章第二节细胞的内膜系统一节中，教材插图呈现了细胞膜的结构，在插图的注释中，设计了专门的“建立联系”色块引导学生联系第五章关于细胞中磷脂的性质的相关知识，解释为什么磷脂可以成为细胞膜的主要成分。教材注重知识的前后关联，加强了知识的逻辑联系。学生只有在认识和把握了概念之间内在逻辑联系后才能将知识内化形成一定的知识结构，才能将学科的内容结构顺利地转化为学生的知识结构①。

4. 通过科学写作考查生命观念的达成

科学写作是指学习者通过解释、组织、回顾和反思等，将输入的知识通过自己的理解、用自己的语言以文字的形式呈现出来，以达到对科学概念的理解。科学写作不同于一般写作，它更加强调学生在写作过程中对科学思维的运用、对科学观念的表达，学生通过科学写作将新学习的知识和头脑中已有的知识联系起来，从而建立个人的科学理解②。学生生命观念的形成同样是建立在对概念的逐步理解和整合基础上的，因此，科学写作有利于学生生命观念的建构。坎贝尔生物学每一章的习题都按照布鲁姆的教育目标进行了分层设计，包括记忆与理解、应用与分析、综合与评价三个层次。在综合与评价层次中，以“科学写作”模块来考查学生的生命观念。例如，在第五章“生物大分子的结构和功能”的章习题中设计了：“科学写作——组织：蛋白质都是由氨基酸组成的，不同蛋白质在细胞中具有不同的功能。请你写一篇100到150个单词的短文，讨论20多种氨基酸如何使蛋白质发挥如此多的功能。”通过小论文的撰写，学生对蛋白质结构与功能的多样性，以及从氨基酸到蛋白质形成过程中的涌现性都会有进一步认识。再如，在第十章光合作用的章习题中，教材设置了：“科学写作——物质与能量：生命是以太阳能为动力的。生物圈的几乎所有生产者都依赖太阳能为生命活动提供能量。请你写一篇100到150个单词的短文，描述植物如何通过光合作用将太阳能转化为糖分子中的化学能。”学生通过写作，对物质和能量观将会有更进一步的理解。这种围绕生命观念的科学写作，既明确了本章学习内容与何种观念有直接的关联，有利于观念的提炼，也为学生提供了对知识反思、再组织的机会，促使他们在观念的指导下进一步理解概念，同时也有利于学生形成观念。

5. 凸显进化观的核心地位

所有的生命现象，其最终的原因其实都要到进化中去寻找。现代生物进化理论，为人们理解生命的发展、理解各生物及其与环境之间的关系提供了一个统一的准则。进化观可以将生物学中不同领域的概念构建为一个整体的框架。

① 赵占良. 生物学教学强化知识间逻辑联系的意义和策略［J］. 生物学通报，2009(9)：28-31.

② 蔡铁权，陈丽华. 科学教育中的科学写作［J］.全球教育展望，2010(4)：85-89.

进化论是生物学中最大的统一理论，生物学各学科无不贯穿进化的原则[①]。例如，DNA可以作为进化的标尺、生命的起源、细胞结构与功能的进化、细胞的代谢和生殖方式、基因组和染色体的进化，稳态调节机制的进化、生态系统的进化等，都是与进化紧密相连的知识。因此，高中生物学可以从生物多样性、生物对环境的适应等角度安排进化的内容，例如，在内环境稳态中，可以增加对生命起源的讨论，在稳态调节中可以增加关于生命活动调节方式的进化。这样既有利于学生对生物进化理论的理解，形成进化观，也有利于学生从进化的角度整体认识生命世界，认识生物学[②]。

坎贝尔生物学尤其强调将进化这一核心主题贯穿于整个生物学学习的过程之中。教材每章的正文中包括至少一个与进化相关的内容模块。例如，在“第三章 水和生命”中，在介绍完水的特性之后，教材对其他星球上可能的生物进化进行了探讨，提出对有水存在的其他行星的生命迹象的研究结果，可以从全新的角度揭示生命的起源和进化；在关于细胞结构的内容中，在叶绿体和线粒体结构内容之后，教材对叶绿体和线粒体的进化专门展开了论述，从线粒体和叶绿体都具有双层膜、都含有核糖体与环状DNA、都可以自主繁殖的角度去论述线粒体和叶绿体起源的内共生学说。

坎贝尔生物学每章的习题中还在综合与评价层次设计了“与进化的联系”的习题，引导学生从进化的角度理解本章的概念。在第三章的章习题中，对进化观的考查为“结合本章关于水的特性及其为生命提供了适宜的环境条件的内容，以及科学家对极端微生物的研究，分析极端微生物研究的意义，以及极端微生物的存在是否能够说明其他星球上有生命存在的可能性”；第六章的章习题则为“细胞结构的哪些方面最能揭示进化的统一性？又有哪些特化的细胞结构的实例？”。

在正文和习题中都显性化地呈现生物学各领域的知识与进化相联系的实例，可以及时提醒学生建立本章知识与进化观的联系，在学生学习了生命“是什么”和“怎么样”的问题之后，进一步帮助学生理解生命“为什么会这样”，实现进化观与其他生命观念的联系与融通。学生通过进化的视角去理解生物学中的概念，理解多种多样的生命现象的本质，有利于他们深入理解内因与外因、偶然与必然、平衡与非平衡的辩证思想[③]。在此基础上，学生能够更好地理解生物学各学科领域的关系，理解生物学的学科本质，形成科学本质观；能够对生命系统的自组织、开放性、平衡态、非线性关系等有具体的理解，形成生命观念。

---

① 安军．高三生物学专题复习——生物学知识与进化的联系［J］．生物学通报，2013（9）：42-45.

② 谭永平．生物进化内容与我国中学生物教育［J］．课程·教材·教法，2004（5）：93-96.

③ 赵玲．现代生物进化思想的两次飞跃及其哲学意义［J］．吉林大学社会科学学报，1994（3）：93-95.

四、国外高中生物学教材中科学探究活动分析

探究是一种多环节的活动，不仅需要观察、提出问题、查阅书刊等其他信息以便弄清楚已为人所知的东西，而且需要对数据进行收集、分析与解释，进一步提出解释和预测，并把研究结果告知他人。科学探究既是指科学家们通过不同途径研究自然界而提出多种解释的过程，也是指学生们用来习得知识、理解科学思想以及科学家们使用科学方法研究自然界而进行的活动。大量的研究表明，科学探究活动有利于加深学生对科学概念的理解。

教材作为最重要的教学工具，科学探究活动是教材的基本组成部分，往往也体现了教材的设计特色。教材中的科学探究活动指的是那些帮助学生积极主动地获取生物科学知识、领悟科学研究方法而进行的各种活动[①]。科学教材中的科学探究活动丰富多样，有侧重“动手”的实验、调查、观察、模型建构等，也有一些侧重“动脑”的资料收集和分析、思考和讨论、思维训练等，有侧重在探究的某一个环节的活动，也有较为完整的探究活动。根据科学探究的活动方式的不同，可以将其分为实验类、交流类、调查类。这些精心设计的科学探究活动可以帮助教师更加有效地开展探究性教学。

教材中科学探究活动教育功能的发挥与探究活动的开放水平、探究活动中探究技能的类型、探究活动与学科概念的关联等多种因素相关。

1962年，美国著名课程理论专家施瓦布首次在课堂中提出了探究三水平体系，随后又将探究分为了差异显著的不同特征水平，为后续开展探究性水平的分析研究指引了方向[②]。贝尔等学者根据探究活动中的问题、方法和结论的开放程度将探究活动分为了四个等级，开放度越大，学生的自主性越强[③]。而早期科学教材中的探究活动大都是结构化的探究或者是验证性的探究，缺乏高层次的探究活动，学生在活动过程中没有自主权，这种“以教师为中心”的探究活动不利于探究性学习的实施。1996年，有学者对9本高中生物学实验手册中11个主题的90个探究活动中的探究过程技能进行了分析，虽然这些探究活动包含了多种技能，但是这些活动多数都是“食谱”类的活动，很少要求学生利用自身的知识和经验提出问题、解决问题、开展对自然现象的探究[④]。目前，类似的问题在有些国家的教材中依然没有改观。

---

① 赵占良.中学生物学教材编制的基本理论问题刍议［J］.课程·教材·教法，2011，31（1）：55-63.

② Schwab J J. Teaching Science as Enquiry[J]. Science，1970（3965）：1394-1394.

③ Bell R L, Smetana L, Binns I. Simplifying Inquiry Instruction: Assessing the Inquiry Level of Classroom Activities.[J]. Science Teacher, 2005(4):30-33.

④ Germann P J, Haskins S, Auls S. Analysis of nine high school biology laboratory manuals: Promoting scientific inquiry[J]. Journal of Research in Science Teaching, 1996(5):475-499.

除了探究活动的开放度，科学教育领域对教材中探究活动中的过程技能和认识论也日益关注。有学者提出教材中的探究活动需要具备五个方面的特征：（1）让学习者参与科学问题，（2）引导学习者给出基于证据的答案，（3）允许学习者根据证据作出解释，（4）帮助学习者将解释与科学知识联系起来，（5）帮助学习者与他人交流并证明解释的合理性。我国学者也提出教材中的科学探究具有以下功能：（1）帮助学习者理解科学概念，（2）为学习者提供运用探究技能的机会，（3）发展高阶科学思维能力，如批判性思维，（4）帮助学习者理解科学探究①。基于以上功能，还开发了教材科学探究活动的分析框架（表3–13）。科学教育中的探究过程技能主要包括观察、分类、推断、预测、测量、解释数据、控制变量等。科学探究不仅是指学生在真实情境中进行的一系列活动过程，也包括学生对科学探究本身的认识和理解。以往人们将对科学探究的理解归于科学本质观，近年来，朱迪斯·莱德曼和诺尔曼·莱德曼等学者将科学教育中的“科学探究观”单独提炼出来，见表3–13②。

表3–13　教材科学探究活动分析框架

维度1：对科学概念的理解
1. 探究任务所涉及的科学概念与目标的一致性
2. 理解所涉及的概念有利于学习学科核心概念
维度2：科学实践
1. 提出问题
2. 开发和使用模型
3. 策划和开展调查
4. 分析和解释数据
5. 运用数学、计算机技术和计算思维
6. 构造解释
7. 参与论证的证据
8. 获取、评估和交流信息
维度3：对科学探究的理解
1. 科学探究都是从一个问题开始的，但不一定要检验一个假设
2. 在科学探究中没有单一的步骤和方法
3. 探究的过程以所探究的问题为指导
4. 执行相同研究程序的科学家可能不会得到相同的结果
5. 探究的过程会影响结果
6. 结论必须要与收集的数据一致
7. 科学数据与科学证据并不相同
8. 解释是从收集的数据和已知的信息中发展而来的

① YANG W Y, LIU E S. Development and validation of an instrument for evaluating inquiry-based tasks in science textbooks[J]. International Journal of Science Education, 2017(18): 2688-2711.

② Lederman J S, Lederman N G, Bartos S A, et al. Meaningful assessment of learners' understandings about scientific inquiry—The views about scientific inquiry (VASI) questionnaire[J]. Journal of Research in Science Teaching, 2013(1):65-83.

一项中韩高中生物学教材科学探究活动的比较的研究表明，相较于我国人民教育出版社和浙江教育出版社的生物学教材（2003年版），韩国教材中“动脑”的探究活动，即理论探究，占了较大的比重，而实验类的“动手”探究活动偏少。正是由于这种探究类型的差异，在探究的过程技能上，韩国教材中与动手操作相关的技能，如记录、描述、绘制数据等，就相对偏少，虽然“解释和分析数据”技能有明显的体现，但是在难度上属于较低的水平。在探究活动的开放水平上，韩国生物学教材中的探究活动的开放度较低。相比之下，我国人教版教材中的开放度更高，虽然多数探究活动也给出探究的具体方案步骤，但是在有些活动设计时鼓励小组活动，不同的学习小组在材料选择、实验程序上具有一定的自主性。这样的小组活动可以培养团队合作技能，培养学生的自信心和学习的积极性，让学生有机会扮演多种不同的角色[①]。土耳其高中生物学课程也强调探究活动的设计，主张“探究是学生学习必不可少的一个过程，通过探究，学生与学生、教师和环境产生多元互动，并将知识迁移到新的情境之中”。在2016年出版的4个版本的高中生物学教材中，都设计了大量的科学探究活动，而且这些探究活动都与课程目标的要求保持高度的一致性。探究活动所强调的探究过程技能在不同年级有所差异，例如，在9年级的生物学教材中强调“观察”和“推论”技能，在10和11年级的教材中则强调“推理”和“预测”，相比之下，“提出问题”“作出假设”和“建立模型”等技能在教材中未受到足够的重视[②]。挪威早在1990年就将探究性学习纳入科学教育中，指出科学的发展涉及假设、实验、观察、讨论等多项活动，学生所面临的世界也是瞬息万变的，他们面对的可持续发展和社会性科学议题是没有明确答案的，解决这些问题需要复杂的推理和论证过程。科学教育是面向未来公民的教育，需要为学生的学习提供实践的机会，帮助他们理解科学是如何运作的。对挪威的三大出版公司发行的11年级（相当于我国的9年级）的3本科学教材（包括生物学、物理学、化学和地球科学）进行分析：它们都设计了较多的探究学习活动，无论是理论探究和实验探究，绝大多数活动任务都是封闭式的，学生可以从教材或者其他信息源直接获得问题的答案，偏重于对学生低阶认知的考查[③]。

从已有的对国外生物学教材的分析来看，国外教材在科学探究活动的设计时都注重多个探究技能的培养，注重通过探究的过程加深学生对概念的理解，对科学探究的理解相对缺少关注。虽然也意识到开放度更大的探究活动

---

① Kim S, Liu E. Analysis of Inquiry Activities in High School Biology Textbooks Used in China and Korea [J]. Journal of The Korean Association For Science Education, 2012(8): 1367-1375.

② Dogan O K. Methodological? Or Dialectical?: Reflections of Scientific Inquiry in Biology Textbooks [J]. International Journal of Science and Mathematics Education, 2021(8):1563-1585.

③ Andersson-Bakken E, Jegstad K M, Bakken J. Textbook tasks in the Norwegian school subject natural sciences: what views of science do they mediate? [J]. International Journal of Science Education, 2020(4):1-19.

更有利于培养学生创造性解决问题的能力，但教材中设计的开放性探究活动还相对较少。

五、国外高中生物学教材中的习题设计

“评什么、怎么评、为什么评”一直是课程评价的关键问题，尤其是近年来国际基础教育改革提出了核心素养的培养目标，如何科学评价学生的素养水平是课程改革的难点，也是影响课程改革成效的关键。习题是教材的重要组成部分。教材中的习题数量、难度、类型的设计直接反映了教材编写者对上述问题的理解，反映了教材的整体水平。我们选取了IBDP生物学、剑桥国际生物学和格伦科生物学作为研究对象，对习题的设计进行简要介绍。

（一）国外高中生物学教材中习题的题型

教材中的习题类型主要有判断题、选择题、填空题、替换题、简答题、论述题、探究题、作图题等题型。国外高中生物学教材中习题的题型丰富，从传统的、较为封闭的判断题、选择题、填空题到半开放的简答题或是开放的论述题、探究题等均有涉足。不同题型给予学生作答的可能性和自由空间不同，因而策略开放性和结论开放性不同。因此题型的丰富多样，一定程度上可以满足不同水平或不同维度的素养评价要求。在众多的题型中，仍以判断题、选择题以及简答题为主，注重学生对基础知识的掌握，主要检验概念理解的准确性，分析概念之间的逻辑关系。除此之外，国外教材中的论述题也占了较大的比重，大多数论述题均需要学生表明个人对相关技术或说法的观点，并通过搜集资料或利用已有知识组织语言，提供相应的证据来支撑自己的观点，即要求学生为自己的观点或回答提供充足的证据以“自圆其说”。

格伦科生物学的习题数量最多，且类型也更为多样。格伦科生物学中，不仅每节内容后会有专门的测验，在每章的末尾还分别针对每节的内容设计了相应的习题。英国剑桥国际生物学中习题的数量相对较少，只在每章的末尾有习题，习题设计的出发点是为学生参加后续高级水平证书考试提供参考。因而，习题的类型多为简答、论述、探究题和作图题四种类型。IBDP生物学中的习题数量也相对较少，习题的种类也集中于简答题，因为该教材中的节习题基本上都是简答题，每节约5道，其他的题型只出现在章习题中。

（二）国外高中生物学教材中习题的情境设计

1. 情境的分类

“情境”一词最早由国外学者提出，在英文中对应situation或context，但如今出现在相关教育学著作中的situation更多是指“情形或背景”等实际情况，而context更接近于“情境”的意思。在国际学生评估项目（PISA）等

国际大规模评估项目中，也是使用context。情境在《辞海》中的解释为“情景”“环境”，虽然“情景”与“情境”的含义相近，但仍有一点差别。“情景”中的“景”主要是指存在于人周围的客观外界景物；而“情境”中的“境”是指地方、状况，包括客观事物、虚拟事物等，且还蕴含特定时间或空间的境况，如文化背景、知识背景等，既可以是客观的，也可以是抽象的。因此“情境”比“情景”的范围更广、内涵更丰富。

习题常由情境和问题两个部分构成，情境是指针对某个既定任务设置的一组背景化信息，为问题提供了一个主体和背景；问题则主要是有待完成的任务。罗日叶（Roegiers）提出的情境类型学包括辨别参数、内容参数和装扮参数三个维度。具体内涵解释如表3–14所示。

表3–14 罗日叶情境类型学各参数含义

	含义	举例
辨别参数	从外部特征认同这个情境属于某类情境的因素	情境的来源、领域、真实性、开放程度
内容参数	情境设计的目的倾向、具体内容特征等	如希望学生通过该情境发展哪些能力，培养怎样的态度和价值观，问题之间的独立性、解决问题所用方法的创新性等
装扮参数	经过修饰后，给予学习引导、提供帮助或设置障碍的相关参数	情境的表述以文字或图表的形式呈现，是否有趣、新鲜，是否能激发积极的情感等

罗日叶的情境类型学为情境的分类提供了框架，但这一框架的部分维度较为模糊或主观。

PISA是以试题的形式评估学生在阅读、数学以及科学领域的素养。PISA在教育评价领域较具影响力和代表性，其可信度较高、有效性较强，也格外强调试题的“情境”。在科学领域的测评框架中，将试题情境进行了如下分类。根据情境来源，分为了“个人”“地区或国家”以及“全球性”。根据情境领域，分为“健康与疾病”“自然资源”“环境质量”“灾害”以及“科学技术前沿”。这些来源以及领域几乎涵盖了学生所接触到的所有情境。该分类从2003年提出后，至今基本不变。因此，该具体分类较为稳定且具有一定的普适性，可操作性较强。目前国内对习题情境的研究大多都是借鉴PISA对情境的分类，且在阅读和数学领域的相关研究多于科学领域。因此结合罗日叶以及PISA的情境分类，将情境分析的维度和具体分类进行界定（如表3–15）。

表3–15 习题情境的具体分类

分类依据	具体分类	内涵解释
无情境	无情境	不存在任何有关的情境信息
情境来源	个体	来自人或动植物个体的生命活动，或来自个体周围的同伴交往以及家庭生活等
	地区或国家	来自特定的具有地理边界或其他特殊属性的区域范围
	全球	来源超越了国家和地区的范围，涉及全人类乃至整个星球

续表

分类依据	具体分类	内涵解释
情境领域	健康与疾病	身心健康以及疾病的发生、传播和治疗等
	自然资源	自然界为人类提供的材料、能源和动植物资源以及它们的利用、消耗等
	环境质量	环境状况以及人类对环境影响
	灾害	对人类和人类赖以生存的环境造成破坏性影响的事件
	科学技术前沿	过去、现在或将来生产生活中相关科学技术的开发、运用等
对情境的熟悉程度	熟悉	在学习和生活中已经历过或在将来的工作生活会遇到的情境
	关联	暂未亲身经历过但与已有经历相似，可通过想象等手段形成
	综合	学生不太可能经历且相对较为复杂的情境

2. 国外高中生物学教材中习题情境的有无

当前，通过设置情境化问题来评估学生的科学素养已成为国内外研究的共识。由于素养是基于学生对未来社会发展以及个人生活的需要提出的，具有一定的现实意义，且其形成以及发展是发生在多种情境中，学生的科学素养也可通过各种情境来表现和展示。因此对学生素养的评价也需要发生在相应的情境中，情境蕴含着大量信息，能够为学生提供线索和设置解题限制。通过让学生经历各种不同情境，解决有意义的任务，才能使学生充分发挥出他们的水平。

通过分析发现，国外教材中也存在一些无情境的习题。例如，格伦科生物学中无情境习题多出现在每节课后测评的“要点理解”以及章后测评的“术语回顾”“要点理解”中，题型多为简答题和选择题。剑桥国际生物学的无情境习题主要位于每节的旁栏问题中，题型有简答题和选择题等。IBDP生物学的无情境习题则分布于每节课后练习中，题型主要为简答。这些无情境习题考查的内容多为较为基础的术语和概念，能够直接评价学生对本节知识点的掌握情况。这些题目与有情境的习题搭配，减少了学生对情境的阅读及理解。

习题中也设置有相关的问题情境来对学生的素养进行评价，旨在为学生提供一个在日常生活中或未来的生产生活中可能会碰到的问题和场景，对学生形成刺激，使其参与到情境中，调动相应的学科知识，利用思维方法等来解决相应的问题，实现知识迁移不同程度的评价。另外，情境架起了评价与现实生活的桥梁，体现了生物学与真实生活的联系之密切，突出了学以致用，保证了学生对评价内容的认同。

3. 国外高中生物学教材中习题情境的来源

国外高中生物学教材中“个体”来源的习题情境在三种情境来源中占比最高。格伦科生物学“个体”来源的习题情境主要分布在第10至12以及15章内容中，该部分内容包含遗传学和进化的相关知识，与我国高中的必修2教材相似。因此在习题情境内容上，多为个体有关的遗传疾病、动物植物性状的遗传等。剑桥国际生物学IBDP生物学中“个体”来源的习题情境的分布较为均匀，部分章节为细胞物质、结构、代谢、增殖等相关内容。细胞是最基本的生命系统，它的结构、代谢、增殖于个体而言有着不可或缺的作用。在这些章节的课后习题中也提供了较多有关于细胞与个体生命活动相关的情境，也有部分情境与实际生产生活相联系。例如，格伦科生物学中为学生创设了一个虚拟的情境“如果一个沙门氏菌落在土豆沙拉上，假设你家厨房为细菌的生长提供了一个最理想的环境，那么，从下午一点到三点，会有多少个细菌出现？”，考查了学生对沙门氏菌繁殖速度的掌握情况以及计算能力。除此之外，还有章节介绍了遗传学相关内容，课后习题的情境主要聚焦于个体的遗传疾病分析、农牧业育种工作等。

总的来说，研究的这三本教材中“地区或国家”以及“全球性”来源的习题情境明显较少。

4. 国外高中生物学教材中习题情境的领域

教材中的习题情境属于“健康与疾病”和“自然资源”领域的较多，所处的内容主题有所不同。例如，格伦科生物学中“自然资源”情境领域的习题在各章中均有分布，“健康与疾病”情境领域的习题主要分布在“遗传与进化”主题模块，涉及动植物的性状和遗传疾病、进化等。而在剑桥国际生物学中，“健康与疾病”情境领域的习题主要分布于第4、5、16章中，该部分习题主要涉及细胞结构、细胞的增殖、生长、分化以及遗传等相关内容，所示情境多为细胞乃至个体的物质运输、生物体的性状等，较为具体。而“自然资源”情境领域的习题则集中分布在第2、12、16、17章中，主要考查的内容为生物分子、呼吸作用、光合作用、自然选择与进化等，所示情境或落脚在基因、分子等微观层面，或落脚在生态、物种进化的宏观层面。

国外高中生物学教材中选自“环境质量”和“灾害”领域的情境偏少，主要包含物种入侵、森林丧失、热带雨林遭到破坏等。值得注意的是，格伦科生物学中属于“环境质量”情境领域的习题数非常多，习题情境内容主要为环境因素与生物之间的关系。这类习题有助于提升学生保护生态环境的积极性，值得借鉴。

在对情境的描述方面，国外教材绝大部分习题情境没有大段式的表述，而且情境与问题之间的相关性较强，学生需从情境中认真提取信息才能较好地解答问题。

这些教材在习题设计时基本都会遵循由易到难的原则，符合学生的认知规律。随着评价理论的发展，教材习题都尽量避免直接考查概念的死记硬背。有关习题具体是如何设计的，本书限于篇幅，就不作介绍了。

第四章　中学生物学教材编制的基本理论

教材的功能和价值定位、教材内容选取和组织的原则、教材呈现方式的一般要求，都是教材编制的基本理论问题。本章阐述的关于这些基本理论问题的认识，有对他人理论的借鉴，更多的是来自长期教材编写实践的经验。

一、教材的功能定位①

教材该怎么编，怎么用，很大程度上取决于教材的功能定位。20世纪80年代以前的中学生物学教材，大都以知识的讲述为主，体现的主要是知识传承功能；从20世纪90年代开始编写的义务教育生物学教材，观察、思考、讨论等活动逐渐增多，体现的主要是教材的探究引导功能。随着课程改革的不断深化，教材的功能愈来愈丰富。深入研究和准确把握教材的功能定位，对于教材编写和使用都具有重要意义。

（一）关于教材功能的传统认识

关于教材的功能，传统的认识可以归纳为以下几条：对学生来说，它只是传递知识的读本，读懂、记住、能做题就可以了；对教师来说，它是教本，是教学的蓝本，只要把教材上的内容讲明白了，就基本完成教学任务了；就达成的目标来说，它是传递知识的载体和工具，强调其知识传承功能；就与教学的关系来说，它是教学甚至考试的主要依据，被师生视为知识权威的代表；从信息传播角度看，它是信息源，学生是受众，二者之间是单向传递的关系。

这些传统的认识至今仍在发挥作用。例如，有的课堂上，教师让学生翻看教材，齐声朗读教材上的一段课文，勾画重点句和关键词，强调在做题时的易错点等；有的教师在课时紧张的情况下，采取的对策是首先确保知识内容的教学进度，教材上的许多实验活动形同虚设，或者将做实验改为讲实验。可见，在教学实施层面充分彰显教材的育人功能，还有很长的路要走。

---

① 赵占良．试论教材的功能定位［J］．课程·教材·教法，2021(12)：4-10．

当然，传统认识也有一定的合理性。首先，它承认教材的权威性。教材在传播真理上的权威性是它让学生人手一册的合法性前提。它不是普通的学习材料、素材或资源，而是人类优秀文明成果的精华，是国家意志的体现，是社会主流价值观的重要载体。近年来，主张不是"教教材"而是"用教材教"的理念日趋流行，然而如果把握不当，就会导致对教材权威性的漠视甚至否认，助长教师处理教材的随意性。其次，它承认教材的重要性。在教学一线，重视教材胜于重视课程标准的情况还比较普遍，这固然是需要改进的，但是，相比于不重视教材的作用而让教辅占领课堂内外的做法，这种观念又有值得肯定的一面。对于深陷题海的师生来说，"回归教材本身"才是正本清源之道。

作为教材编研人员，对传统的教材功能观也要有辩证的认识。要看到它不适应时代要求的一面，如只重视教材的知识传承功能，忽视其全方位育人功能；过于强调教材的权威性，只是居高临下地传道解惑，忽视引导学生思考和对话等。也要看到它仍然具有合理成分，素养为本不是否定知识传授，重视平等对话不等于消解权威。只有这样，才能在教材编写中正确把握教材的本质属性和功能，发挥其育人价值。

（二）关于教材功能的现代观点

随着时代的发展，人们对教材本质属性的认识不断更新，普遍认为传统的"圣经式"教材观严重阻碍了教育的发展。学者们提出了各种新的教材观，也随之提出了新的教材功能观。

杨启亮将教育史上的教材观分为知识观的教材观和智慧观的教材观两类①。20世纪以前的教材观基本是知识观的教材观，即以教材呈现的知识本身为目的，教学就是把教材上的知识教给学生，而这些知识是经典的、权威的、不容置疑的。20世纪中叶以后，智慧观的教材观渐成潮流，这种教材观将教材上的知识视为教学的材料，是供学生思考和探究的素材。掌握这些知识本身不是目的，而是实现智慧提升和全面发展的途径和手段。在智慧观的教材观下，学生的质疑、求异思维和创新思维能够从教材或教学的知识"霸权"下解放出来，实现自主的充分的发展。知识观的教材观表现在教学上就是"教教材"，智慧观的教材观表现在教学上就是"用教材教"。

陈柏华、高凌飚在总结七种教材观的基础上，引出七种教材功能观②。如经验自然主义教材观认为教材要成为儿童的生活经验，促进儿童的不断成长；结构主义教材观重在发展学生的知识结构和发现知识的智能；范例式教材观认为教材是师生进行教学的拐杖、支点和范例，而不是教学的全部内容和目的；建构主义教材观认为教材的功能是促进学生的意义建构，为建构知识提供材料

① 杨启亮．教材的功能：一种超越知识观的解释［J］．课程·教材·教法，2002(12)：10-13．

② 陈柏华，高凌飚．教材观研究：类型、特点及前瞻［J］．全球教育展望，2010(6)：63-69．

和引导。

高德胜认为，我国改革开放几十年来，对教材功能的认识经历了从“知识权威载体”到“教学材料”再到“探索平台（或称学习阶梯）”的演化，从高高在上的近乎“神圣”跌落到“材料”的谷底，又调和为高于一般材料的平台和阶梯。他在上述分析的基础上，认为即便是平台说或阶梯说，也未能充分和准确地阐释教材的功能，教材的功能定位应当是“文化母乳”，为学生提供最基本的文化滋养①。

石鸥将教材的功能概括为促进学生发展、传授科学知识、传播国家意识形态、传承和创新文化四大方面，既强调了教材的极端重要性，又强调了学生的主体性，教材不是单向传输的载体和工具，它对学生发展的重要意义是“激活”，其主要功能是要增强学生自我发展、自我完善、自我建构的机能②。石鸥在专著中还介绍了日本教科书研究中心的观点：教科书具有唤起学习欲望的功能、提示学习课题的功能、提示学习方法的功能、促进学习个性化和个别化的功能、巩固学习的功能②。他还介绍了德国学者的观点：教科书的功能是提供信息、引导教学、激发学习动机、保证教学效果、协调其他材料、合理利用时间②。

任丹凤认为教材设计要突出三重对话功能：编者与教师对话，教师与学生对话，学生与学生对话③。教材设计要考虑这三重对话的需求，不能只是自说自话，更不能唯我独尊。笔者认为还应该补充一条对话功能：编者与学生对话。教材首先是学生的读本，因此，这四条对话功能中，笔者所补充的这一条应该是首要的。

通过上面的梳理可以看出，从传统教材观到现代教材观，教材从高高在上的“神坛”回到地面，与之相伴随的是，教材的功能从目的转变为手段，从权威依据演变为材料、资源，从传授者转变为对话者，由具有封闭性和确定性演变为具有开放性和可塑性，使教材更有利于促进学生生动活泼的发展和能力、素养的提升。但是，过于强调教材与学生之间的地位平等、贬低教材的权威性，又导致轻视教材、漠视教材、随意取舍教材内容的倾向，甚至出现以教辅和试卷代替教材的情况，这又严重背离了素质教育的宗旨，使得教材体现国家意志和社会主流价值的育人功能受到严重削弱。因此，近年来不论是国家层面还是学术层面，都发出加强教材建设和教材使用的呼声，强调教材是国家事权，教材体现国家意志，教材对学生的发展应起到提供精神营养、引领正确方向、激活发展动力、提供教学依据和学习支架等功能，守正创新的新时代教材功能观正在凝聚共识。

---

① 高德胜．“文化母乳”：基础教育教材的功能定位［J］．全球教育展望，2019(4)：92-104．

② 石鸥．教科书概论［M］．广州：广东教育出版社，2019：38-55．

③ 任丹凤．新教材设计：突出三重对话功能［J］．课程·教材·教法，2004(7)：3-6．

（三）教材在教学中的功能定位

关于教材的功能定位，从不同视角可以作出不同的概括。从教育学角度看，教材是教育的三大支柱之一（教材、教师、教学设施），它作为教学内容的物化形态，是教学系统中的重要组成部分，凝结了教学目标、教学内容和教学模式等①；从教学论角度看，教材是教学活动文本系统，它不仅要成为师生对话的中介，而且要成为师生对话的直接参与者②。从文化的角度看，教材是人类优秀文化传承和弘扬的重要载体，生物学教材作为自然科学课程的教材，所传承和弘扬的主要是科学文化，同时也体现科学与人文的结合。从国家和社会角度看，教材反映国家的主流意识形态和核心价值，我国的大中小学教材要服务于落实立德树人根本任务，体现培根铸魂、启智增慧的总要求，为实现中华民族伟大复兴培养合格的人才。

下面主要从学生学和教师教的角度，来阐述中学生物学教材的具体功能定位。之所以将教材在教学中的功能定位作为重点来讨论，是因为教学性是教材的本质属性，教材的本质功能就是教学功能③，基于教学、为了教学并指向教学，是教材与生俱来的生命属性，教材的思想力、教诲力和引领力三种力量交织在一起，汇成了教科书喷薄而出的活力，而教学则是教材生命活动的生动展现④。

1. 与学生有关的功能

曾天山在论述教材的一般功能时，指出教材具有促进学生个性全面发展的功能，还提到教材对学习者具有实用的价值（适应社会生活、做好职业准备等）、文化的价值（促进人格发展、传递社会规范文化、养成社会公德）、训练的价值（促进认知和非认知因素的发展）⑤。陈月茹在阐述课程和教学论领域对教科书功能的认识时，总结这些认识主要包括：描述信息、转化信息、将信息系统化、使信息与其他教学辅助手段协作、指导学生的学习活动、支持学生的自我学习评价、满足不同层次学生的学习需求、促进价值观教育等，并且特别指出，教科书的根本功能是激发学生的学习积极性⑥；在论述教材编写时，特别强调了教材的对话文本功能。

国外有学者对教材与学生有关的功能作了如下概括：（1）与学习有关的功能，包括传递知识、发展能力、巩固学习成果、评估学习成果等；（2）与日常生活和职业生活的衔接功能，包括帮助整合学业获得、帮助获得参考信息、社

① 曾天山．教材论［M］．北京：人民教育出版社，2019：24-25．

② 孙智昌．主体相关性：教科书设计的基本原理［M］．北京：教育科学出版社，2011：135，172．

③ 同①14．

④ 张增田．超越经验与常识：教科书的教学性再认识［J］．课程·教材·教法，2020（1）：55-58．

⑤ 同①28-29．

⑥ 陈月茹．中小学教科书改革研究［M］．北京：教育科学出版社，2009：27．

会和文化教育功能[①]。

结合新课改以来的教材编写实践，我们提出教材用于学生学习的功能定位如下。应当说明的是，教材在教学中有哪些具体功能，这本身就是一个开放性问题。如下所述如果作为一种答案，注定是不完善的；如果作为对话的材料，或许具有激活更多、更深入思考的功能。

（1）兴趣激发和活动指导功能

兴趣是学习的内在动力。学生如果没有兴趣，教材的功能设计得再强大，也是无济于事的。因此，教材之于学生的具体功能首先是激发学生的学习兴趣。对自然科学课程的学习来说，学生对自然界的好奇心和求知欲是兴趣的源泉。因此，教材通过展示奇妙的自然现象，创设真实的问题情境，引发学生的认知冲突，从而使学生产生强烈的好奇心和求知欲，是教材的必备功能，也是教材的其他功能得以实现的基础和前提。

出于好奇，学生心里会生发出各种疑问。循着这样的心理逻辑，教材可以提出相关的问题，问题指向学生将要学习的概念性知识。问题解决要通过学生的学习活动来完成。学习活动的形式多种多样，可以是学生动手做实验等获取直接经验的探究活动，也可以是资料分析等建立在间接经验基础上的思维活动，当然，有时也可以阅读教材直接讲述的文本。按照新课程“倡导探究性学习”“教学过程重实践”等理念，教材应着力引导学生通过各种探究活动来建构概念，而限于学生的知识和能力水平，探究活动需要一定的指导。因此，活动指导功能应是教材的重要功能之一。

（2）学科展示和内外衔接功能

在学科课程中，学生学习的对象是特定的学科，这就要求学科教材要展示本学科的基本内容。正如义务教育和普通高中生物学课程标准在各自的课程性质部分一致强调的，生物学课程是自然科学领域的学科课程，“其精要是展示生物学的基本内容，反映自然科学的本质。”[②③]可见，学科展示功能应当是教材功能的题中应有之义。

正如课程标准所指出的，“生物学有着与其他自然科学相同的性质。它不仅是一个结论丰富的知识体系，也包括了人类认识自然现象和规律的一些特有的思维方式和探究过程。生物学的发展需要许多人的共同努力和不断探索。”[③]教材要展示生物学的基本内容，不仅是展示生物学的知识体系，而且要展示生物学研究的过程和方法，展示生物学研究的思维方式，展示生物学家为之付出

---

① 热拉尔，罗日叶．为了学习的教科书：编写、评估和使用［M］．汪凌，周振平，译．上海：华东师范大学出版社，2009：70-78．

② 中华人民共和国教育部．义务教育生物学课程标准（2011年版）［M］．北京：北京师范大学出版社，2012：2．

③ 中华人民共和国教育部．普通高中生物学课程标准（2017年版2020年修订）［M］．北京：人民教育出版社，2020：1．

的共同努力和不懈探索。要通过展示生物学的这些基本内容，让学生学习生物学的基础知识和方法，同时受到科学本质教育。

学生在接受学校教育的过程中，是同时修习多门学科课程的。不同学科之间存在较多的交叉渗透，在知识和方法上都具有一定的内在联系。因此，学科课程的教材不仅要展示本学科的基本内容，还要体现本学科与其他学科的横向衔接。当然，学科内部的纵向衔接（如初中生物学与高中生物学的衔接）也是非常必要的。

除了体现学科内容的纵横衔接，教材还应当体现学科内容与社会和个人生活的衔接，让学生在真实的情境中展开学习过程，将所学应用于分析和解决现实生活中的问题，体现教材的现实应用功能。就理科课程而言，教材在展示学科基本内容的基础上，还应当引导学生理解科学、技术、社会、环境之间的关系，正确理解科学的价值。我们将教材的学科内衔接、学科间衔接、学科与社会和个人生活衔接等功能统称为教材的内外衔接功能。

（3）思想引领和思维训练功能

学生的学习并非知识和技能的单纯积累，而是塑造主观世界。教材并非由学生按兴趣取舍的学习材料，而是促进学生精神成长的营养素和培养基，也可以说是为学生提供基本文化滋养的“文化母乳”①。“教材是系统地、有计划地、大规模地进行社会教化和思想品德教育的重要工具及主要内容。从教材发展史可知，教育自产生起，就具有社会教化和培养人才的双重任务。”②实现社会教化需要思想引领，那种认为只要让学生像一棵树一样自然而然地成长，一味迎合学生兴趣需要，学生就能顺利成人成材的主张，尽管在一定历史时期可能有进步意义，但完全应用于学校教育就失之偏颇了。因此，思想引领功能是教材不可或缺的重要功能之一，包括生物学教材在内的理科教材，同样具有这样的功能，如帮助学生形成辩证唯物主义世界观、培育科学精神，形成人与自然和谐共生的观念，确立生态文明思想等。

“人类所创造的一切物质的和精神的财富，都是人类在实践活动中通过思维即智力活动而形成和积累起来的。思维已经成为人类认识世界、改造世界最重要的主观能源。”③孔子曰：“学而不思则罔，思而不学则殆。”近些年来，不论是国外学者提出的“为理解而教（teaching for understanding）”，还是国内专家提出的“为思维而教”“思维型教学”理念，都在强调思维教学的重要意义。“中国学生发展核心素养”中强调理性思维，各学科课程标准纷纷将思维纳入学科核心素养框架，如语文学科的“思维发展与提升”，数学学科的“数学抽象”“逻辑推理”等，英语学科的“思维品质”，物理、生物学等学科的“科学思维”，化学学科的“证据推理与模型认知”，地理学科的“综合思维”，等

① 高德胜．“文化母乳”：基础教育教材的功能定位［J］．全球教育展望，2019（4）：96.

② 曾天山．教材论［M］．北京：人民教育出版社，2019：29.

③ 朱智贤，林崇德．思惟发展心理学［M］．北京：北京师范大学出版社，2002：1.

等。可见，培养学生的思维能力，改进学生的思维品质，帮助学生形成良好的思维习惯和思维方式，是各学科课程的共同目标指向，自然也应该成为教材的基本功能，这里简称为思维训练功能。

（4）总结拓展和学业评价功能

教材内容是按章节顺序线性呈现的，但学生的学习不是所学内容的线性叠加，同化也好，顺应也罢，都是新旧知识在头脑中的相互作用。只有将新学知识与原有知识建立实质性联系，弄清相关概念间的逻辑关系和内在联系，才能将所学知识结构化，形成良好的知识结构；只有将一个个的从属概念融会贯通，才能形成大概念，进而升华为思想观念。要实现这样的联系和贯通，就需要教材引导学生对所学内容适时总结，即要求教材具有学习总结功能。

各学科知识体系既是相对稳定的，又是动态发展的；学生的学习时间是有限的，而学生去认识和探索的世界是无限的；教材中的问题解决活动是经过精心设计的甚至是简化的，而真实世界的问题往往是复杂的、多因素交织的；教材内容是按照大多数学生的认知水平和年龄特征设计的，而学生的心理发展水平和发展需求是多层次、多样化的，等等，这些因素都决定了教材应当在确保知识内容的系统性和确定性的同时，具有一定的开放性，给学生独立思考、批判质疑留出充分的空间，鼓励学生将思维的触角伸向教材以外的世界，引导学生关注和分析真实世界的复杂问题；教材还应当具有一定的弹性，给学有余力的学生提供拓展提升的材料和平台。换言之，教材内容体系的开放性和弹性赋予教材强大的拓展功能。

学业评价促发展，这是义务教育阶段和普通高中生物学课程标准的共同理念。评价活动应当贯穿于学生的整个学习过程，包括课堂评价、作业评价、单元评价等，其中学生的自我评价和反思是促进学生改进学习、促进发展的重要途径，而学生的学习活动是围绕教材展开的，这就需要教材具有丰富的引导学生评价与反思的内容，为学生的自我评价提供素材、工具和平台，强化教材的学业评价功能。

2. 与教师有关的功能

"与教师有关的功能"是指教材对教师有什么用。关于这个问题，国内学者的专门论述不多。国外有研究认为，与教师有关的功能包括：学科信息和一般信息功能，与学科相关的教学培训功能，帮助学习和课程管理的功能，帮助学生获得评估的功能①。

我们根据中国的基础教育实际，结合多年教材编写过程中去中学听课、座谈的经验，尝试对教材之于教师的主要功能总结如下。

① 热拉尔，罗日叶．为了学习的教科书：编写、评估和使用［M］．汪凌，周振平，译．上海：华东师范大学出版社，2009：84-85.

（1）教学依据功能

臧爱珍主编的《中小学教材的编写出版》一书指出：“中小学教材是学生在校学习的主要资源，是教师进行课堂教学的依据。”“教师要根据教材安排教学进度，进行教学活动和对学生学习做出评估。”[①]曾天山在论述教材在教学系统中的功能时指出：“教材是教师教学工作的主要依据，或者说是其‘话本’或‘剧本’。”[②]尽管在21世纪初开始的新课改中，有关领导和专家一再强调，教学的依据是课程标准是而不是教材，教材的地位降格为达成课程标准要求的主要资源，但是在教学实践中，教材作为教师教学依据的地位和作用，总体上看并未从根本上改变。这是因为对绝大多数一线教师来说，课程标准的内容还是过于宏观了，离开教材是难以实施的。教材是依据课程标准编写的，在编写中对课程标准要求、学科、学生等因素进行了综合考量，可以说是课程标准的具体化，加之与课程标准的一致性是教材通过审核的关键指标，因此，一般来说，以教材为依据与以课程标准为依据并不是矛盾的。课程标准提供的是方向、目标、标准和课程结构等课程架构层面的依据（“课程内容”实际是各具体内容的教学应该达到的目标或标准），教材提供的是内容、路径、进程等实践操作层面的依据，后者是前者的演绎，二者相得益彰。当然，同为依据，宽严有别。课程标准是国家教育行政部门制定的纲领性文件，是教学中应当严格遵循的依据；除国家统编教材以外，其他学科教材是出版机构或学术团体组织编写的，同一学科课程标准下可以有若干不同版本的教材，这些教材作为教学的依据不具有强制性。在教学中将不同版本教材相互参照，根据学生特点和当地实际对教材内容进行适当取舍、调整和补充，这不仅是允许的，而且是值得提倡的。

教材的教学依据功能主要表现在：确定教学内容（是什么内容，到什么程度），确定教学计划和课程进度（按教材章节顺序及其分量），设计并实施教师活动和学生活动（如教师的演示实验、学生的实验），规范教师的语言表述（如教材上的术语、定义等）、规范教师的示范性操作（如显微镜的使用、微生物的培养、急救的模拟练习等）。

（2）资源提供功能

教材不仅是教学的依据，也是教学的主要资源。从内容性质上看，教材所提供的教学资源包括情境资源（用于激发学生兴趣等）、事实资源（用于支持学生的概念建构）、活动资源（用于引导学生探究等）、练习资源（用于给学生布置作业或当堂练习等）、评价资源（提供评价的活动和标准），等等。从形式上看，教材所提供的教学资源包括文字资源、图片资源以及视频资源线索等。

---

① 基础教育教材建设丛书编委会．中小学教材的编写出版［M］．北京：人民教育出版社，2003：5．

② 曾天山．教材论［M］．北京：人民教育出版社，2019：31．

教学资源除教材以外，还有丰富的来源，如学生的生活经验、当地当时的社会和自然实际、媒体上报道的科技进展等相关信息，等等。与其他教学资源不同的是，教材中的教学资源是经过精心选择和加工的，同这些资源的原初素材相比，更加符合达成特定教学目标的需要，也更加符合学生的认知水平。当然，教材提供的资源可能并不适合于所有的地区、学校和学生，特别是一些时效性和地域性较强的资源，更是具有这样的局限性。这就需要教师根据实际情况，对教材中的教学资源进行适当取舍，也可以搜集更合适的资源来替代。强调教材是主要（既是主要的，又不是唯一的）教学资源的意义就在于此。

（3）教法指导功能

传统的教材主要是作为学生的读本编写的，较少考虑教师如何教。例如，20世纪80年代及之前的中学生物学教材，正文是独白式的知识讲述，实验等活动一律放在教材的最后，相当于附录。20世纪90年代开始，教材正文中穿插安排了许多活动，如供教师做的“演示实验”，供学生做的“看一看，想一想”“动动脑”“动动手”“实验”等，初步显示了教法指导功能。从21世纪初编写出版的新课程标准教材开始，教材编写模式发生显著变化，从情境创设、提出问题到引导学生通过各种类型的探究活动来分析解决问题，以及总结和练习等，各章节教材大多呈现了全流程教学设计的基本思路，以利于学生的探究性学习和教师的探究式教学，可以说极大强化了教法指导功能。

由于教材的设计是基于对学生年龄特征和知识基础的总体了解进行的，加之教材这种纸质媒介的局限性，教材所呈现的教学设计思路只是轮廓性的，对教师教学的指导也是参考性的。

（4）评价支撑功能

“教材是教学评价的重要工作内容，是课程评价的具体内涵，具体反映了学什么内容及用什么标准来测评教学的质量。”[①]教材中概念性知识的表述，提供了教师对学生知识掌握情况进行评价的标准；教材中设计的探究和实践活动，为教师评价学生探究和实践能力的发展提供了平台和资源；教材中的练习题既可以用于巩固和拓展学生的学习成果，也是教师用来评价学生学习情况的工具。因此，教材编写应当尽可能为教师开展持续性评价提供良好的工具、资源和平台，在配套教师用书中应当为教师提供发挥教材评价支撑功能的建议。当然，仅靠教材提供的这些元素进行评价是远远不够的，教师应当根据课程标准特别是其中的学业质量标准，研发适当的评价工具，对学生的学业水平持续进行全面评价，并以评价来促进学生核心素养的发展。

① 曾天山．教材论［M］．北京：人民教育出版社，2019：31.

二、教材内容选取的原则

生物学的知识浩如烟海，生物学的研究过程和方法丰富多彩，近几十年来生物学的发展日新月异。作为中学生物学教材，如何从庞大浩繁的科学体系中选取内容，选取哪些内容，是教材编写遇到的首要问题。根据近20年来我国中学生物学教材编写的经验，我们总结出教材内容选取的原则如下。

（一）突出思想性

科学本身就是人类文化体系的重要组成部分，它不仅促进了生产力水平的提高和人类物质文明的进步，还深刻地影响着人们的思想观念。达尔文进化论的提出，为辩证唯物主义提供了自然史的基础，同时也有助于人类正确地认识自身在自然界中的地位；生态学的基本原理是可持续发展战略的理论基础。生物学无论是作为知识体系，还是作为发展过程，都具有丰富的思想文化内涵，对人的世界观、人生观和价值观的形成具有重要的教育价值，教材应当充分挖掘并予以彰显。

教材突出思想性，主要表现在以下几个方面。一是结合生物学内容进行生命观念教育，帮助学生树立辩证唯物主义世界观。二是介绍我国的动植物资源状况、生物科技成就、科学家的事迹、生态文明建设和经济社会发展成就，有机融入社会主义核心价值观和中华优秀传统文化，对学生进行爱党爱国爱社会主义教育、生态文明教育，培育学生的“四个自信”，弘扬科学家精神。三是介绍生命科学史，引导学生开展科学探究活动，对学生进行科学态度、科学本质观教育。四是结合生物学内容，引导学生珍爱生命，尊重自然，顺应自然，保护自然，树立人与自然和谐共生的观念，养成良好的品德和行为习惯。

（二）把握基础性

中学教育是基础教育，是为培养合格的公民和各行各业的建设者打基础的教育，因此，教材的内容应当把握基础性。内容的选取应当为学生打好两个基础：一是作为当代社会合格公民的基础，二是个人全面发展和终身发展的基础。这两个“基础”都包括三个方面的内涵：正确价值观、必备品格和关键能力。

正确价值观、必备品格和关键能力的培养都离不开知识的学习和掌握，而知识内容的选取是教材内容选取的首要问题。首先要认识到，学生在中学教育阶段所学习的生物学知识，对于其终身发展来说，只是起到奠基的作用。不能指望教科书中的知识内容能够使学生解决一生会遇到的所有生物学问题。因此，教材不能面面俱到，而是要选取那些对学生的终身学习和发展最有价值的知识。选取的知识内容与基本概念、基本原理的相关性越高，在学生头脑中实现迁移的可能性就越大，其时效性就越长久，对学生终身学习和发展的价值就越高。在以往的教材中，事实性知识偏多，而基本概念、基本原理等核心知识偏少，这也是导致许多学生学习生物学就靠死记硬背的原因之一。学生理解基本概念、基本原理和基本规律需要一定的科学事实作为建构理解的材料，这些事实可称为基本事实。对于这些基本事实，教科书中既不能舍弃，也不能止于现象的描述，而是要利用这些事实，引导学生去分析相应的问题，进而理解基本概念和原理。对那些与基本概念和原理相距较远的生物学事实，教材应当进行精简。比如，关于动物和人体的激素调节，反馈调节是其中核心的概念和原理，教材可以以一两种激素的作用及其分泌的调节为例来说明，如甲状腺激素或胰岛素，而不必罗列过多的激素的种类及其作用。总之，在知识方面应当注重核心概念，将理解核心概念、建立良好的知识结构作为知识教学的主要目标，知识内容不能过专、过深。

强调基础不等于只重经典。基础性应当是现代意义上的基础性。随着生物科学的发展，许多基本概念和原理已经更新，新观点、新技术和新方法不断涌现，教材呈现给学生的基本概念、原理、观点、技术、方法等，应当与生物科学发展水平基本吻合，而不是传统的或过时的内容。

（三）体现时代性

以沃森和克里克建立DNA双螺旋结构模型为标志，分子生物学于20世纪50年代兴起。这一划时代的成就大大加速了生物科学的发展。生物科学各个领域的研究都趋向于深入到分子水平，在认识上越来越接近于生命的本质的同时，在实践上也开展起在基因和蛋白质水平上对生物体的操作。20世纪70年代以来，以DNA重组技术为核心的生物技术蓬勃兴起，并且迅速发展成为一门新兴的产业——生物技术产业。人类基因组计划和克隆技术的成果，不但昭示了生物科学的诱人前景，也给人们带来了生物技术的安全性和伦理方面的冲击。在21世纪初人类基因组计划完成之后，后基因组时代生命科学的研究更是风起云涌。2010年5月，地球上第一个具有人造DNA的活细胞横空出世，标志着以系统生物学和生物信息学为基础、以基因组技术为核心、以人工设计和创造生命为目的的合成生物学取得突破性进展，既让人们看到它在人造器官、药物生产、生物能源开发等方面应用的美好前景[①]，又引起一些人犹如面对潘多拉魔盒般的担忧。作为一个现代社会的公民，应当了解生物科技的进展及其社会应用。这就给中学生物学教材的时代性提出了客观需求。教材在处理现代内容与经典内容的关系上，应适当加大现代内容的比重。教材还应该反映经济社会的迅猛发展，并且引导学生关注和讨论社会性科学议题。

（四）注重实践性

学生在知识、能力、情感态度与价值观等方面的全面发展，应当通过积极参与科学探究和工程实践活动来实现。

---

① 孙明伟，李寅，高福. 从人类基因组到人造生命：克雷格·文特尔领路生命科学［J］. 生物工程学报，2010（6）：697-706.

第一，要充分认识探究实践活动的教育价值。有些内容本身不复杂，如果仅从掌握知识的角度来看，也许只需要几分钟就能讲清楚，如果让学生通过亲自参与探究活动，可能要花一节课甚至更长的时间。从表面来看，开展探究活动似乎降低了传授知识的效率。但是，通过探究活动，学生获得的不仅仅是知识，而且会有丰富的情感体验，探究能力也会得到发展。就好比游泳，关于其动作要领和注意事项，几分钟就可说明白，但学生并未学会游泳，只有跳入水中，才能逐渐掌握动作要领，才能获得水中的体验。又如细胞的有丝分裂，用挂图或投影片讲清楚并不难，但是难以在学生头脑中留下鲜明而深刻的印象。如果让学生亲自制作切片，在显微镜下观察细胞有丝分裂，学生才会感到真实可信，动手能力也会得到培养。学习了DNA分子的结构之后，让学生动手制作DNA分子双螺旋结构模型，他就会运用所学知识，发挥想象力，寻找合适的材料来制作，这样，他对DNA分子结构的认识就会更加深入，想象能力、动手能力都会得到发展；而制作过程中的情感体验，以及面对自己的制作成果时那一份成功的喜悦，更是教师的讲解所无法给予的。因此，教材应当注重创设情境，激发学生的好奇心和求知欲，引导学生在真实的情境下开展探究实践活动，特别是跨学科实践活动，实现“做中学”和“用中学”，培养学生分析和解决实际问题的能力，以及创新精神和实践能力。

第二，探究实践活动的设计应当丰富多样。学生积极主动地获取生物科学知识、领悟科学研究方法而进行的各种活动，都是科学探究活动。科学探究通常包括提出问题、作出假设、制订计划、实施计划、得出结论和表达交流这六个环节。之所以说“通常包括”，有并非千篇一律的意思。问题是探究的发端，但作出假设并非所有的探究所必需的环节。制订和实施计划实际上就是收集证据。收集证据的途径有观察、实验、模拟实验、调查、收集和分析资料等。因此，教科书中的科学探究活动可以依收集证据方法和途径的不同，而提供不同的活动建议。工程实践活动是运用科学知识、工程思维和技术手段，设计和制作物化产品的活动，对于培养学生的创新和实践能力具有重要意义。教材应当设计一些工程实践活动，引导学生学以致用。

第三，探究实践活动的设计和安排应当以科学方法教育为重要线索。以往教科书中实验内容的选取和安排基本是以知识为线索的，往往是先设计好教科书的知识体系乃至详细编写提纲，然后再针对各章节知识内容配上实验。因此，实验基本上是依附于知识内容而存在的。全书实验的安排缺乏科学方法上的整体考虑。换言之，传统教科书知识体系的完整性是以牺牲科学方法体系的完整性为代价的。为避免重蹈覆辙，应当在设计教科书知识体系的同时，设计完整的科学方法体系，然后将两者进行整合，使之形成有机的整体。

科学方法包括哲学层次的方法、科学探究的一般方法和学科内的特殊方法。按课程标准的要求，中学生在生物课中重点学习科学探究的一般方法。当然生物学科内的一些基本方法也是应当学习的，如显微观察的方法、微生物培养的方法等。科学探究的一般方法包括观察、实验、调查等获取经验材料的方法和推理、判断、分析、综合等思维方法。以实验的方法为例，如何选择实验材料，如何设置对照，如何控制实验条件特别是可变因素，如何设置重复组，如何减少实验误差，如何记录和分析实验数据等，都需要精心设计相应的活动来引导学生学习和领悟。

第四，探究实践活动的总体设计应当具有合理的能力梯度。学生探究实践能力的培养决不是一蹴而就的，需要经过模仿、练习、部分独立设计到独立设计等阶段。因此，教科书中探究实践活动的设计应当具有合理的能力梯度。比如，关于提出问题的能力，学生一开始学习生物课，往往不知道如何提出问题，提出的问题可能没有探究价值，这就需要先安排一些给定问题的探究，而教科书中问题的提出应当提供一定的问题情境，让学生明白问题的由来。也可以安排一些简单的问题情境，引导学生自己提出问题。接下来安排的探究活动，可以就具体的问题情境，提出几个问题，让学生从中选择他们最想探究的问题。最后安排由学生独立提出问题的活动。再比如实验方案的设计，应当先通过具体的案例，让学生明白什么是对照实验，如何设计对照实验，按照或参考既定的实验方案完成实验操作。然后让学生自己设计对照实验。

（五）关注适切性

学生已经学习了不少生物学知识，从各种媒体上还接触到一些生物科学及其新进展的信息，日常生活中也积累了不少与生物学有关的经验。但是，他们掌握的生物学知识是比较浅显的，生活经验也是有限的。从思维特点来看，初中学生正处于由形象思维向抽象逻辑思维过渡的阶段，高中学生的形式逻辑思维比较发达，但是辩证思维能力不强。因此，教材内容的选择既要充分考虑学生已有的知识和经验，注意与有关课程的衔接，又要难易适度，符合不同学段学生的思维水平和特点。

在利用学生的知识基础方面，往往存在两个误区。一是忽视学生已有的知识基础；二是超越学生的知识基础，缺少必要的铺垫。当代教学论流派几乎都强调教学要从儿童经验出发。例如，建构主义教学论原则明确指出，复杂的学习领域应针对学习者先前的经验和学习兴趣，只有这样，才能激发学习者的学习，学习才可能是主动的。学生是很难对跟他毫不相干的事情感兴趣的。因此，所选择的教学内容应当尽量贴近学生的生活。不过，不同地区或不同家庭背景的学生，其生活经验既有共性，也有差异。特别是城市和农村的学生之间，生活经验的差别较大。作为面向全国的教材，应当兼顾不同地区和家庭背景学生的生活经验。

在探究实践活动的安排上，应当关注不同地区和学校的条件差异，尽量安排大多数学校都能实施的活动，同时提高活动的选择性。总之，教材要在知识内容编排、活动设计、作业设计等方面增加教材的弹性和可塑性，以适合于不同条件的学校使用，适合于不同水平和个性特长的学生学习。

（六）反映“STS”

生物科学技术的迅猛发展对社会和经济的发展日益显现巨大的推动作用，也影响到社会和个人生活的方方面面；当代社会发展的许多重大问题的解决，又都依赖于生物科学技术的进一步发展，并对生物科学技术的发展产生客观需求和外驱力。教科书的编写应当融生物科学、技术和社会为一体，充分体现三者的互动，反映生物科学技术的发展及其对社会发展和个人生活的影响，注意介绍我国生物科学技术的成就和发展。

教科书中的STS内容应当包括：①生物科学研究成果在社会各个领域和个人生活中的广泛应用及其重要价值；②科学与技术的相互支持，如电子显微镜的发明对生物科学发展的巨大推动作用，基因科学的研究催生了DNA重组技术等；③科学技术成果的不恰当运用造成的负面影响，包括对社会、对个人生活、对自然界造成的不利影响，如抗生素和激素的滥用对人体健康的危害、环境污染、生态失调等；④生物科学技术发展对人类现有伦理道德乃至法律体系产生的冲击。

三、教材内容组织的原则

教材内容的组织实质上是将选取的教学内容结构化，即确定内容编排顺序，理顺相关内容的衔接关系。教材内容的组织应当遵循以下原则。

（一）整体性

教材内容的组织应当做到主线突出、脉络清晰，有利于学生形成完善的知识结构，并且力求将能力培养、情感态度价值观教育内容与知识内容有机结合，使之成为统一的整体。

中学生物学课程的核心任务是全面提高学生的生物学核心素养，而生物学核心素养是生物学知识、能力、情感态度价值观的统一体，不能将三者割裂或对立。教科书在内容的组织上，也应当做到将这三方面的因素有机结合起来，不可偏废。

实现知识、能力、情感态度价值观的统一，主要途径是“做中学”，即让学生通过多种多样的探究活动，建构知识，发展能力，获得情感体验，形成情感态度与价值观。

实现知识、能力、情感态度价值观的统一，基本做法是先按照学科内在逻辑和学生的认识逻辑，确定教材的知识体系，再考虑各章节内容适于安排哪些探究活动，以培养学生的科学探究能力，同时考虑各章节中如何渗透思想观念和情感态度的教育。要整体设计社会主义核心价值观和中华优秀传统文化、生命安全与健康、国家安全等主题教育内容的有机融入，让概念学习与思维训练融为一体（让知识学习的过程成为学生在真实情境下分析问题、解决问题的过程，使概念学习的结果真正成为发展学生的智慧技能），知识体系与方法体系紧密配合，文字系统与图像系统相辅相成，正文系统与作业系统有序衔接。

实现知识、能力、情感态度价值观的统一，应当贯穿整个教科书的始终。要尽量避免单纯讲述知识的做法。当然，不同章节的内容有不同特点，上述三个领域的目标也不必在每一具体内容中都平均分布，面面俱到。有的章节可能将知识目标放在首位，有的章节可能将能力或情感目标放在首位。

实现知识、能力、情感态度价值观的统一，不仅体现在教科书正文中，还应当体现在作业系统中。应当改变作业题目只重知识的再现，忽视能力提高和情感教育的倾向。作业题应当体现学生的知识迁移和发散思维，应当紧密联系人们的生产和生活实际，特别是学生的生活经验；应当渗透人文精神。有的题目可以是开放性的，允许学生提出多种答案。

（二）有序性

教材内容的组织应当做到编排有序，主次分明，前后呼应，直线式与螺旋式相结合。

关于教材内容的组织，历史上一直有直线式和螺旋式两种主张。例如，苏联的赞可夫主张直线式教学，只要学生懂了就可以往下讲，前后内容不能重复，否则会引起学生厌倦；美国的布鲁纳则主张螺旋式上升的教学，认为学生从小就可以学习各学科的基本原理，随着年级的递升而不断重复同样的主题，但内容范围不断拓宽和加深。这两种主张各有利弊。前者可以避免不必要的重复，但学生的认识不可能一步到位，随着知识的扩充和思维能力的提高，温故而知新式的重复也是必要的。因此，我们主张根据具体内容和学段，采取不同的方式。如果将初中和高中两个阶段分开来看，每个阶段的教材内容都是以直线式为主，螺旋式为辅。初中生物学教材的各个单元之间，高中生物学教材的各个模块之间，基本上是递进或并行的关系，而不是在重复中提高的关系。就整个中学阶段而言，从初中到高中，又大体上是螺旋式上升的关系。例如，学生在初中已经学习了细胞、光合作用、呼吸作用、遗传、进化、生态等内容，到高中还要在更高的水平上学习这些内容。高中每一个模块的教材大体上是按照直线式原则组织内容的，但局部内容体现了螺旋式原则。例如，关于基因的分离定律和自由组合定律，先在孟德尔时代对遗传的认识水平上讲述，不出现基因和染色体等概念，在介绍减数分裂和摩尔根染色体理论之后，再在现代遗传学水平上讲述。

（三）逻辑性

教材内容的组织既要体现学科知识的内在逻辑，又要符合学生认识事物的心理逻辑，力求实现学科内在逻辑与学生认识逻辑的统一，并且遵循从感性到理性以及螺旋上升的认识规律。

学科逻辑与学生的认知逻辑是不尽一致的。例如，结构是生理功能的基础，这是学科的内在逻辑，如果按照先结构后功能的顺序组织教学内容，学生固然能够接受，但是，不一定能够引起学生的学习兴趣。从功能出发，提出与结构有关的问题，再引导学生探究结构与功能的关系，学生的兴趣就会增强。

教材内容组织的逻辑性原则还意味着重视不同知识内容之间的内在逻辑联系。比如，人教版高中教科书《分子与细胞》将“细胞是基本的生命系统”作为统摄全书的基本命题，也作为全书知识内容的逻辑起点，各章节分别从其组成、结构、功能、发展变化规律等方面分别论证这一基本命题“为什么是系统？为什么是生命系统？为什么是基本的生命系统？”，构成了较为完整的逻辑体系。

（四）衔接性

教材内容的组织应当重视纵向衔接和横向联系，以此促进学生建立完善的知识结构。

纵向衔接指本学科教材内容的前后衔接，也包括初中生物学教材内容与小学科学教材相关内容的衔接。编写初中教材时，既要充分利用小学科学课程的基础，避免不必要的重复，又要避免与小学科学课程内容脱节，造成学生学习上的障碍。编写高中教材则要充分考虑与初中的衔接。不同年级之间的衔接、同一年级不同章节之间的衔接，也是同样的道理。对于一套教材，在编写之初就应当对本教材的概念进行梳理，对概念网络进行周严的设计。

纵向衔接不仅指知识内容方面，还包括技能和方法方面。一套教材的科学过程技能体系和科学方法体系应当整体设计。同知识体系一样，技能和方法体系的设计也需要遵循由易到难、由简单到复杂的原则。

横向联系指本学科教材内容与其他学科的联系。就生物学教材来说，主要是与数学、物理、化学、地理等学科的联系。编写过程中首先要研究其他学科是否为生物学教材中的有关内容打下了必要的基础；第二要避免与其他学科的重复；第三要避免与其他学科相关内容不一致。

与其他学科的交叉渗透是现代生物科学的重要特点之一。因此，教材在处理横向联系问题时，还应当注意提示学生主动思考与其他学科的联系。例如，在讲述生态系统能量流动逐级递减时，让学生思考这与物理学中的能量守恒与转换定律是否矛盾，等等。

四、教材呈现方式的一般要求

教材内容的呈现方式应当注重激发学习兴趣，便于学生主动学习，便于教师进行启发式、探究式、讨论式、参与式教学[①]。

（一）应当改变传统的注入式写法，重引导，促探究

传统的注入式写法容易导致教师照本宣科，学生死记硬背。应当注重从学生的生活经验出发，创设情境，引导学生自主学习、主动探究，培养学生不断探索、勇于创新的科学精神，实事求是的科学态度，以及终身学习的能力。

首先要重视章节的引言。“良好的开端是成功的一半。”引言之所以重要，不仅在于它点明了本章或本节的主旨，更在于它能够激发学习兴趣，强化学习动机。只有在学生有兴趣的条件下，学生才能进行有意义的学习。大多数节的引言都可以从日常生活、社会实际、自然现象或科学研究案例出发，创设问题情境，找到使学生产生认知冲突、惊讶、迷惑的切入点。

教材的一章内容往往由若干节组成，内容较多，其引言应当在明确主旨、激发兴趣的同时，更好地发挥先行组织者的作用[②]。例如，在2004年版高中生物学教材《细胞的基本结构》这章，引言在比较了自行车和细胞的人工组装之后，写道：“不同的事实揭示同样的道理：系统不是其组分的简单堆砌，而是通过组分间结构和功能的密切联系，形成的统一整体。”这句话实际上是统摄整章的核心概念，也是上位概念，以下三节《细胞膜——系统的边界》《细胞器——系统内的分工合作》《细胞核——系统的控制中心》，则分别从不同侧面揭示细胞中各组分是如何形成一个统一整体的，这三个节标题同样也对各节内容的学习起到了先行组织者的作用。

正文部分应当根据具体内容特点，在展开知识内容的过程中，安排适宜的学生活动，如资料分析、观察、实验等，让学生通过活动建构知识，发展能力，形成情感态度和价值观。

为了体现科学是一个不断探索的过程，也为调动学生学习知识过程中的积极思维，正文部分可以采用问题驱动模式，设计由浅入深、环环相扣的问题串，以问题激发学生思考，驱动学生的学习过程。每一个问题之后，可以是资料分析等活动，让学生通过活动寻得答案，建构知识；也可以讲述科学家研究的过程、结果和结论，让学生循着科学家的思维，得到问题的答案，既获得知识，又对科学的过程和方法增进了解。

（二）教材内容应当有一定的开放性

教材内容的开放性主要表现在以下几个方面。第一，知识上的开放性：在讲述主干知识的基础上，提出一些拓展性的问题，对这些问题，教材并不给出答案，而是让学生自己思考或探究；对某些反映科技进展或联系生产生活实际的内容，教材并不叙述得面面俱到，而是提出要求，让学生自己搜集信息，特

---

① 国家中长期教育改革和发展规划纲要工作小组. 国家中长期教育改革和发展规划纲要（2010—2020）[M]. 北京：人民出版社，2010：37.

② 黄显华，霍秉坤. 寻找课程论和教科书设计的理论基础[M]. 北京：人民教育出版社，2002：115.

别是联系当地和当前实际的信息。第二，方法上的开放性[①]：探究实践活动的写法重在引导，探究的课题、材料用具和方法步骤不作过死的规定；对于难度较大的探究活动，教材提供参考案例。第三，科学本质意义上的开放性：介绍生物科学上目前尚未解决的疑难问题或存在的争议，体现科学体系的开放性。第四，作业系统的开放性：有些练习题的答案不唯一，设计一些能够发挥学生独立思考和创新思维的表现型任务。

教材内容的呈现之所以应当具有一定的开放性，主要是由于几方面的原因。第一，生物学作为一个知识体系既是相对稳定的，又是动态开放的，原有概念的更新和新概念乃至新学科的建立是不断发生的；生物学作为一个人类探究自然界奥秘的过程是不断发展、永不停息的，新理论、新技术和新方法层出不穷。教材只有具有一定的开放性和可塑性，才能反映生物学作为一门科学的本质。第二，培养学生的创新思维是时代所需，而培养学生的创新思维，首先要培养他们敢于怀疑、勇于创新的态度和精神，培养他们独立思考和自主探究的学习习惯。这就需要教材具有一定的开放性和可塑性。第三，各地区的经济、社会发展不平衡，环境状况和自然条件及各校的课程资源存在较大差异，学生的志趣、爱好、学习水平和特长存在较大差别，教材只有具有一定的开放性，才能适应不同地区不同学校的现实情况和不同学生的发展需要。

（三）文字表述准确、通俗、生动，图文并茂，提高可读性

文字表述的准确与通俗生动之间存在一定的矛盾。准确性即科学性应当是第一位的，在确保准确的基础上，应当尽力提高表述的通俗性和生动性，让学生易学、乐学。

科学是理性的产物。科学的语言是理性的语言。然而，如果教材的文字表述过于理性，就会给学生冷漠、枯燥的感觉，读之味同嚼蜡。如何在确保科学性的前提下提高教材文字表述的亲和力，是教材内容呈现的重要课题。首先，在行文语气上应当避免居高临下的权威姿态，尽量以平等对话的姿态出现。其次，适当运用感性的文字，甚至是有强烈情感色彩的文字来烘托气氛；诗词等文学语言的运用不仅能给学生带来情感上的愉悦，还能体现科学与人文的结合，启发学生将科学与人文融通。最后，应当注重理性知识与现实生活的联系，以此来拉近抽象的理性内容与学生的心理距离，这样不仅使学生读来亲切，还能使学生认识到所学内容与现实生活的关系，认识到所学内容的价值，强化学习动机。比如，讲述细胞中的糖类等有机物时，联系日常食物中的糖类、医院药物注射用的葡萄糖溶液、糖尿病等来自现实生活的素材，就能达到上述目的。

思想观念和情感态度教育应当融合渗透在知识内容和探究实践活动中，

① 热拉尔，罗日叶．为了学习的教科书：编写、评估和使用［M］．汪凌，周振平，译．上海：华东师范大学出版社：2009：83.

作为隐性目标来处理，避免“贴标签”的方式，以求潜移默化、润物无声之功效。

关于插图和文字内容的关系，传统的观点认为教科书中文字部分是最重要的，插图只是为了更好地说明文字内容，属于配角。其实插图具有许多文字所不能替代的功能，其形象直观自不待言，从阅读心理上说，适量配备插图可以使版面轻松活泼，消除连篇累牍的文字给阅读带来的沉闷感和压抑感，而且具有美育的功能。

教材插图的理想模式应当是图文融合，相得益彰[①]。就插图类型来看，除与教材内容关联紧密的素描图、示意图、模式图、流程图、图解等，还可以适量配置装饰性插图；随着彩色印刷的推行，可以增加实物或实景照片图。就插图与文字的位置关系来看，除采用传统的先文后图方式外，还可以采用先图后文（让学生先观察插图，带着问题看文字解释）、图中有文（图片中有较多的解释性或启发思考的文字），以图代文（以图片呈现大量信息，以少量文字进行归纳）等多种形式。就插图与文字的数量关系来看，要针对不同年级学生的心理特点，适当确定其比例，既要发挥图片直观形象帮助理解的功能，又要为学生通过阅读展开想象留有空间，进而培养学生的想象力。就插图的绘制和标注来看，应当突出需要学生了解的信息，删减给学生带来不当干扰的信息。

上述关于中学生物学教材的基本理论问题的认识，都是基于纸质教材而言的。随着数字教材的不断迭代升级，教材编制的理论体系还将进一步丰富和完善。

① 陈月茹．中小学教科书改革研究［M］．北京：教育科学出版社，2009：185-186.

第五章　中学生物学教材编研出版的工作方式

尺寸教材，悠悠国事。为提高教科书内容质量，确保教科书编校质量，中学生物学教科书的研究和编写，要采取不同于一般图书的编写出版方式。

一、基于团队合作的教材编研方式

中学生物学教科书的编研出版，通常是依靠团队合作的方式来进行的。教科书编研出版的团队合作，贯穿全过程。在教科书的编写阶段，要依靠多人组成的作者团队来共同完成，组织好作者队伍是保证教科书质量的关键。在教科书的美术设计、排版过程中，也需要美术编辑等方面合作。以下主要以这两方面工作为例来说明教科书编研出版过程中的团队合作。

（一）生物学教科书编写作者队伍组成

早期的中学生物学教科书，存在仅由一两位作者执笔完成的情况。例如，民国时期影响极大的《复兴高级中学教科书生物学》（商务印书馆发行），就是陈桢先生独自编著的。随着社会的发展，独自一人完成中学生物学教科书编写的情况就很少见了。

改革开放后，人民教育出版社生物室组织编写的中学生物学教科书，一般是由人教社专职教材编写的专家，在主编的带领下分工合作执笔编写的；在编写过程中，要组织中学生物学教师召开征求意见会，并请大学和科研机构的学者审稿。那时，新编教科书一般会以试用本的形式，在一些省市进行试教。在完成一轮试教之后，再进行修改，形成正式本，供全国师生使用。显然，在那种情况下，中学生物学教科书的研究、编写、出版，也是需要多方参与、合作的。

进入21世纪，我国启动了第八次基础教育课程改革，在这一次课程改革中组织编写教科书时，作者队伍的组织方面就发生了较大的改变。由此时开始，中学生物学教科书的编写队伍，一般包括三类专业人士，俗称组成“三结合”的编写队伍。一是大学、科研院所的学科专家，他们的生物学科研究背景，可以为教科书中学科知识的准确性和时代性提供可靠保证。二是中学一线生物学教师、教研员，他们有丰富的课堂教学经验，非常了解中学一线实际情况，也熟悉学生的学习心理，可以为教科书好教利学提供支持。三是专门从事教科书研究、编写、编辑出版的专业人士，起到组织和核心的作用，他们提供提纲、样章，为编写奠定基础，并在执笔人交稿后对书稿进行修改、打磨，为教科书配图，组织完成后续各项送审工作。每一册教科书都由数位作者合作完成，全套教科书需要十几位甚至更多作者合作完成。

例如，《普通高中教科书生物学》（2019年版）的作者队伍组成人数大致如下：大学、科研院所的学科专家10人，中学生物学教师和教研员11人，人民教育出版社专职教材研究人员7人。这样的作者队伍组成，对于教科书的编写质量，包括教科书在生物学科知识内容的先进性、严谨性和在教学方面的适切性，都起到了基础保证作用。

社会上有些人存在对教科书编写的误解，有人说编写教科书，不过是专家挂名，实际上就是几个研究生执笔；有人说，教科书的编写就是几个不懂教学的人，关起门来写稿子。这显然都是不符合事实的。

（二）教科书编写过程中的团队合作

在具体编写方式上，采用个人独立执笔与团队集体研讨相结合的方式进行。每位作者执笔其中的部分章节。在做好分工之后，每位作者独立编写。作者执笔完成初稿后，要召开全体编写组参加的编写会议，对每一章每一节教材进行研讨，提出修改意见。

人教版中学生物学教科书的编写组具有非常好的民主讨论气氛，无论是谁执笔的内容，都需要在全体编写组的讨论之下进行完善。在编写组里，大家只考虑如何进一步提高稿件质量，因此，几乎没有作者提交的稿子大家不提意见的情况。对于作者来说，自己执笔的内容在编写会上讨论时，形如“过堂”。全体编写组人员，都对这一章节“开足火力批判”，如果作者没有良好的心理承受能力，可能会受不了这种“批判”。然而，这是把教科书编好必须经过的一个环节，只有经过这种炼狱般的执笔、批判、修改、再批判过程，教科书的书稿质量才能真正得到提高。这样的集体讨论，可以集思广益，大家七嘴八舌地研讨，可以打开思路，打破个人的视野局限，使得教科书真正成为集体作品。

一般来说，全体编写组至少要集中讨论三四次，讨论编写提纲、样章、体例、分工，讨论初稿、修改稿。编写组最后一次集中统稿之后，则进入责任编辑加工、分册主编和总主编统稿修改环节。同样，在修改过程中，主编、责任编辑和作者始终保持密切的联系，随时讨论修订过程中遇到的问题。责任编辑、主编们既有可能对书稿独立进行加工、修改，也有可能与作者共同研讨怎么修改疑难部分。人民教育出版社生物室作为一个团队，还会就稿件某些专题再次进行集中会商，进一步提高书稿质量。

例如，2016年，在编写《普通高中教科书生物学必修1分子与细胞》时，关于“细胞呼吸”一节，执笔作者最初提供的“问题探讨”是以下内容。

> 早春时节，南方的农民将稻谷用清水浸润，然后堆放催芽。在谷芽突破谷壳时，如果将手伸到谷堆中会感觉热。这时候，农民会适时翻动谷堆，以适当降低温度，并避免产生酒味，否则会“烂芽”。
>
> 讨论：
>
> 1. 谷堆里温度升高，跟哪种生命活动有关？
> 2. 谷堆是否产生酒味与哪种环境因素有关？
> 3. 谷堆里温度过高、出现酒味，可能会引起烂芽，这说明了什么？

在全体编写组会议上，大家认为，现在南方农村的高中生未必有这样的生活经验，更不用说西北地区城市的学生了，这样的情境距离高中学生的生活太远，并且，讨论的问题要么过于容易、要么太难，因此，最好更换。

执笔作者、主编此后又对有关内容做了两次修改。在修改过程中，似乎仍然没有找到特别满意的解决方案。人民教育出版社生物室内部就这个“问题探讨”的修改完善展开了内部讨论，最后，改为现在教科书上的情境与问题。

> 酵母菌细胞富含蛋白质，可以用作饲料添加剂。在培养酵母菌用作饲料添加剂时，要给培养装置通气或进行振荡，以利于酵母菌大量繁殖。在利用酵母菌生产葡萄酒时，却需要密封发酵。
>
> 讨论
>
> 1. 都是培养酵母菌，为什么有的需要通气，有的却需要密封？
> 2. 为什么通气有利于酵母菌大量繁殖？
> 3. 在密封发酵时，酵母菌将有机物转化为酒精对它自身有什么意义？

教科书里最终设计的问题探讨，其优点是明显的。一是情境具有贯穿性。这个问题探讨用酵母菌培养来创设情境；而教材正文内容、学生活动不断用“酵母菌”这一角色来呼应，使得情境具有良好的贯穿性。二是情境和讨论针对本节核心问题，这个问题探讨的情境、所问的问题，反映了细胞呼吸包括有氧呼吸、无氧呼吸两大类型，引导学生关注有氧呼吸与无氧呼吸的不同适应意义。

又如，在《普通高中教科书生物学选择性必修1稳态与调节》第4章“免疫调节”章首页的小诗创作、修改的过程中，也体现了这种团队合作的重要性。在《普通高中教科书生物学》某一次送审之前，章首页有一首小诗是：“分分秒秒，时时刻刻，这里都在进行殊死搏斗，只不过，这里是没有硝烟的战场，这里的战斗静悄悄……”

大家认为这首小诗不太理想，没有刻画出免疫调节的本质。教科书编写组核心人员先后拿出了几个替代作品，其中下面这首小诗得到了大家的基本认可："它是人体内的护卫队，日夜巡视却悄无声息。病菌、病毒，突变细胞；都将被它一一地除去。细胞战士、抗体武器，筑就身体健康的根基。"不过，这首小诗也有一些不足。大家提出："悄无声息"的描述显得免疫系统有点鬼鬼祟祟；"抗体武器"的说法会让学生认为免疫调节是只依靠抗体发挥作用；最后一句"筑就身体健康的根基"描述得不准确，可用于描述任何一个系统；等等。

经过一番讨论，最后，在大家的集体的修改之下，这首诗最终成了教科书里的样子："它是人体内的护卫队，日夜巡视，紧张有序。病菌、病毒，癌变细胞，都将被它视为'非己'。细胞战士、分子武器，让'非己'成分销声遁迹！"最终呈现在教科书中的这首小诗，形象地描绘了免疫调节的关键特征。特别是"细胞战士，分子武器"的用词，简直可以算是神来之笔。最终成稿的小诗，可以称得上是精品。

这只是生物学教科书编写、修改过程中极为普通的两个例子。像这样，作者执笔的书稿，经过编写会上大家的讨论，可以不断地排除原稿中存在的问题，在编写组挑剔的目光审视之下，作者不断修改使得书稿让大家"看得惯"；并且，几十个人一起想办法，可以突破个人的局限，不断寻找最优的解决方案；再经过精打细磨，不断超越原有水平。于是，教科书的书稿质量就自然而然不断提高。

显然，这种团队合作研讨的方式，可以汇聚编写组的集体智慧，克服个人在生活经验、知识背景、看问题视角等方面的局限性，从而使得教科书的内容"站在众人的肩膀上"。

除了教科书作者队伍的团队合作，教科书编写过程中还往往得到编写队伍之外社会各界的支持。例如，中学生物学教科书里的实验、探究等活动，在编写团队经讨论形成初稿之后，需要委托一些中学检验这样的设计是否可行，还需要根据实际操作发现的问题进行修改完善。

在编写过程中，主编在团队里发挥着引领和掌控作用，对教科书的框架结构、思想高度、行文风格等起决定性的影响。教科书的编写指导思想、原则、提纲框架，一般先由主编草拟，再经编写组讨论后确定。编写指导思想、原则，确立了教科书的思想高度。教科书提纲、框架拟定的过程中，就包含着教科书的组织思想。在确定体例、样章时，也需要主编来拍板决定，而教科书的章节体例就决定了教科书未来的呈现形式。在团队讨论的过程中，经常会出现一种情况：大家就同一个问题持不同甚至相反的意见却各具合理性，也需要主编来进行判断。而选择的背后，是基于教科书育人功能的价值选择。在新课改中编写的生物课标实验教科书，主编朱正威老师深邃的思想、独特的行文风格，就留下了深刻的烙印。例如，初中生物学教科书以人与生物圈为整体结构主线；高中生物学教科书则以系统论、信息论为思想基础，遗传与进化模块教科书以人类对基因的探索历程为组织主线；高中生物学教科书中渗透着浓浓的人文情怀。高中生物学教科书中每章首页都配小诗的做法，得到了广大高中生的喜爱。这种章首页的设计方式，就是朱正威老师原创的，他还执笔创作了许多首小诗。

（三）教科书编辑加工、排版设计中的团队合作

经过主编的修改，教科书定稿，这时候，实际上定的是“文字稿”。文字稿配哪些图？活动栏目怎么呈现？这些问题仍只有一个大致的答案。接下来，责任编辑和美术编辑要安排插图绘制，责任编辑要利用各种途径获取教科书中需要的照片，包括组织拍摄，从图片库购买，联系专业人员授权使用等。

责任编辑的综合能力或水平对教科书最终的质量有很大影响。每册教科书包含数以百计的图片，完成教科书配图的工作十分辛苦。在这一过程中，责任编辑要大量搜集照片和绘图资料，要与插图绘制人员沟通插图绘制要点。一般来说，绘画的人不太懂生物学，学生物学的又不太懂绘画。因此，插图特别是原创插图的绘制过程就需要多次磨合才能完成。责任编辑需要经常和主编、美术编辑一起对插图草样、备选照片进行会商研判，使得插图在科学性、艺术性、必要性等方面都符合教科书的要求。

在插图绘制基本完成，照片基本齐全时，就需要开始排版了。近些年来，人民教育出版社对基础教育教科书的版式设计有统一的规划，因此，同一学段不同学科的教科书，在版式上有统一要求。不过，统一要求的是总体原则，具体到生物学教科书，具体到每册书的版式，仍然有许多需要协调解决的问题。例如，美术设计和排版人员对于教科书上插图所占页面大小的考虑，往往是从图的质量、图文比例来考虑的，而责任编辑、主编则主要是从图片的重要性方面来考虑。因此，在排版过程中，需要责任编辑与美术编辑、排版人员之间保持密切的沟通，良性互动，做到在教科书整体设计基础上逐页设计。有时，根据版式需要，还可能会对文字内容进行删减或补充，使教材不仅在内容质量上得到提升，而且在美术设计和版式设计上也有明显进步。正是由于团队合作这种工作方式，教科书的内容表述、版式设计等方面，就会显得中规中矩、不偏不倚，使教科书在确保其教学功能基础上，做到美观、大方。

以上所述，是举例说明教科书编研过程中离不开团队合作。实际上，在教科书编写之前的研究阶段，也往往有许多单位参与课题研究，有许多师生对教科书的使用情况提出意见和建议，其中自然也包含大量的协商合作。此外，国家教育行政部门会组织专家对教科书进行审核，在初审后，要组织审读、试教工作，教科书编写出版单位要按照审核意见和审读试教意见修改完善。这也充分体现了教科书需要团队合作。

二、科学合理的研究与编写出版流程

编研出版高质量的中学生物学教科书，除了需要依靠团队合作，还需要依靠科学的工作流程。一般来说，教科书的编研出版，涉及研究、编写、编校、审读、实验、培训与服务等流程，贯穿这一流程的思路是依据从各方面获得的信息持续不断地对教材进行研究和评价。

（一）教科书编写的研究

教科书的编写，需要基于研究来开展。由于教科书要体现国家意志，因此，教科书编写必须认真学习党和国家的有关方针政策，使教材更好地体现国家意志，服务于党和国家的教育方针。这些，属于所有学科教科书都需要重视的研究。生物学教科书要反映社会需求、生物学学科进展，并满足学生发展需要，需要关注学科进展和学生的学习心理，研究教科书如何更科学地协调它们之间的关系。因此，与中学生物学教科书编写有直接关系的研究，不仅有针对教科书编写的核心问题开展的研究，还涉及课程发展、教学实际等方方面面。

具体来说，中学生物学教科书编写的研究，既包括全面了解当前正在使用的教科书的适宜性，了解一线教学实际情况等方面的专项课题研究，也包括研究国家政策、经济社会发展、课程改革要求等。此外，生物学学科本质、生物学前沿进展、国际教育潮流、主要发达国家生物学教科书的特点等，也都是教科书编者必须要去关注、要去研究的重要内容。

进一步细化，与中学生物学教科书编写有直接关系的研究，至少有以下方面：

现行中学生物学教科书的使用与改进研究；

国内中学生物学教科书比较研究；

国际中学生物学教科书借鉴研究；

我国生物科技相关产业和行业发展政策、现状和趋势调研；

新编中学生物学教科书中如何反映学科进展；

新编中学生物学教科书中学生活动设计研究；

新编中学生物学教科书中习题设计研究；

……

除了与教科书有直接关系的研究，对于教科书编写队伍来说，开展教科书理论研究，对于提高驾驭教科书编写能力也很有帮助。例如，在编写《普通高中教科书生物学》之前，人民教育出版社生物室承担并完成了众多国家级研究课题的生物学科子课题的研究工作，包括：中国百年教科书整理与研究·生物学子课题；新课改后各版本教材比较研究·生物学子课题；课堂教学行为研究与改进·生物学子课题。开展这些课题研究，既能从教科书发展历史中寻求智慧，获得启发，也可以从国内已有不同版本生物学教科书中寻求借鉴、博采众长。

教科书编写组还研究了众多国外教材，特别是研究了世界主要发达国家近些年出版的中学生物学教材，从国际教材比较研究中获得启发。编写组重点研究了这些教科书中探究活动的写法、生物学思想如何体现，等等。有关研究成果在教材修订中起到重要的参考作用。

编写组还针对高中生物学教材开展了一系列专项课题研究。自2013年开始，针对高中生物学教材修订工作，启动了7项本单位课题研究，系统梳理、研究原实验版教材的适切性以及如何改进。此外，还完成了单位自定研究项目：教材纵横衔接研究、教材图文科学性研究、教材适切性研究等专题研究，积累了丰富的研究成果。

教科书的编写需要依据课程标准，教科书是课程标准的具体化，因此，在教科书编写之前，需要研究国家颁布的课程改革文件，研究课程标准的课程目标、课程理念如何在中学生物学教科书中落实。这些研究，直接关系到教科书是否符合课程标准要求。

例如，在编写《普通高中教科书生物学》时，从2016年开始，人民教育出版社生物室针对“中国学生发展核心素养”和中央有关文件提出的新要求开展研究，梳理、分析生物学的学科本质，探讨生物学课程的育人价值，研究生物学学科核心素养的内涵以及教材编写如何落实。有关研究成果，形成了一系列在刊物发表的研究文章。从2016年到2020年的5年间，人民教育出版社生物室人员发表的有关研究文章超过了一百篇。以下是其中一部分比较有代表性的文章。

[1] 赵占良. 对生物学学科核心素养的理解（一）——生命观念的内涵和意义[J]. 中学生物教学，2019(11)：4-7.

[2] 赵占良. 对生物学学科核心素养的理解（二）——科学思维及其教学[J]. 中学生物教学，2019(19)：4-6.

[3] 赵占良. 对生物学学科核心素养的理解（三）——科学探究与实践[J]. 中学生物教学，2020(5)：4-7.

[4] 谭永平. 生物学学科核心素养：内涵，外延与整体性[J]. 课程·教材·教法，2018(8)：86-91.

[5] 谭永平. 中学生物学课程在发展学生核心素养中的教育价值[J]. 生物学教学，2016(5)：20-22.

[6] 谭永平. 试论中学生物学教材和教学中的情境创设[J]. 中学生物教学，2019(11)：8-10.

[7] 谭永平. 发展核心素养为宗旨的高中生物学新教材[J]. 课程·教材·教法，2019(11)：104-109+115.

[8] 张秀红. 核心素养视域下的生物学观念：内涵，价值，内容体系及教学[J]. 课程·教材·教法，2017(9)：91-97.

[9] 吴成军. 试论科学思维及其在生物学学科中的独特性[J]. 生物

学教学，2018(11)：7-9.
［10］王颖. 高中生物学教材中社会责任素养的内涵与体现［J］. 课程·教材·教法，2020(2)：125-130.
［11］包春莹. 例析人教版高中新教科书中关于科学本质的内容［J］. 中学生物教学，2019(17)：7-11.
［12］刘丹. 高中生物必修教材中渗透结构与功能观的研究［J］. 中学生物教学，2016(11)：4-6.
［13］王天祥. 人教版高中生物学新教材中的“社会责任”［J］. 中学生物教学，2019(13)：7-10.
［14］林青. 人教版高中生物学新教材中的中华优秀传统文化教育［J］. 中学生物教学，2019(13)：4-6.

通过开展这些研究，教材编写人员的理论修养得以提升，对教材修订思路更加明确，还积累了教材修订的丰富素材。这些研究成果，可以直接服务于教科书的编写工作。

教科书的研究，不仅发生在教科书编写之前，而且发生在教科书使用过程中。在教科书使用过程中，编写组还会不断地跟踪调查教材使用情况，会就教材适切性对教师和学生进行问卷调查，会组织回访听取师生意见，会到课堂听课观察教材使用情况，等等。编写组还会就听课、调研发现的问题展开研究，并提出解决问题的方法。

例如，在《普通高中课程标准实验教科书生物》于2004年开始使用后，十多年里，人民教育出版社生物室一直与一线师生保持密切联系，认真听取一线的声音，开展了大量的教材回访、调研工作，到过全国大多数省（自治区、直辖市），走访过东西部许多学校，深入课堂了解教材在一线的教学实际情况，关注读者来信、来电反映的问题，吸纳其中的合理意见并做好回复。

又如，2019年，《普通高中教科书生物学》开始在北京等五省市使用，2020年，这套教科书的使用范围进一步扩大，人民教育出版社生物室针对使用新教材的教师开展了大范围的问卷调查，就教科书的使用情况、教师面临的问题和困难等进行研究。问卷调查地区为2019年秋季及2020年秋季开始使用新教材的18个省份。调查对象为上述地区使用新教材的生物学教师，调查共收回问卷6 860份，其中有效问卷6 838份。问卷分为五个维度：（1）对课程标准和教材内容的理解；（2）对高中生物学新教材的评价；（3）教学基本情况，包括“教学情况及主要困难”“实验教学状况”“教学辅助资源”三个子维度；（4）教师培训状况；（5）教师对新课程新高考的态度。调查表明，教师对课程标准、教材等的理解程度较好；对人教版高中生物学教科书的评价高。教学中的主要困难有课时不够、教学资源不足、学生不重视等。实验完成率不高，主要受课时不够和经费不足影响。教学辅助资源仍存在不足的问题，急需的教学资源类型主要为视频、模型等，内容主要为教学案例、生物学科进展、对生物学科的理解等。这样的调查研究帮助编写组了解教科书使用情况，为今后改进教科书编写和服务提供了有效的支撑。

教科书要体现国家意志。进入新时代，教科书研究需要落实《习近平新时代中国特色社会主义思想进课程教材指南》的要求，需要更加关注“党的领导”相关内容、社会主义核心价值观和中华优秀传统文化的有机融入，更加关注革命传统、国防教育劳动教育、生命安全与健康教育、国家安全教育的渗透，等等。此外，由于教科书有独特的意识形态功能，因此，还要对中学生物学教科书中的意识形态风险点进行分析研究。

总之，教科书的编写研究，是贯穿在教科书编写之前、编写过程之中，以及教科书使用过程的，是全程的研究。

（二）教科书编写出版的流程和机制

教科书的编写是一个系统工程，编写前的研究是其中一部分内容，在教科书编写、送审、出版过程中，还有许多工作要做。教科书的编写，是耗时长，环节多的系统工程。

在正式召开教科书编写会之前，主编和编写组的核心任务是要撰写编写指导思想、原则、体例样章，拟定提纲初稿等。编写指导思想、原则等，是决定教科书思想高度的关键，会影响教科书的育人价值。编写提纲的重要性也不言而喻，它是全套教科书的筋骨和脉络。样章同样是不可或缺的，它对于未来的教科书在内容处理上究竟如何落实课程标准的要求，安排哪些栏目，都有初步的探索。样章是教科书执笔者具体可见的参照物。

编写指导思想、原则、体例提纲初稿的拟定，一般由教科书主编负责。样章撰写的工作一般是人民教育出版社生物室的专职队伍来做的。这些文件要在人民教育出版社生物室内部经过多次讨论和修改，才会拿到全体编写会上讨论。

全体编写组第一次正式编写会，就是教科书编写的正式启动会。在编写会上讨论确定教科书的编写指导思想、原则、提纲、体例，以及分工后，编写人员正式执笔编写。正如上一节所说，教科书编写组既有分工又有合作。在书稿经过全体编写组讨论、修改后，再经责任编辑加工修改、分册主编审阅修改和主编审阅修改定稿后，则进入配图、排版、三审三校等环节。教科书排出初样后，责任编辑、主编和美术编辑、排版人员还要对其进行讨论磨合，进而形成大家都接受的彩样。有关过程在上一节已经作过阐述。

教材排出彩样后，还要进行校对，然后进入社外专家审稿、审读流程。在这一环节里，人民教育出版社生物室会组织教材审稿会。参加审稿会的专家，既有中学一线教师，也有大学学科专家。每册书的审稿会可能会开多次。在历次审稿会上，大家逐字逐句阅读，细细推敲内容的科学性，评估内容的适切性。经过审稿会，教科书中明显的科学性错误一般会被消除，教材的适切性也得以提升。此时，书稿基本达到送审稿水平，再请专业编辑、学科专家对书稿进行审读，从编校规范和学科知识的严谨性这两个大的方面再次把关，尽最大的努力消灭编校错误、保证科学性。有的时候，人民教育出版社生物室还会邀请中学生来通读教科书，以发现语句表达的问题。

经历了这些流程，就可以制作送审用教科书了。国家教育行政部门组织专家对教科书进行审核，还会提出修改意见。编写组会认真处理每一条意见，并按照意见修改。

有关编写、审稿、编辑工作的大致流程，我们以2019年版的《普通高中教科书生物学》的编写流程为例，简要介绍如下（图5-1）。

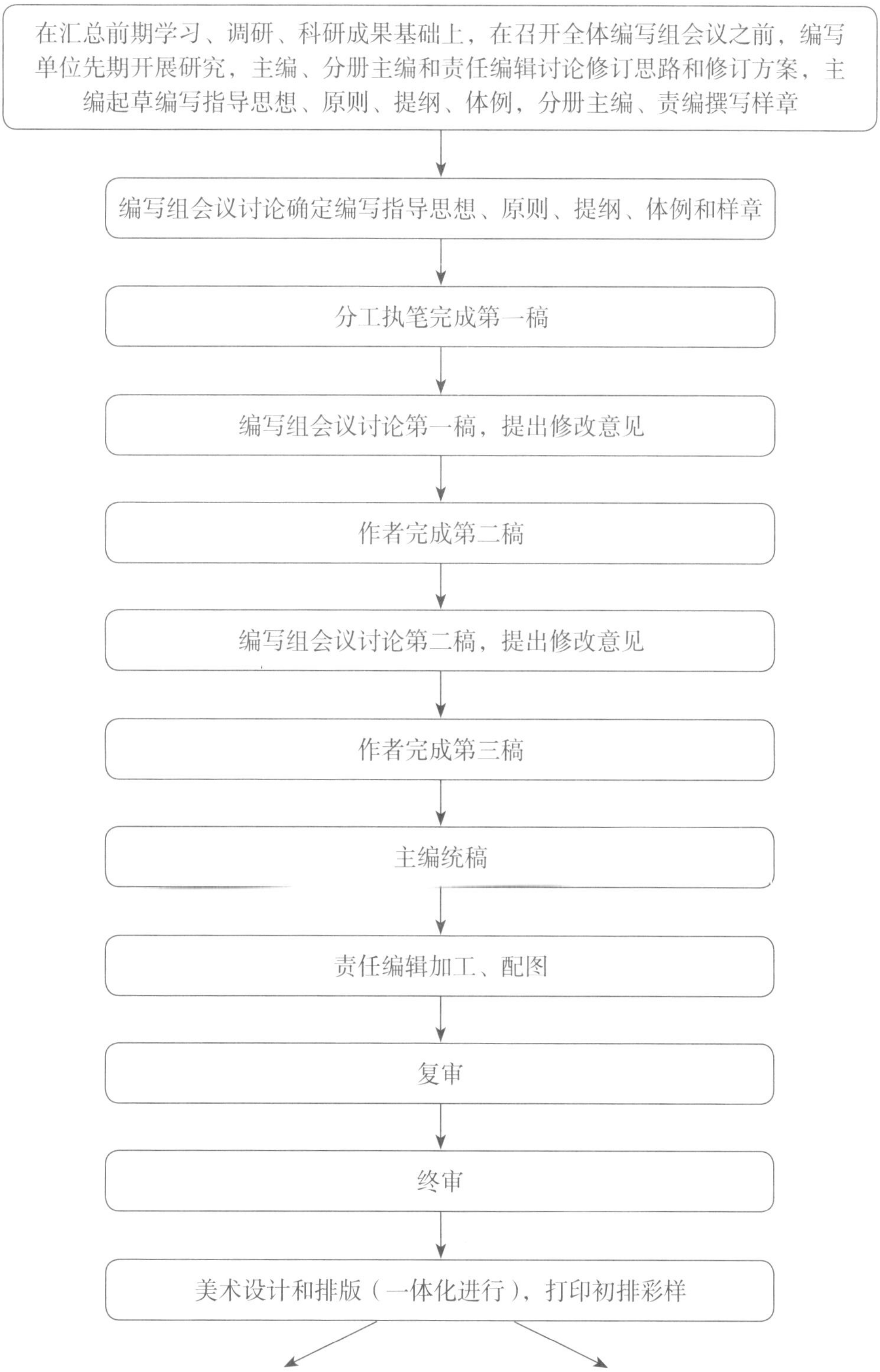

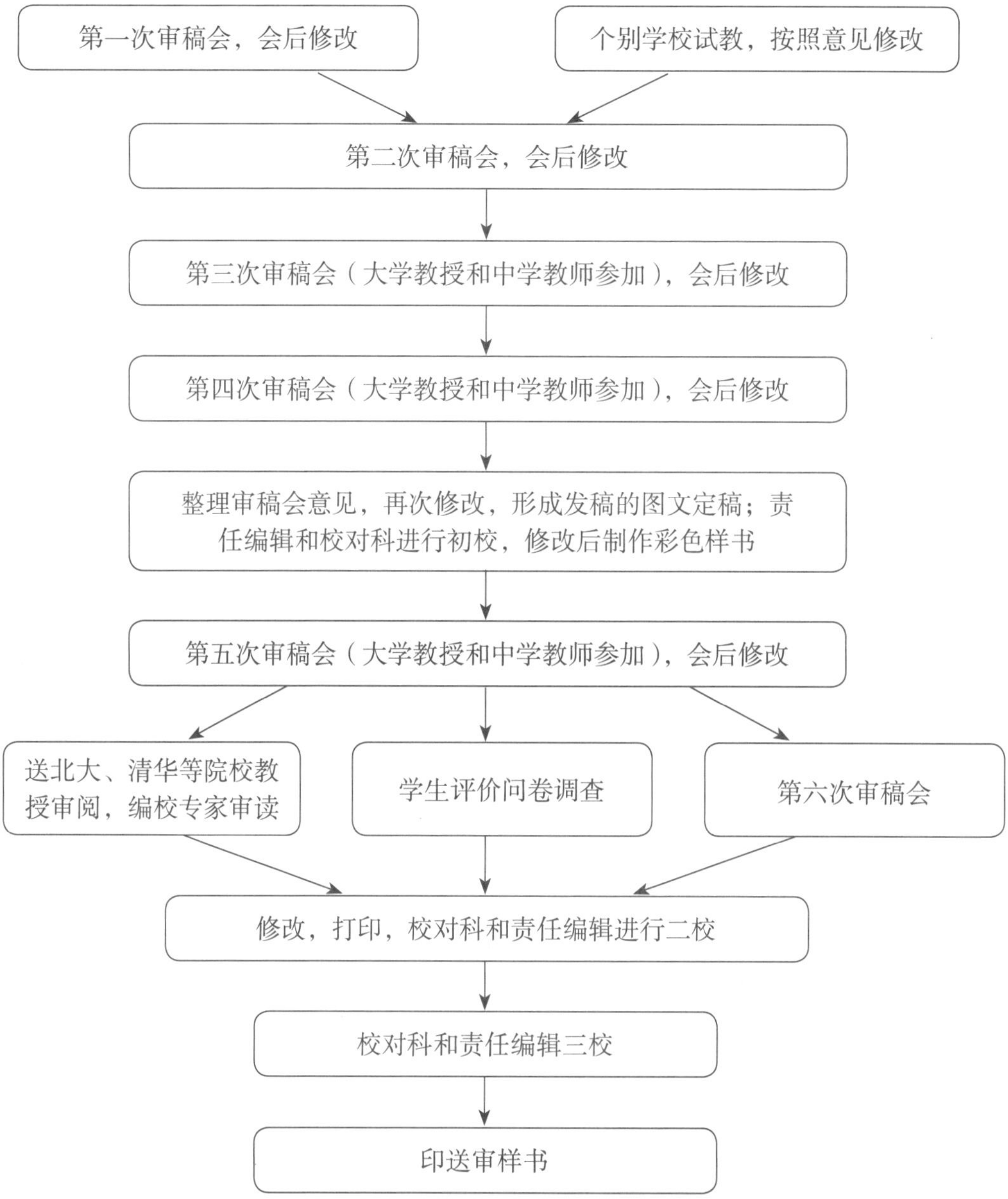

图5-1　2019年版《普通高中教科书生物学》的编写流程

以上流程设计充分吸收科研成果、试教意见和多次审稿会意见，体现作者团队优势互补特点，广泛听取学科专家和一线教师意见，发挥审读专家在科学性、规范性及编校质量上的把关作用，严格执行三审三校制度，各个环节都是打造精品教材不可缺少的。

通过初审的教科书须在部分省市学校进行一定规模的试教试用，根据试教试用情况，再次修改教科书，进一步排除内容的适切性、科学性问题。修改后的教科书，送国家教育行政部门组织的专家复审。专家们对教科书进行复审，往往会提出一定的修改意见。教科书编写组会根据意见进行修改。修改后的教科书，还要送国家教育行政部门进行出版稿审核。在接到审核“通过”的通知后，教科书就可以正式付印了。

（三）教科书使用培训和后续服务

教科书正式投入使用之前，还需要开展教科书使用前的教师培训工作，帮助教师理解教科书从而在教学中把握教科书。在教科书使用过程中，还有答疑等服务工作要做。此外，配合教科书使用的，还有配套资源。

1. 教科书配套资源立体化开发

教科书是最核心的教学资源，但是，教师在教学时，学生在学习时，不能只有一本教科书。因此，教材编写组一般会开发系列化配套品种，如教师教学用书、实验报告册等，方便教师教学，也满足学生同步学习、检测所需。

教师教学用书是教师的得力帮手。教师教学用书，一般要对教科书内容进行分析，帮助教师理解教科书；要提供教科书中习题的参考答案；给出教学建议；提供必要的背景参考资料；等等。

供学生使用的配套资料，一般包括实验报告册和同步解析类的辅导材料，前者可以为学生完成教科书中的实验提供帮助，后者可以为检测学习情况提供帮助。

2. 教师培训与后续服务

在教科书送审通过后，教科书编写组和出版单位会及时组织教师培训，以帮助教师理解教科书，用好教科书。

开展新教科书的教师培训时，培训内容一般包括课程标准解读、新教材介绍、新教材教学建议等内容。参加培训的教师，可以了解教科书框架结构的内在逻辑、栏目设计的意图、知识内容的变化，以及教学时如何使用教科书，等等。

在教科书使用过程中，编写出版单位还要组织回访和调研，了解教科书使用的实际情况，以及一线教学存在的问题和教学中的困难，及时帮助一线教师解决困难。回访、调研时，编写组人员进入课堂听课，与教师座谈，从而了解教科书在课堂里真实的使用表现，面对面了解一线教师的困惑、问题，有针对性地予以解决。

进入21世纪，教科书出版单位还会利用网站、社交软件等平台，利用信息技术手段，做好后续的服务和保障工作。此外，还会提供电子邮箱、意见反馈平台等，为师生反馈情况、提出意见和建议搭建顺畅的渠道。

3. 教科书的年度修订与发稿

一套教科书编写完成之后，往往会使用多年。在教科书使用的生命周期里，社会在发展，科技在进步，教科书需要及时跟上步伐，否则有些内容就会过时，甚至出现错误。因此，就需要每年对教科书进行“体检”，及时修改过时的内容。

生物学教科书中有些与社会生活、国家政策等关系密切的内容，很容易因为社会发展而成为“错误”。例如，近几年里，计划生育政策的内容如不及时更新，就很不合时宜。又如，某种野生动物是属于一级还是二级重点保护动物，需要根据最新发布的《国家重点保护野生动物名录》来进行确认，要保证与时俱进。再如，我国的森林覆盖率在不断提高，国家部委机构的名称也时有变化，国家颁布的环保、卫生等法律名称也会发生调整，教科书里涉及的这些内容，需要及时修改。

特别是，对于生物学教科书来说，由于生物学学科的迅猛发展，作为静态文本的教科书，其中的部分知识内容，往往会面临陈旧、过时的问题。例如，关于1摩尔葡萄糖经有氧呼吸释放的能量储存在多少摩尔ATP中，生物学的发展就更新了之前的数据；关于组成人体蛋白质的氨基酸种类，也随着研究进展而有新的发现。因此，生物学教科书编写、编辑团队，需要密切关注社会发展、学科进展，及时修改教科书中的有关内容。

此外，随着教科书使用的时间增加，教科书中的知识内容表现出落后于时代的情况就会越来越多，这时候，就需要对教科书进行较大的修订以更新内容，特别是适当增加生物学科技进展的介绍。

人民教育出版社生物室在每年的教科书发稿之前，都会通读教科书，会根据社会发展、学科进展的现实情况，针对教科书中的有关内容进行小幅度的修订，对教科书进行完善。在生物学教科书的生命周期里，用心维护它的健康，也是教科书编写出版单位的重要工作。

随着国家教育行政部门颁布新的教学大纲或课程标准，原有教科书就会逐渐停止使用，被新的教科书取代。这样，一套教科书就完成了它的使命，成为历史。新的一套教科书，又经历相似的研究、编写、出版的流程而登上舞台。

第六章　中学生物学教材编研核心问题

一、学科德育的落实

育人为本，德育为先。根据《中小学德育工作指南》，中小学德育的总体目标是：培养学生爱党爱国爱人民，增强国家意识和社会责任意识，教育学生理解、认同和拥护国家政治制度，了解中华优秀传统文化和革命文化、社会主义先进文化，增强中国特色社会主义道路自信、理论自信、制度自信、文化自信，引导学生准确理解和把握社会主义核心价值观的深刻内涵和实践要求，养成良好政治素质、道德品质、法治意识和行为习惯，形成积极健康的人格和良好心理品质，促进学生核心素养提升和全面发展，为学生一生成长奠定坚实的思想基础①。

中小学教材体现党和国家意志，在立德树人的根本任务中发挥着关键作用，是落实学科德育的重要载体。高中生物学课程标准指出："课程内容落实习近平新时代中国特色社会主义思想，有机融入社会主义核心价值观，中华优秀传统文化、革命文化和社会主义先进文化教育内容，努力呈现经济、政治、文化、科技、社会、生态等发展的新成就、新成果，充实丰富培养学生社会责任感、创新精神、实践能力相关内容"②。2021年，教育部发布了多个重大主题教育进课程教材指南，是教材编写、修订的重要遵循。

遵循相关指南和课程标准，中学生物学教材对德育的落实主要包括培育和践行社会主义核心价值观、弘扬中华优秀传统文化、建设美丽中国和健康中国、渗透学科思想、培育科学精神和科学态度等方面。这些方面之间不是平行而独立的，而是各有侧重、角度不同。同时，教材中的内容或情境素材，往往也兼具多个方面的德育价值。以下从不同方面梳理了中学生物学教材中德育的

① 中华人民共和国教育部．教育部关于印发《中小学德育工作指南》的通知［EB/OL］.（2017-08-22）［2021-09-01］. http：//www.moe.gov.cn/srcsite/A06/s3325/201709/t20170904_313128.html.

② 中华人民共和国教育部．普通高中生物学课程标准（2017年版2020年修订）［M］．北京：人民教育出版社，2020：4-5.

内容、意义和探索实践等。

（一）培育和践行社会主义核心价值观

社会主义核心价值观是中国特色社会主义的本质体现。党的十八大提出，倡导富强、民主、文明、和谐，倡导自由、平等、公正、法治，倡导爱国、敬业、诚信、友善，积极培育和践行社会主义核心价值观。“富强、民主、文明、和谐是国家层面的价值目标，自由、平等、公正、法治是社会层面的价值取向，爱国、敬业、诚信、友善是公民个人层面的价值准则，这24个字是社会主义核心价值观的基本内容，为培育和践行社会主义核心价值观提供了基本遵循。”[①]在“中国学生发展核心素养体系”中，“责任担当”素养中的“国家认同”也包括“理解、接受并自觉践行社会主义核心价值观”[②]。

在《义务教育教科书生物学》和《普通高中教科书生物学》中，已有相当丰富的内容有助于培育和践行社会主义核心价值观，尤其对富强、文明、和谐、自由、平等、法治、爱国、敬业、诚信、友善体现得较为充分。下面，按照国家、社会和公民个人三个层面分别概述价值目标融入中学生物学教材的路径。

1. 融入国家层面的价值目标

富强是社会主义现代化国家经济建设的应然状态，是中华民族梦寐以求的美好夙愿，也是国家繁荣昌盛、人民幸福安康的物质基础[③]。融入路径包括：介绍我国在科学技术（如杂交育种、航空航天、医学）、工农业、体育竞技等各领域的成就；描述体现国家治理能力的成果，如生态文明建设成果、有力的疫情防控措施等，体现“四个自信”；介绍我国丰富的自然资源等。

文明是社会进步的重要标志，也是社会主义现代化国家的重要特征。在教材中，融入文明价值观的路径有：弘扬中华优秀传统文化，如介绍我国古人在生物学方面的探索、农耕文明的传承、中华传统美德、中华民族智慧等；国家在提高国民整体素质、引领良好社会风尚方面所做的努力，如推进健康中国行动、提倡无偿献血等。

和谐是中国传统文化的基本理念，集中体现了学有所教、劳有所得、病有所医、老有所养、住有所居的生动局面[③]。引导学生正确看待生命并认识生物与环境的关系是生物学教材的重要内容之一[④]。在教科书中，和谐主要体现在：

① 中共中央办公厅. 中共中央办公厅印发《关于培育和践行社会主义核心价值观的意见》[EB/OL].（2013-12-23）[2021-09-01]. http://www.gov.cn/zhengce/2013-12/23/content_5407875.htm.

② 林崇德. 构建中国化的学生发展核心素养[J]. 北京师范大学学报（社会科学版），2017(1): 66-73.

③ 教育部中国特色社会主义理论体系研究中心. 深刻理解社会主义核心价值观的内涵和意义[EB/OL].（2013-05-22）[2021-09-01]. http://theory.people.com.cn/n/2013/0522/c40531-21565926.html.

④ 王颖. 高中生物学教材中社会责任素养的内涵与体现[J]. 课程·教材·教法，2020(2): 125-131.

介绍人与自然和谐共处的理念以及与之相关的举措，包括保护环境、节约资源和能源、保护生物多样性等；关注老龄化社会，关爱老年人等。

2. 融入社会层面的价值目标

自由是指人的意志自由、存在和发展的自由，是人类社会的美好向往，也是马克思主义追求的社会价值目标①。在教材中，引导学生理解自由的相对性——既享有自由，也要遵守规则（如实验室安全守则）；展现个人选择的自由，如设置开放式的、可供选择的综合实践活动；介绍多种多样的与生物学有关的职业等。

平等指的是公民在法律面前一律平等。在教材中，重视尊重和保障人权，具体包括男女平等、国家推行计划免疫等。

法治是治国理政的基本方式，依法治国是社会主义民主政治的基本要求。在教材中，多处介绍了与课程内容密切相关的法律、法规，如《野生动物保护法》《传染病防治法》等，有助于培养知法、懂法、守法的公民。

3. 融入公民个人层面的价值目标

“在社会主义核心价值观中，最深层、最根本、最永恒的是爱国主义。”在教材中融入爱国主义的路径有：介绍我国特有珍稀动植物、描绘大好河山、展示中国元素等，从而增强学生的民族自豪感；号召学生做负责任的公民，具体包括关注生态环境问题、选择健康的生活方式等；渗透革命传统教育等。

敬业是对公民职业行为准则的价值评价，要求公民忠于职守，克己奉公，服务人民，服务社会①。在教材中，不仅介绍了我国科学家、技术人员等爱岗敬业的事迹，还展示了“与生物学有关的职业”，启发学生进行职业生涯规划。

诚信即诚实守信，是人类社会千百年传承下来的道德传统，也是社会主义道德建设的重点内容。诚信意味着要信守承诺、诚恳待人、实事求是。在中学生物学教材中，尤其强调严谨求实的科学态度，主要在介绍科学方法或探究活动时进行提示。

友善强调公民之间应互相尊重、互相关心、互相帮助，和睦友好，努力形成社会主义的新型人际关系①。在教材中，主要的融入途径包括：引导学生关爱家人、关心同学、奉献爱心，关爱弱势群体，积极参加志愿服务等。

总的来说，中学生物学教科书必须重视思想政治教育②。落实时，教材编写首先要正确、深刻地理解相关指导性文件，还要时刻关注最新科研进展及社会热点事件，并将合适的素材改编成学生能乐于接受的形式；在融入时应注意渗透性原则、情感性原则等，可在教材的正文、旁栏、课外阅读栏目及习题中

① 教育部中国特色社会主义理论体系研究中心．深刻理解社会主义核心价值观的内涵和意义［EB/OL］.（2013-05-22）［2021-09-01］．http：//theory.people.com.cn/n/2013/0522/c40531-21565926.html．

② 课程教材研究所．新中国中小学教材建设史（1949—2000）研究丛书：生物卷［M］．北京：人民教育出版社，2010：368-371．

立体地进行呈现①。

（二）弘扬中华优秀传统文化

中华民族在几千年历史中创造和延续的中华优秀传统文化，是中华民族的精神命脉和文化基因，是中华民族的根和魂，是涵养社会主义核心价值观的重要源泉。在教科书中融入中华优秀传统文化内容，有助于引导学生领悟并传承中华文明发展史中形成的思想观念、传统美德、人文精神，有助于学生了解国情历史、增强民族认同感、树立文化自信，是于潜移默化中“培根铸魂”，是为学生打好中国底色的重要途径。

1. 中华优秀传统文化内容的界定和梳理

中华优秀传统文化可以认为是在中华民族长期发展过程中形成的、有积极历史作用的、至今仍具有重要价值的、体现中华民族特点的观念、活动及行为习惯②。它不仅包括思想观念层次的成分，还包括在相应思想观念指导下表现出的行为和活动；延伸到自然科学学科，在相应思想观念指导下发展出的科学、技术等都应属于中华优秀传统文化。因此，根据《完善中华优秀传统文化教育指导纲要》③和《中华优秀传统文化进中小学课程教材指南》④中的要求，结合生物学学科的特点，可将中学生物学教材中的传统文化内容划分为思想观念、文学、科学、技术、艺术、文物等六个类别（表6–1）⑤。

表6–1　中学生物学教材里中华优秀传统文化内容的类别及主要内容

类别	主要内容
思想观念	我国传统的哲学思想；爱国主义教育（如爱国志士的故事等）；等等
文学	古诗词；古语；俗语；谚语；古代文学著作；等等
科学	我国古代医学相关的内容；古代蝗灾资料和气象记录；等等
技术	栽培历史悠久的作物、果树、花卉的种植；驯养家畜和家禽；养殖鱼类的经验；与制造业（如传统食品制作、纺织业）相关的内容；等等
艺术	国画；书法；传统剪纸；带有中国传统元素的艺术作品；等等
文物	古代砖刻、铜器等

---

① 包春莹．将社会主义核心价值观融入高中生物学教材的尝试［J］．中小学班主任，2020(10)：4-7．

② 李群，王荣珍．论中小学中华优秀传统文化课程的开发与实施［J］．课程·教材·教法，2018(3)：101-105．

③ 中华人民共和国教育部．教育部关于印发《完善中华优秀传统文化教育指导纲要》的通知［EB/OL］．(2014–03–28)［2021–09–01］．http：//www.moe.gov.cn/srcsite/A13/s7061/201403/t20140328_166543.html．

④ 中华人民共和国教育部．教育部关于印发《革命传统进中小学课程教材指南》《中华优秀传统文化进中小学课程教材指南》的通知［EB/OL］．(2021–01–19)［2021–09–01］．http：//www.moe.gov.cn/srcsite/A26/s8001/202102/t20210203_512359.html．

⑤ 林青，陈慧颖．百年中学生物学教科书里中华优秀传统文化的时代性与继承性［J］．课程·教材·教法，2021(11)：137-143．

在《义务教育教科书生物学》和《普通高中教科书生物学》（以下简称初中教科书和高中教科书）中已经融入了丰富的传统文化内容。初中教科书创造性地设置了“生物学与艺术”“生物学与文学”等栏目，并且较多引用古诗词，较为显性地渗透了中华优秀传统文化。例如，以“西湖春色归，春水绿于染”表现了藻类植物；以“离离原上草，一岁一枯荣”表现了某些草本植物的物候现象；以“黄梅时节家家雨，青草池塘处处蛙”来描绘江南梅雨时节蛙鸣声声的情景。在高中教科书中，编者以蕴藏着生物学现象或原理的诗词来创设情境，并在章首页设置了多首优美的小诗，用中国表达来激发学生的学习兴趣、引发学生思考[①]。

结合生物学的内容特点，教材中还融入了中国古代人民的众多发明创造和科技探索。例如，发酵工程等现代生物技术的发展都是传承“古法”，沿着高中教科书梳理的“科技探索之路”，学生便能感受到传统技术的魅力，感悟它们对于现代科技发展与进步的重大作用。再如，教材中介绍了我国一些传统的农业模式，如无废弃物农业，不仅体现了生物学的原理，还充分融合了工程学、系统学等学科的理念。

此外，教材中还注意渗透我国传统哲学思想的精华，介绍了“天地与我并生，而万物与我为一”的思想，这与当今生态文明建设的理念高度契合。

2. 更好地融入中华优秀传统文化

尽管现行生物学教科书已在融入中华优秀传统文化方面做了很多努力，但在系统性和深度上还有提升空间。未来，在中学生物学教科书中如何能更好地融入传统文化内容呢？赵占良从整体设计和具体路径两个角度对这一问题进行了研究[②]。

（1）加强整体设计

中共中央办公厅、国务院办公厅于2017年印发了《关于实施中华优秀传统文化传承发展工程的意见》，论述了实施中华优秀传统文化传承发展工程的主要内容，包括核心思想理念、中华传统美德、中华人文精神三方面[③]。在此基础上，赵占良补充了中华民族智慧作为第四方面（表6-2），表中前三列内容侧重于“培根铸魂”，最后一列内容则侧重在“启智增慧”[②]。在进行整体设计时，应以指导性文件为依据，同时考虑生物学的学科特点，做到自然而贴切地融入。

① 林青．人教版高中生物学新教材中的中华优秀传统文化教育［J］．中学生物教学，2019（13）：4-6．

② 赵占良．关于中华优秀传统文化融入中学生物学课程的思考［J］．天津师范大学学报（基础教育版），2021（1）：41-46．

③ 中共中央办公厅，国务院办公厅．关于实施中华优秀传统文化传承发展工程的意见［EB/OL］．（2017-01-25）［2021-09-10］．http：//www.gov.cn/zhengce/2017-01/25/content_5163472.htm．

表6-2　中华优秀传统文化融入教材的整体内容框架

核心思想理念	中华传统美德	中华人文精神	中华民族智慧（思维方式）
革故鼎新、与时俱进	天下兴亡、匹夫有责	求同存异、和而不同	直觉体悟
脚踏实地、实事求是	精忠报国、振兴中华	文以载道、以文化人	整体思维
惠民利民、安民富民	崇德向善、见贤思齐	形神兼备、情景交融	辩证思维
道法自然、天人合一	孝悌忠信、礼义廉耻	俭约自守、中和泰和	意象思维

（2）探索融入路径[①]

依据表6-2完成整体设计之后，可从以下三个路径考虑生物学与中华优秀传统文化的结合点。

路径一，从中华优秀传统文化内容到生物学内容。从传统文化框架四个大方面的具体教育点出发，去找生物学中能够对应的内容，再将两者结合起来。例如，中国文化强调作为个体要为群体作贡献，认同有国才有家，提倡“先天下之忧而忧，后天下之乐而乐”“老吾老以及人之老，幼吾幼以及人之幼”。在讲内环境与稳态时，教材写道：“无论春夏秋冬，风云变幻，它却总是轻波微澜。稳态是生命系统的特征，也是机体存活的条件。它让每一个细胞共享，又靠所有细胞共建。”没有一个细胞是只享受、而不去贡献的，在恶劣的环境中，也没有一个细胞能够独善其身。这就体现了群体思想。

路径二，从生物学内容到中华优秀传统文化内容。生物学中有适度与平衡的思想，没有绝对的优与劣、利与害，具体涉及营养平衡、水盐平衡、稳态、生态平衡、碳氧平衡等。而中国传统文化，强调中庸之道，讲究过犹不及，“中”即适度，既不过，也没有不及。古人智慧与生物学思想的相似性，为两者的联通提供了可能。生物学概念具有辩证性，如遗传和变异是一对矛盾，遗传具有保持稳定的保守性，变异具有产生新适应的革新性。生物学概念的辩证性体现出的辩证思想和辩证思维，是对学生进行辩证唯物主义教育的好素材，而辩证思想和辩证思维恰好是中华优秀传统文化的重要组成部分。

路径三，将现代生物学内容与中华优秀传统文化内容结合起来，实现传统文化的创造性转化、创新性发展。“人法地，地法天，天法道，道法自然”，体现了我国古人朴素的自然观。在现代生物学中，进化思想和生态学思想是最核心的两大思想，反映了自然界运行的法则。如何将两者结合起来并实现升华、发展呢？可以将“道法自然、天人合一”的思想理念融入生物学课程，与生态学思想、美丽中国建设相结合，升华为生态文明思想；将“尚和合，求大同”的思想理念融入教材，与生命的系统观、进化观相结合，升华为认同人类命运共同体的理念。除了思想观念，在思维方面，特别是将中华民族智慧与现

① 赵占良．关于中华优秀传统文化融入中学生物学课程的思考［J］．天津师范大学学报（基础教育版），2021（1）：41-46．

代科学相结合来培育科学创新思维方面，生物学课程教材也大有可为。传统文化重视直觉思维、感性思维、整体思维、辩证思维、意象思维，现代科学重视逻辑思维、理性思维、分析式思维、抽象思维，两种思维方式都既有优势，也有局限性①。在生物学教材中融合两种思维的优势，有助于培养兼具东西方智慧的创新型人才。

总之，将中华优秀传统文化融入中学生物学课程，必将提升学科的育人价值，为学生的成长注入丰厚的营养。未来，需要继续深入研究中华传统文化融入中学生物学课程的内容、路径和方法，力求为培养有理想、有本领、有担当的时代新人作出更大的贡献。

（三）“美丽中国”进教材

党的十八大报告首次把“美丽中国”作为未来生态文明建设的宏伟目标。把生态文明建设摆在总体布局的高度来论述，表明党对中国特色社会主义总体布局认识的深化，也彰显出中华民族对子孙、对世界负责的精神。

党的十九大报告把“美丽”中国与“富强、民主、文明、和谐”并列，作为我国社会主义现代化强国建设的奋斗目标，标志着党从国家发展战略目标层面开始思考并部署“建设什么样的生态中国，怎样建设生态中国”这个新时代中国特色社会主义的重要问题。报告明确提出：坚持人与自然和谐共生。建设生态文明是中华民族永续发展的千年大计。必须树立和践行绿水青山就是金山银山的理念，坚持节约资源和保护环境的基本国策，像对待生命一样对待生态环境，统筹山水林田湖草②系统治理，实行最严格的生态环境保护制度，形成绿色发展方式和生活方式，坚定走生产发展、生活富裕、生态良好的文明发展道路，建设美丽中国，为人民创造良好生产生活环境，为全球生态安全作出贡献。

“美丽中国”是党为中国人民提出的美好愿景和价值引领；生态文明建设的新理念、新思想、新战略，是党基于中国特色社会主义理论和实践为解决中国生态文明建设中存在的问题而提出的③。建设“美丽中国”，要通过培养公众的生态文明意识来实现；意识的培养是推进生态文明建设的重要思路和任务。意识的培养非一朝一夕，需要长期的教育引导。要建立制度化、系统化、大众化的生态文明教育体系，要努力使生态文明成为主流价值观并在全社会普及，

---

① 彭华．中国传统思维的三个特征：整体思维、辩证思维、直觉思维［J］．社会科学研究，2017(3)：126-133．

② 编者注：“山水林田湖是一个生命共同体”这一概念是党的十八届三中全会提出的。随着实践和理论的升华，在治理内容上，党的十九大报告采用了“山水林田湖草”的提法；后来，这一概念的自然生态要素又逐渐增加了“沙”和“冰”，表述为“山水林田湖草沙冰”；同时，流域也从“三水统筹”转变为“五水统筹”，还增加了“江河湖库”的协同治理等；党的二十大报告使用了“山水林田湖草沙”的提法。

③ 周嘉悦，石红梅．“美丽中国”视域下中国生态文明建设道路研究［J］．厦门特区党校学报，2018(3)：8-12．

通过让生态文明知识和理念进课本、进课堂、进校园，提高青少年对节约资源、保护环境重要性认识，树立正确的生态价值观和道德观[①]。

实现上述目标的关键是要深入理解习近平生态文明思想，并且将这一思想有机融入教科书编写的全过程。习近平生态文明思想发展了辩证唯物主义自然观，深刻回答了为什么建设生态文明、建设什么样的生态文明、怎样建设生态文明等重大理论和实践问题。习近平生态文明思想内涵丰富，系统完整，核心要义集中体现在“八个坚持”：坚持生态兴则文明兴；坚持人与自然和谐共生；坚持绿水青山就是金山银山；坚持良好生态环境是最普惠的民生福祉；坚持山水林田湖草是生命共同体；坚持用最严格制度最严密法治保护生态环境；坚持建设美丽中国全民行动；坚持共谋全球生态文明建设。

在生物学教科书中落实“美丽中国”理念，有着独特的优势。中学生物学包含生态学的内容，而生态学主要研究生物与环境之间的关系。教材在讲解生态学知识的同时，可以将“八个坚持”通过国情认知教育、环境科学和环境法律知识、环境污染和环境破坏的危害性以及改善生态环境质量的紧迫性、艰巨性和长期性等，以文字情境、图片素材等形式很好地进行渗透。这样，就可以让新时代的青年群体充分理解和支持生态文明建设，同时也为生态环境持续改善奠定广泛和坚实的社会基础。

《普通高中生物学课程标准（2017年版2020年修订）》规定，高中生物学课程的基本理念之一是“发展学生核心素养为宗旨”，作为生物学学科核心素养之一的“社会责任”素养要求学生树立和践行“绿水青山就是金山银山”的理念，形成生态意识，参与环境保护实践，达成这一目标主要依靠“生物与环境”模块的教学。因此，课程标准要求“生物与环境”模块要为学生树立人与自然和谐共处的观念、形成生态意识、环保意识和践行绿色低碳生活方式奠定基础。

综上，生态文明建设关系人民福祉，关乎民族未来。在教材中体现生态文明思想，是修订教材时重点落实的内容。例如，2019年版《普通高中教科书选择性必修2生物与环境》模块，既介绍生态文明思想内涵，又介绍了我国在生态文明建设方面取得的突出成就[②]。

1. 突出反映生态文明思想

教材多处内容介绍了生态文明思想的内涵。例如，“科学家访谈”以“尊重自然、顺应自然、保护自然”为标题，访谈就生态文明思想设计相关问题，指出生态文明建设是我国的重大战略之一，解释“尊重自然、顺应自然、保护自然”的内涵，说明生态学与生态文明建设的关系等。第4章第1节，介绍我国政府十分重视生态文明建设的相关内容，反映了生态文明思想中的“坚持建设美丽中国全民行动”的内涵。

---

① 张高丽. 大力推进生态文明，努力建设美丽中国［J］. 求是，2013（24）：3-11.

② 王颖. 人教版高中生物学教材选择性必修2《生物与环境》介绍［J］. 生物学教学，2020，45（11）：6-10.

教材还多次呈现“生态兴则文明兴”“人与自然是命运共同体”“绿水青山就是金山银山”等生态文明思想的要点，多次强调我国党和政府高度重视生态文明建设。例如，第4章末尾写道：“在党的十九大报告中，首次把美丽中国作为建设社会主义现代化强国的重要目标，对生态文明建设提出了一系列新思想、新目标、新要求和新部署，为建设美丽中国提供了指导方针和行动指南。”

2. 展示我国生态文明建设成就

近年来，我国着力解决突出的环境问题，并用严格的制度、严密的法治来保护生态环境，也取得了很多成就。教材积极反映我国的生态文明建设成就。第1章介绍东北豹一度濒危，但经过我国政府一系列治理，环境得到改善，东北豹数量持续增加。第2章第2节以三江源国家公园为“问题探讨”的情境；在第3节群落的演替中，介绍我国人工治沙实现了从“沙进人退”到“沙退人进”“人沙和谐”的历史性转变，我国实施退耕还林、还草、还湖以来取得的成就，并配有陕西省延安市吴起县实施退耕还林前后的对比照片。第3章讲生态系统的稳定性时，介绍了我国的“三北”防护林工程。第4章介绍湿地生态恢复工程时，讲述了厦门筼筜湖生态恢复的过程等。课外阅读栏目讲述了塞罕坝人民克服重重困难，创造荒原变林海的绿色奇迹的故事；讲述我国兴建青藏铁路时修建了许多涵洞或高架桥，以尽量避免干扰藏羚羊等野生动物的正常生活等；介绍我国科学家对我国陆地生态系统固碳作用的研究，这项研究为我国应对气候变化的国际谈判提供了重要支撑。

3. 反映环境现状，树立保护环境的情感

除了从正面宣传生态文明建设的成就，教材还列举了人口增长、环境污染等突出问题。第1章第1节通过“与社会的联系”介绍了我国出生人口的男女性别比例持续升高的现状，列举了我国政府进行综合治理所采取的多项措施。第3章介绍了生物富集，说明人类活动向环境中排放的有害物质，最终会危害位于食物链顶端的人类自己。第4章第1节从人口增加、全球性生态环境问题等两个方面反映了人类活动对生态环境的影响，激发学生保护生态环境的意愿；第2节介绍了生物多样性正在丧失，引导学生保护生物多样性。

本套教科书的其他册次，也对生态文明建设有所着墨。例如，必修1《分子与细胞》模块，介绍发菜因和“发财”谐音，有人争相食之，过度采挖破坏了生态；我国已将发菜列为国家一级重点保护生物，予以保护；必修2《遗传与进化》第6章的“本章小结”之“发展素养”指出，学生通过学习，应认同自然界的各种生物和生态系统都是协同进化的结果，它们是作为一个整体不断发展的，进而认同人类应当尊重自然、顺应自然、保护自然，与大自然和谐相处；选择性必修3《生物技术与工程》模块内容聚焦在法律和伦理的约束下，以人类需求为目标进行产品的开发，提高人类生活质量；杨焕明院士还在《生物技术与工程》模块的“科学家访谈”中指出，未来生物技术将在建设生态文明、改善生存环境和保护生物多样性等方面发挥更加重要的作用。

全套教科书的相关内容既为学生建设“美丽中国”奠定必要的知识基础、提升关键能力，也反映我国各种自然群落的风貌，介绍我国开展生态文明建设的诸多举措和成绩。这些内容有助于学生认同建设“美丽中国”理念，提高参与的自觉性，提升建设“美丽中国”的关键能力。

“美丽中国”理念和生态文明思想，是马克思主义中国化的最新成果。虽然《义务教育生物学课程标准（2011年版）》和2012年版《义务教育教科书生物学》在编制和编写中没有明确规定相关内容，但有关思想内涵已经蕴含其中。

2011年版义务教育课程标准指出，生物与环境关系的知识，对学生形成热爱大自然、保护生物的情感、理解人与自然和谐发展的意义以及提高环境保护意识十分重要。《义务教育生物学课程标准（2022年版）》在课程目标中明确规定，学生应通过学习义务教育生物学课程，初步形成生态文明观念，践行“绿水青山就是金山银山”的理念，积极参与环境保护实践，立志成为美丽中国的建设者。

2012年版《义务教育教科书生物学》的生态学内容不像高中教科书那样主要集中在一个模块，而是分散在四本教科书中。在这套教科书的正文中，介绍了我国为保护生态环境颁布的法律法规，如森林法、草原法、水污染防治法、野生动物保护法、退耕还林条例等；还有专门的章节讨论我国的植被状况、人类活动对生物圈的影响、我国生物多样性的现状以及如何保护生物多样性等，强调人类是生物圈的成员之一，人类要学会在生物圈中和谐生存。教科书在学生活动中设计了“绿化校园的设计活动”，让学生体会参与建设“美丽中国”的实践。除了正文，教科书的课外阅读内容也渗透了生态文明思想，如七年级上册的“与生物学有关的职业——林业工人的新任务”中提到，林业工人的工作不再只是伐木，植树、护树才是首要的任务，因为栽树跟不上砍伐，就会导致生态环境恶化；“科学·技术·社会——生物圈Ⅱ号”告诉同学们，地球仍是人类和其他生物的唯一家园，应该加倍珍惜和爱护，生物圈是所有生物的共同家园；“科学·技术·社会——退耕还林还草”让学生理解了改善生态环境，将造福当代，荫及子孙，还配上了我国山西省右玉县退耕还林后变成塞上绿洲的照片。

整套教科书最后的“学习还将继续”指出：“生态文明建设的号角已吹响，美丽中国将由我们来建设，这就更需要学好和用好生物科学。”用这样的语言，引领学生继续学习，继续建设“美丽中国”。

（四）助力“健康中国行动”

2016年，中共中央、国务院印发了《“健康中国2030”规划纲要》，指出“健康是促进人的全面发展的必然要求，是经济社会发展的基础条件”，要“将健康教育纳入国民教育体系，把健康教育作为所有教育阶段素质教育的重要内容；以中小学为重点，建立学校健康教育推进机制”[①]。同年，“中国学生发展核心素养”发布，“健康生活”是六大素养之一，它由珍爱生命、健全人格等基本要点组成，内涵包括理解生命意义和人生价值；具有安全意识与自我保护能力；养成健康文明的行为习惯和生活方式；具有积极的心理品质，自信自爱，坚韧乐观；有自制力，能调节和管理自己的情绪，具有抗挫折能力，等等[②]。2019年，《健康中国行动（2019—2030年）》发布，明确提出实施中小学健康促进行动[③]。

在这样的背景下，中学生物学教材在引导学生参与“健康中国行动”上发挥着重要作用。让每个学生学会健康生活，是中学生物学课程的一项重要任务。因此，生物学教材中关于健康教育的内容是其他学科无法取代的。经过梳理，相关内容的教育价值可归纳为三个方面：筑牢与健康有关的知识基础，培养健康实践能力，形成自觉的健康意识[④]。在编写或修订教材时，教材编者也是从意识理念、知识和行为三个角度入手，来落实健康教育内容的。

1. 贯彻“生命至上，健康第一”的理念

初中生物学课程目标包括：“热爱自然，珍爱生命，理解人与自然和谐发展的意义，提高环境保护意识”[⑤]；高中生物学课程标准在界定社会责任素养时提到：“主动向他人宣传关爱生命的观念和知识，崇尚健康文明的生活方式，成为健康中国的促进者和实践者”[⑥]。因此，中学生物学教材以多种方式贯彻了“生命至上，健康第一”的理念。

一方面，中学生物学教材以隐性渗透的方式，于潜移默化中引导学生珍爱生命、珍视健康。例如，初中教材开篇以活泼生动的语言引导学生欣赏生命的神奇和美丽，认同生命的宝贵；在介绍生物科技进展时，渗透生命伦理教育；在讲述有关疾病、衰老的内容时，注意体现人文关怀。另一方面，教材还有专门的章节介绍与健康生活有关的内容，也以显性的方式落实了健康教育。

2021年，教育部发布了《生命安全与健康教育进中小学课程教材指南》，明确生命安全与健康教育包括健康行为与生活方式、生长发育与青春期保健、

---

① 中共中央，国务院. 中共中央　国务院印发《“健康中国2030”规划纲要》[EB/OL].(2016-10-25)[2021-09-10]. http://www.gov.cn/gongbao/content/2016/content_5133024.htm.

② 林崇德. 构建中国化的学生发展核心素养[J]. 北京师范大学学报(社会科学版), 2017(1): 66-73.

③ 健康中国行动推进委员会. 健康中国行动(2019—2030年)[EB/OL].(2019-07-15)[2021-09-01]. http://www.gov.cn/xinwen/2019-07/15/content_5409694.htm.

④ 中小学教材加强生命安全与健康教育的研究课题组，赵占良，刘翠航. 中小学教材生命安全与健康教育内容梳理与研究[J]. 课程.教材.教法, 2020(4): 67-74.

⑤ 中华人民共和国教育部. 义务教育生物学课程标准(2011年版)[M]. 北京：北京师范大学出版社, 2012: 6.

⑥ 中华人民共和国教育部. 普通高中生物学课程标准(2017年版2020年修订)[M]. 北京：人民教育出版社, 2020: 5.

心理健康、传染病预防与公共卫生事件应对、安全应急与避险等5大领域以及相应的30个核心要点①。这一文件为在教材中进行健康教育提供了顶层设计框架，也提出了具体内容要求。据此，教材在修订时，继承了原有的健康教育内容和理念，对部分与健康有关的内容进行了更新或补充，力求全面落实指南要求。

2. 夯实健康知识基础

在义务教育和普通高中生物学课程标准中，都有多处涉及推进健康中国行动。中学生物学教材中的与健康有关的生物学原理和机制，有助于为学生筑牢知识根基。

举例来说，初中教材七年级下册第四单元为“生物圈中的人”，在介绍人体生理知识的同时，引导学生关注健康；该册教材还专门安排了“青春期健康”一节。再如，八年级下册第八单元为“健康地生活”，主题就是健康，包括“传染病和免疫”“用药与急救”“了解自己增进健康”三章。在高中教材中，必修2介绍了遗传病的检测和预防；选择性必修1介绍了人体免疫调节、体液调节、神经调节等内容，在“神经冲动的产生和传导”一节，还以较大篇幅介绍了滥用兴奋剂、吸食毒品的危害；选择性必修3介绍了外来物种入侵、全球性生态环境问题等。总的来说，中学生物学教材中关于传染病防控、非传染性疾病防治、健康饮食、生长发育、生物技术安全和伦理、食品安全、用药安全的内容比较丰富，这些内容大多是生物学科独有的；在不同学段之间，健康教育主题有重叠，且高中较初中的深广度有所提升，能够帮助学生达成螺旋上升的学习目标②。

3. 提供健康行为指导

中学生物学教材重视为学生提供可以落地的健康行为指导。通过设置真实情境，帮助学生养成健康习惯，学会解决生活中与健康有关的问题，真正将健康意识内化于心、外化于行。教材中这方面的内容也很丰富，较有特色的有以下三个方面。第一，教材引导学生关注青春期身心健康。例如，七年级的学生正处于青春期，身体开始发育，有些学生会因长青春痘而苦恼，甚至自卑，他们不知道如何应对。修订教材时，在“青春期健康”的节引入，让学生讨论“长了青春痘应该怎么处理”。通过讨论，帮助学生正确认识和应对这个常见问题。第二，教材聚焦新型冠状病毒感染疫情，及时更新内容，以帮助学生提升应对公共卫生事件的能力。例如，在初中“调查当地的几种传染病”的探究活动中，让学生调查传染病患者应采取哪些措施来防止病原体感染他人，以及

---

① 中华人民共和国教育部教育部．关于印发《生命安全与健康教育进中小学课程教材指南》的通知［EB/OL］.（2021-11-02）［2021-11-03］. http://www.moe.gov.cn/srcsite/A26/s8001/202111/t20211115_579815.html.

② 王颖，陈慧颖．中学生物学教材中强化生命安全与健康教育的实践探索［J］．中学生物教学，2022（13）：11-15.

怎样正确对待传染病患者和他的家人等，引导学生树立正确的观念，提高防控意识和能力。第三，引导学生更正错误的认知和行为。例如，在修订高中教材时，补充介绍了烟草烟雾中的化学物质可能影响减数分裂形成精子和卵细胞的过程，加深学生对吸烟危害的认识，进而在行为上做到远离烟草。

（五）将学科思想落实在教材编写之中

生物学思想观念的人文性主要表现在它实现了世界观、人生观和价值观的全覆盖。在大德育概念下，生物学的一些学科思想本身就属于德育内容，这些思想能够帮助学生建立正确的世界观、人生观和价值观。因此就有必要讨论如何将学科思想落实在教材的编写之中。

从中学生物学课程的角度看，重视生物学思想至少有以下两个方面的意义。一是对于生物学概念网络来说，生物学思想比大概念更加上位，能够将不同的大概念贯通起来，有助于将生物学概念构建为完整的概念网络。例如，细胞、基因、稳态、调节等概念，用进化思想贯穿显然是一种整合的途径。二是生物学思想是学生形成世界观、自然观的基础。进化思想、生态学思想，对于学生认识自然、形成世界观是极有价值的。

赵占良①、谭永平②等都曾专门论述生物学思想，他们对生物学思想的分析，是教材编写过程中的重要参考资料，也是落实学科德育的重要参考。

讨论生物学学科思想，离不开对生物学发展历程的梳理。总的来看，生物学的发展借助了物理学的还原思想。在分子生物学研究方面，还原思想的应用取得了伟大成绩。同时，生物学又有自己独特的思想：进化思想、生态学思想，这两种思想与目前生物学学科核心素养的生命观念中较为流行的提法——进化观、生态观有着很密切的联系。此外，跨学科的思想——系统论思想（也有学者将其讨论为系统观）也影响着生物学的发展，同时也被生物学影响着。

1. 进化思想

进化生物学从诞生之日起，就天然具有浓厚的人文色彩，承载着实在的价值观念，在许多国家曾经激起思想的波澜。进化思想至少包括以下内涵：生物不是神创造出来的，地球上所有生物都是由共同祖先进化而来的，而且还正处在进化过程中；进化的单位是种群，进化的机制是自然选择，进化的原材料是遗传和变异，进化的结果是适应（淘汰），但适应并不是完美的（适应的相对性）；进化体现在从分子、细胞、个体到生态系统的各个层次，是一切生命现象的根本原因；进化思想在根本上是唯物主义的。

和进化思想具有密切关系的，还有“非决定论思想”：在进化生物学领域中强调突变、随机、偶然、多样性等因素，通过对物种的形成和灭绝、适应性、遗传、变异的普遍性进行研究，展示了不确定性、偶然性、随机性和程序

---

① 赵占良．试论中学生物学的学科本质［J］．中学生物教学，2016（Z1）：4-8.

② 谭永平．生物学课程哲学［M］．杭州：浙江教育出版社，2021：4-6，84-87.

目的性的重要影响，这是生物学给自然科学领域带来的新的思维方式，从而促成了对这个世界的新的看法。

2019年版的普通高中教科书不仅在《遗传与进化》模块有专门的章节讨论进化思想，还将这一思想贯穿在整套教科书的编写之中。例如，《分子与细胞》在分析了细胞学说建立过程之后，给出了三段文字，指出细胞学说为生物进化论的确立埋下了伏笔；课后习题就这一问题再次进行了探讨。在论述细胞膜的功能时，述及细胞膜的出现之于原始细胞起源的重要意义。《稳态与调节》将细胞外液描述为在某种意义上是一种类似海水的盐溶液，则引导学生思考生命的起源。

2. 生态学思想

简要地说，生态学思想至少包括以下要点：物种在自然界中是以种群的形式存在的，需要注意个体与群体的关系，个体在群体中才能延续。自然界里没有孤立、封闭的种群，每一个种群都与其他种群息息相关。生态系统在组成上具有层次性，各层次生命系统具有独特性，其中蕴含着整体与部分之间的关系。种群的数量特征来自每一个个体的综合，但是又完全不同于个体层次。群落中的种间关系、生态位，群落的结构、群落的演替，都是建立在不同种群相互作用的基础上，不能靠孤立地研究种群来获得认识。生态系统的组成成分具有结构的整体性，发生的功能、过程依赖于整体性，而不是其组分的机械叠加。

生态学思想的核心是群体思想，群体思想对于理解生命世界十分重要。生物以种群的方式存在，种群中的每个个体都略有不同，种群的特征是个体特征的统计反映（与此对立的“本质论”则认为存在一个模式标本），自然选择会使得某项特征在群体中的比例上升或下降。由此，人类在更深刻的层次上认识了个体和群体的关系。群体思想的出现和传播，改变了西方思想界一直是本质论支配的状况，引起了一系列观念（包括社会观念）的更新。可以说，群体思想是理解生命如何存在、如何发展的关键。

生态学思想对于学生认同和确立生态文明思想有着重要意义。因此，2019年版高中教科书在编写过程中将生态学思想作为选择性必修2《生物与环境》的核心思想，有机融入“美丽中国”理念。

进化思想和生态学思想宛如编织生物学知识体系的经线和纬线，贯穿宏观和微观，纵横交错，浑然一体。它们解决了如何看待自然界的问题，是辩证唯物主义自然观的基础，自然观则是世界观的重要组成部分。进化思想告诉人们，人类是大自然演化的产物，同其他生物一样是自然界的一员，而不是凌驾于其他物种之上的主宰；生态学思想告诉人们，生物与环境是不可分割的整体，牵一发而动全身，人类对自然资源的利用、对环境的影响只有控制在环境承载力和生态系统调节能力范围之内，才能与自然和谐相处，经济和社会才能实现可持续发展，同时还告诉我们生物多样性的重要价值，以及科学、技术、社会、环境（Science, Technology, Society, Environment，简称STSE）的相互影响，这都直接影响着人们的价值观。进化思想和生态学思想还告诉人们，生命来之不易，包括人类的生命在内，都是亿万年生物的遗传基因与环境相互作用的产物；从宏观到微观的生物学知识也都在引领我们欣赏和感悟生命的神奇和美丽；领略生物与生物、生物与环境的相互依存，告诉我们应当珍爱生命、善待他人、爱护动植物，这无疑有助于形成正确的人生观。

3. 系统论思想

对系统论思想，我们不能说它是生物学的思想，但其很大程度上是基于生物学的研究成果，并且，系统论思想几乎是认识生命世界的基石。例如，分子生物学的研究主要采用经典物理学中还原论的思维模式，但是，还原论在生物学中并不总是有效的。生命是极其复杂的系统，如果不将其分解为各组成部分往往就无法展开研究，然而这样的分析过程又毁坏了“系统”，导致难以弄清楚系统中一些相互作用的本质及其控制机制。因此，需要按照生命本身的系统性，综合地、精确地考察对象，注重整体与部分、部分与部分、整体与环境之间的相互关系和协调整合，关注新一层次的生命系统表现出的崭新特点。

系统是自然界和人类社会存在的基本方式，人类以社会系统作为生存和相互联系的纽带，生命则以生命系统的方式存在于自然界。从系统论思想看，《普通高中教科书生物学》五本书，大致可以认为：《分子与细胞》讨论的是微观的生命系统、《遗传与进化》讨论的是生命系统的延续和发展、《稳态与调节》讨论的是个体水平的生命系统、《生物与环境》讨论的是群体水平的生命系统、《生物技术与工程》讨论的是技术和方法在生命系统研究中的应用，都是在围绕生命系统展开。认识系统论思想，有助于学生更好地认识自己在社会生活中的作用，更好地适应社会生活。

除了进化思想、生态学思想和系统论思想外，生物学中还有不少的学科思想富于人文性，如适度与平衡的思想、群体思想等。适度与平衡的例子比比皆是：过度放牧对牧草有害，适度放牧则对牧草的生长有利；雄鹿的角长一些，容易得到雌鹿的青睐，但角过大就会影响身体平衡和奔跑的速度，大角鹿可能因此而绝灭；膳食平衡、生态平衡、碳氧平衡、水盐平衡，等等。群体思想认为生命系统是由许多独特的个体相互配合组成的群体，每个个体都有独特的作用，同时又离不开其他个体。例如，在多细胞生物体内，“细胞的生命历程虽然短暂，却都对个体的生命有一份贡献”；在人体内，内环境的稳态“让每一个细胞共享，又靠所有细胞共建”；在蜜蜂种群内，蜂王、雄蜂和工蜂职能不同，但都是不可或缺的。群体思想启迪人们：做好自己就是对群体的最大贡献，个体的意义只有在群体层面才能体现。这与我国自古倡导的敬业乐群思想和现在倡导的社会主义核心价值观有异曲同工之妙。

（六）培育科学精神和科学态度

科学精神以求实和创新为核心诉求，是现实可能性和主观能动性的结合[①]。在“中国学生发展核心素养”中，科学精神是核心素养的重要组成部分。

科学态度是科学家在科学发现过程中逐渐形成的、对科学事务所持有的看法和观点。随着社会的发展进步，科学态度的概念和范围逐渐扩大，是指人们面对社会事务时合乎科学的看法和采取的行动。

国家课程教材是培养学生科学精神和科学态度的主要载体。生物学教材着力引导学生在亲历主动探究的过程中，提升科学态度，形成乐于探索生命奥秘的情感。结合中学生的心理和认知水平，可以从质疑、求真、探索、实证、创新、合作等方面培养中学生的科学精神和科学态度[②]。下面，以《普通高中教科书生物学》这套教材为例阐述。

1. 科学思维的发展从质疑开始

质疑是指结合证据，提出疑问。科学倡导这种理性的怀疑。教材中有很多内容渗透了质疑的科学精神。首先，教材通过科学史进行渗透。教材有很多科学史内容，科学史内容蕴含丰富的育人价值，很多内容融入了质疑批判的精神。必修1《分子与细胞》在讲科学家探究细胞膜结构的历程时，介绍了不少科学家对“细胞膜是静态的”这一观点提出了质疑。必修2《遗传与进化》介绍了孟德尔对融合遗传理论的质疑、摩尔根对孟德尔遗传规律的质疑；“科学家访谈”介绍袁隆平院士对“水稻等自花传粉植物没有杂种优势，不适宜进行杂交”的权威理论产生了怀疑，从而确定要以杂交水稻为研究对象。这些内容都说明科学的发展过程中普遍存在质疑，而这种质疑是基于证据的理性怀疑，对科学的发展有推动作用。其次，教材通过探究活动训练学生的质疑精神。许多探究活动需要学生以小组合作的形式完成，教材注意引导学生进行交流，在交流中进行合理的质疑。例如，在“探究植物细胞的吸水和失水”的活动中，教材引导学生“将本小组探究的过程、结果和结论与其他小组交流，听取他们的质疑并进行解释。”通过这样的活动，学生会逐渐形成对小组活动方案和结果进行质疑的态度和习惯。

2. 科学进步需要不断探索

科学是一个开放的知识体系，科学家不断质疑，继而探索以获得新知。教材在编排上体现科学的开放性，反映科学家的不断探索。必修2《遗传与进化》以科学史的发展历程为主线，介绍人类是如何一步一步认识基因的本质的。从孟德尔发现遗传规律，到细胞生物学家发现减数分裂过程中染色体的行为变化；从萨顿作出基因在染色体上的假说，到摩尔根的研究团队通过实验予以证实；从肺炎链球菌转化实验证明DNA是遗传物质，到DNA双螺旋结构的解析；从拉马克的用进废退学说，到达尔文的进化理论；这些依据科学史编写的教材内容，不仅有助于学生建构基因和进化的重要概念，还能帮助学生认识到

① 刘大椿. 论科学精神［J］.求是，2019(9)：61-67.

② 王颖. 义务教育教科书生物学中蕴含的科学精神［J］. 中学生物教学，2014(9)：29-31.

科学是不断探索的过程。科学史内容在教材中还有很多，如科学家对光合作用的探究、激素的发现史、基因工程的发展历程；等等。

3. 科学注重基于证据的实证精神

“实证”作名词是指确实的证据，科学注重证据和基于证据的逻辑推理。教材十分注重培养学生的证据意识，以及获取证据、使用证据、评价证据的能力。

首先，教材介绍了很多科学史中的重要证据。例如，必修1《分子与细胞》介绍光合作用发现过程中的重要实验及其结论。必修2《遗传与进化》介绍证明DNA是遗传物质的多个经典实验及其结论；第6章第1节为“生物有共同祖先的证据”，教材提供了化石、比较解剖学、细胞生物学、分子生物学等多方面的证据，并通过多个“思考・讨论”活动引导学生分析和评价证据。

其次，教材设计了很多指向证据的问题，提升学生的证据意识。例如，高中生物学的第一课，即必修1《分子与细胞》第1章第1节的“问题探讨”就说明大熊猫和冷箭竹生命活动的基本单位都是细胞，通过两个讨论题引导学生思考，要说明大熊猫和冷箭竹都是由细胞构成的，将如何获取和提供证据；并让学生相互评价他人的证据是否正确和充分。这样的设计凸显对证据意识的培养。

最后，教材通过探究活动引导学生基于证据进行推理。很多“探究・实践”活动引导学生发现、获得和使用证据，如“检测生物组织中的糖类、脂肪和蛋白质”可以通过探究细胞中的化合物，让学生获得对糖类、脂肪、蛋白质的直观认识。“比较过氧化氢在不同条件下的分解”“淀粉酶对淀粉和蔗糖的水解作用”可以让学生通过证据，判断酶的专一性，等等。此外，思维训练栏目“运用证据和逻辑评价论点”也凸显了科学注重实证的科学态度。

4. 科学需要创新和想象

创新是科学进步、社会发展的动力，它涉及高品质的创造性思维，其目的是获得新的想法、创意或观念。培养学生的科学态度需要培养学生的创新精神和创造性思维。教材通过正文介绍、活动渗透、栏目凸显等多种设计，通过头脑风暴、想象与联想、隐喻思维等多种方式，培养学生的创新精神。

教材在正文中介绍科学家的创新精神。例如，必修2介绍孟德尔在实验过程中展开了大胆的想象，并在本章小结中显性呈现“孟德尔敢于质疑的科学精神、缜密的科学思维、大胆的想象和创新，以及他对科学的热爱和锲而不舍的探索精神”。此外，教材通过探究活动引导学生创新，例如，“探究・实践”活动体现梯度性设计，安排在前的活动，教材提供实验探究过程；安排在后的活动则体现开放性，大多由学生自行设计活动过程。教材还在“生物科技进展”等课外阅读栏目介绍科学发现时，渗透“科学发现的过程包含着人类不断探索、不断创新的艰辛”的精神。教材的练习题有“拓展应用”类，一些题目引导学生开拓思维，在新的情境下运用所学知识。教材还在旁栏设计了“想象空间”的栏目，引导学生展开丰富的联想。

除此之外，教材还通过探究活动、练习应用等多种途径培养学生的推理能力、合作精神、求真精神，等等。

综上所述，教材在培养学生的科学态度和科学精神方面是整体设计、立体化呈现的。正文内容融入科学态度和科学精神，本章小结进行显性化呈现；探究活动各有侧重，从不同角度引导学生在做中学的过程中提升科学态度，“科学家访谈”和其他课外阅读栏目进行多角度的渗透。这样的立体化设计，可以让学生在习得生物学知识的同时，逐步理解科学的本质，形成质疑、求真、严谨、理性的科学态度，从而乐于对生命展开探索。

5. 引导学生分析社会性科学议题

教材编写不仅从德育内涵的角度入手进行系统设计，也注重创设情境，引导学生主动参与对社会性科学议题的分析，从而了解科学、技术与社会的关系，形成参与社会事务，解决相关问题的担当和能力。教材设计的社会性科学议题有抗生素滥用、虚假广告、遗传病检测、转基因食品安全性、物种保护、生物安全等，以下举两例说明。

例1：通过批判性思维识别虚假广告。

一些厂家为了利益，故意用虚假广告或夸大宣传效果误导消费者。例如，某核酸营养品的广告词为“一切疾病都与基因受损有关；基因是核酸片段；补充某些特定的核酸，可增强基因的修复能力。”教材以此为情境，引导学生利用科学思维分析这三句广告词的逻辑漏洞，从而正确处理这样的误导或骗局。“酸性体质理论”曾迷惑了不少人，这一理论认为，人的体质有酸性与碱性之分，酸性体质是“万病之源”；人若要想健康，应多摄入碱性食物。厂家以此为由宣传“碱性水”“碱性药物”等产品。教材设置相关习题，引导学生根据内环境稳态的有关知识，结合自己查找的证据，来评判酸性体质理论，思考当家人朋友购买“碱性水”等产品时自己的对策。在处理上述问题时，每个人都需要审慎、冷静、理性，要具备科学思维和复杂性思维等。只有让学生不断接触这些真实的问题，才能逐渐提高他们正确处理和应对的能力。

例2：消除转基因食品安全性的疑虑。

转基因食品的安全性是大众关心的话题，一些人也心存疑虑，通过教材引导学生理性看待转基因，是打消这些疑虑的最有效方法之一。选择性必修3安排了“转基因产品的安全性”一节，引导学生认识到理性看待转基因技术，不是人云亦云，而是需要以完备的相关科学知识为基础，靠确凿的证据和严谨的逻辑进行思考。教材还介绍我国颁布了多项法规对转基因生物和转基因食品的安全性实行严格管理，使学生了解到转基因食品的各项保障措施。教材还编制了与转基因食品相关的习题：2015年一项研究表明，人类食用多年的番薯含有农杆菌的部分基因，这些农杆菌基因可能是在漫长的驯化过程中因发生天然的转基因而进入番薯体内的。教材以此为情境，分别考查学生对于基因概念、转基因食品安全性的认识，这有助于引导学生通过对天然转基因食品的了解，理性看待人工转基因食品。

二、知识体系的构建

什么是知识？目前为止，没有一个公认的定义。但对知识的分类，则有大致相同的观点。1996年经济合作与发展组织（Organization for Economic Co-operation and Development，简称OECD）将知识划分为知道是什么的事实性知识（know-what），知道为什么的原理性知识（know-why），知道怎样做的技能性知识（know-how），以及知道谁拥有的人际知识（know-who）。陈卫平在《构建寓价值观于其中的哲学社会科学知识体系》一文中认为，知识可分为三类：首先是"事实的知识"，即关于事实是什么的知识，具有经验性；其次是"原理的知识"，即关于自然现象和社会现象的原因和规律的知识，具有理论性；再次是"能力的知识"，即关于怎样做的知识，具有实践性①。心理学家、教育家布鲁姆将知识分为事实性知识、概念性知识和程序性知识。上述三种分类基本上是一致的，本书在此采用布鲁姆的知识分类。

教材呈现给学生的知识包括事实性知识、概念性知识和程序性知识，但主要呈现的是概念性知识，这些概念性知识以什么方式和以怎样的顺序展开，从而构成一个具有逻辑结构的知识体系，是关系教材质量的重要指标。

模块教材最为重要的是构建一个系统的、有逻辑结构的知识体系，这个知识体系是教材合理存在的基石。教材编写的依据是课程标准，在课程标准中，每个模块也是根据一定的知识体系来安排知识内容的。课程标准大致规定了模块教材的知识内容，并对这些内容的选取进行了价值说明。以下以必修模块为例来作分析。

（一）课程标准对模块教材的内容要求

《普通高中生物学课程标准（2017年版2020年修订）》规定了每个模块教材的知识内容，这个内容形成了一个有机的整体，也构成了模块教材的知识内容体系，这一知识体系是实现模块教材教育价值的重要载体。下表为必修模块教材的知识内容和教育价值（表6-3）。

① 陈卫平．构建寓价值观于其中的哲学社会科学知识体系［J］．上海交通大学学报（哲学社会科学版），2021(4)：12.

表6-3　必修模块教材的知识内容和教育价值

模块	教材内容	教育价值
分子与细胞	本模块包括细胞的分子组成、细胞的结构、细胞的代谢、细胞的增殖以及细胞的分化、衰老和死亡等内容。	本模块选取了细胞生物学方面最基本的知识，是学习其他模块的基础。它还反映了细胞生物学研究的新进展及相关的实际应用。通过本模块的学习，学生将在微观层面上，更深入地理解生命的本质。了解生命的物质性和生物界的统一性，细胞生命活动中物质、能量和信息变化的统一，细胞结构与功能的统一，生物体部分和整体的统一等，有助于科学自然观的形成。学习细胞的发现、细胞学说的建立和发展，有助于学生加深对科学研究过程和本质的理解。
遗传与进化	本模块包括遗传的细胞基础、遗传的分子基础、遗传的基本规律、生物的变异和生物的进化等内容。	本模块选取的减数分裂和受精作用、DNA分子的结构和功能、遗传和变异的基本原理及应用等知识，主要是从细胞水平和分子水平阐述生命的延续性；选取的现代生物进化理论和物种形成等知识，主要是为了阐明生物进化的过程和原因。本模块的内容，对于学生理解生命的延续和发展，认识生物界及生物多样性，形成生物进化的观点，树立正确的自然观有重要意义；同时，对于学生理解有关原理在促进经济与社会发展、增进人类健康等方面的价值，也是十分重要的。

基于课程标准的规定，每个模块教材基本确定了要呈现的知识内容，这些内容以大概念的形式呈现，而大概念下面又有了一级概念和二级概念，这些概念按照一定的顺序排列，呈现出模块教材的知识结构体系。表6-4展示了模块1分子与细胞的大概念和一级概念。

表6-4　课程标准对模块1分子与细胞的内容要求（部分）

大概念	一级概念	对应的单元
概念1　细胞是生物体结构与生命活动的基本单位	1.1 细胞由多种多样的分子组成，包括水、无机盐、糖类、脂质、蛋白质和核酸等，其中蛋白质和核酸是两类最重要的生物大分子	细胞的物质组成
	1.2 细胞各部分结构既分工又合作，共同执行细胞的各项生命活动	细胞的结构和功能
	1.3 各种细胞具有相似的基本结构，但在形态与功能上有所差异	
概念2　细胞的生存需要能量和营养物质，并通过分裂实现增殖	2.1 物质通过被动运输、主动运输等方式进出细胞，以维持细胞的正常代谢活动	细胞的物质输入和输出
	2.2 细胞的功能绝大多数基于化学反应，这些反应发生在细胞的特定区域	细胞的能量供应和利用
	2.3 细胞会经历生长、增殖、分化、衰老和死亡等生命进程	细胞的生命历程

从上面的表格中可以看出，课程标准已从内容上规定了模块教材的知识体系。通过模块的学习，一个模块所要形成的大概念就是这个模块所要达到的主要知识教育目标。在此可以看出《分子与细胞》的知识体系构成：以细胞为研究对象，系统地介绍了细胞的物质组成、结构、功能和发展。具体展开，可以表述为，细胞的物质组成、细胞的结构和功能、细胞的物质输入和输出、细胞的能量供应和利用、细胞的生命历程。这个知识体系体现了知识由简单到复杂、认识逐层深入的过程，是符合认知规律的。

需要注意的是教材一般来说不应机械照搬课程标准概念的呈现顺序，而是可以根据课程标准的内容要求，重新构建一个符合发展生物学学科核心素养的知识体系。

（二）以细胞是基本的生命系统构建《分子与细胞》的知识体系

细胞是生物体结构与生命活动的基本单位，这是《分子与细胞》模块教材最为重要的概念，要理解这一概念，让学生认识这一基本单位。《分子与细胞》模块教材构成这样一条主线——从系统的视角看细胞，让学生建立起细胞是基本的生命系统这一概念，并以系统剖析的方法，探究细胞，理解细胞的系统整体性。从更广阔的视野来看，一般系统论适用于自然界和社会的各种事物的研究，对学生的发展具有重要意义。本模块内容体系可简略表示为图6–1。

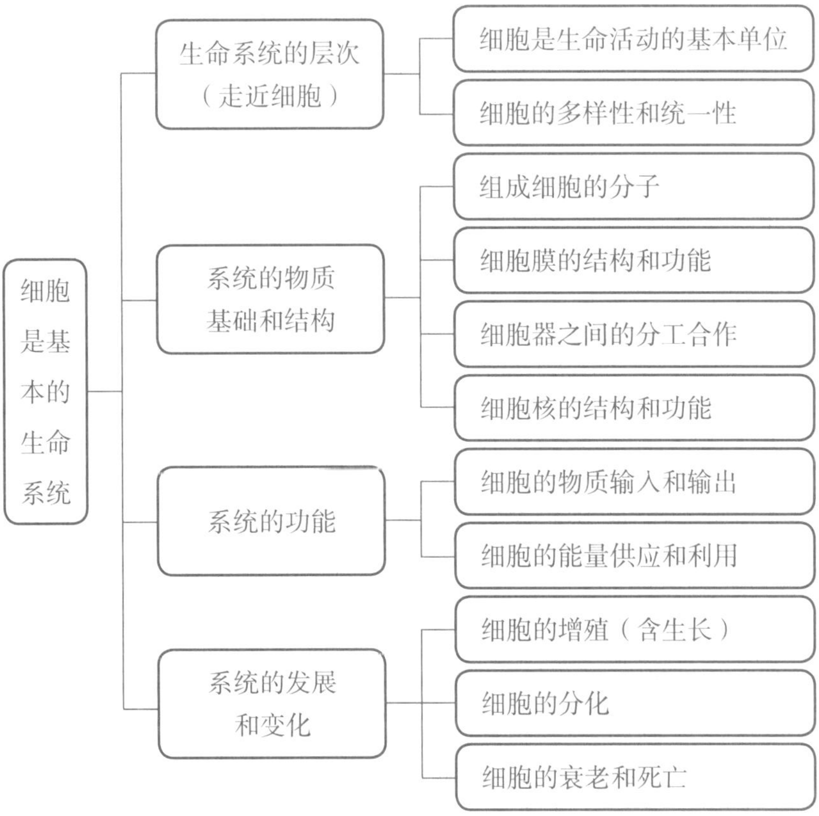

图6–1 《分子与细胞》模块教材的知识体系①

① 人民教育出版社课程教材研究所生物课程教材研究开发中心．普通高中教科书教师教学用书生物学必修1分子与细胞［M］．北京：人民教育出版社，2019：7．

“细胞是基本的生命系统”是《分子与细胞》模块教材的知识体系，依据这一知识体系，可以很好地帮助学生建立一系列的生命观念，如系统观、生命的物质观、结构与功能观等。教材的知识体系反映了需要给学生建立的生命观念，体现了课程标准对教材在发展学生生物学学科核心素养方面的要求。

（三）循着人类对基因的认识历程构建《遗传与进化》的知识体系

按照课程标准的要求，《遗传与进化》模块教材应当围绕两个大概念来安排教学内容：遗传信息控制生物性状，并代代相传；生物的多样性和适应性是进化的结果。这两个大概念，前一个涉及的概念和原理内容较多，并且是学习后一个大概念不可或缺的基础。这一认识决定了这两个大概念相关内容的顺序。

《遗传与进化》模块教材编排体系的设计有两点基本的考虑：第一，要让学生理解关于遗传和进化的大概念，教学内容应当定位在基因水平。这是由于随着生物科学的发展，人们对遗传和进化的认识已经深入基因水平，遗传从本质上说是基因的代代相传，可遗传的变异从本质上说是生物体基因组成的变化，进化过程中物种的形成从本质上说是种群基因频率在自然选择作用下的定向改变。第二，教学内容的编排顺序基本按照科学发展的历史进程来安排，从孟德尔到摩尔根再到沃森和克里克等，从拉马克到达尔文再到现代生物进化理论。这样既展示科学的过程和方法，又体现个体水平、细胞水平、分子水平的遗传学知识的内在逻辑联系；既能引导学生不断提出问题，分析和解决问题，尝试像科学家那样进行解释和推理，又能从众多科学家表现出的科学精神、科学态度及其他优秀品质中多有感悟。

下图为“循着人类对基因的认识历程”而构建的知识内容体系（图6–2）。

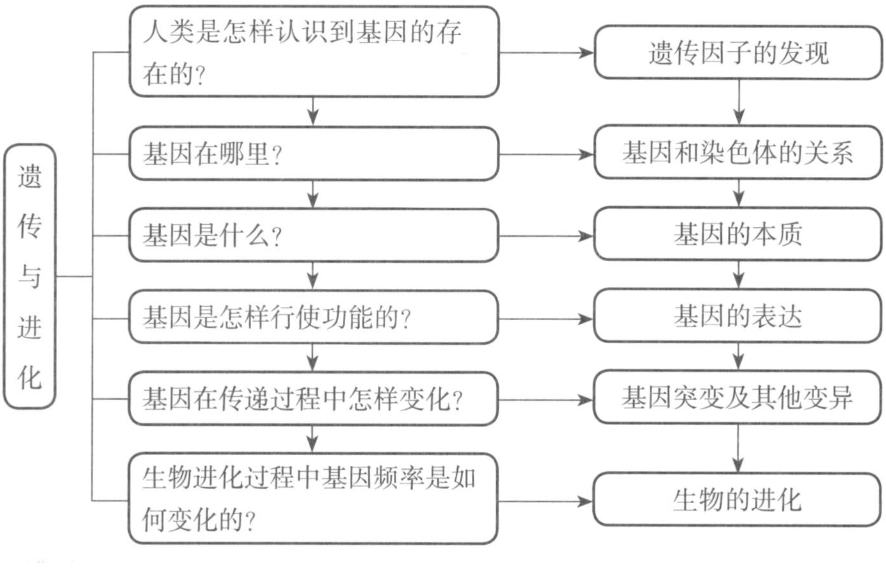

图6–2 《遗传与进化》模块教材的知识内容体系①

① 人民教育出版社课程教材研究所生物课程教材研究开发中心．普通高中教科书教师教学用书生物学必修2遗传与进化［M］．北京：人民教育出版社，2019：6.

通过图6–2可以看出，本模块遗传部分的内容基本上是循着人类认识基因之路展开的。这样，学生学习遗传学知识的过程，犹如亲历了一百多年来科学家孜孜以求的探索过程，会受到科学方法、科学态度和科学精神等多方面的启迪。尤为重要的是，每一章的学习都围绕一个核心问题展开，学习的过程也是解决问题的过程，这对于激发学生的学习兴趣、转变学习方式、提高分析和解决问题的能力，都是非常重要的。在这一知识体系中，可以帮助学生逐步建立起生命的物质观、生命的信息观、进化观等生命观念。实现知识体系与生命观念相对应的教育价值。

（四）义务教育生物学教科书的知识体系

义务教育生物学教材共有4册，这4册教材是按照《义务教育生物学课程标准（2011年版）》而编写的教材。这套生物学教材突破了传统的学科体系，构建突出人与生物圈的知识体系。

传统的学科体系侧重讲述植物、动物和人体的形态、结构和生理，对植物和动物的形态、结构和生理，往往还要从低等到高等分门别类地讲述，以求突出进化的脉络。因此几乎是大学植物学和动物学的缩写。仅从知识传承的角度说，这样的体系无疑具有优越性：知识的结构比较完整；系统性较强；层次分明；脉络清晰；等等。然而在当今社会，重知识传承、轻能力培养的做法已经明显不能适应时代的需要，即使在知识传承方面，应当重视的也不是获得的信息的量，而是理解的质。传统学科体系的弱点愈来愈突出：知识容量过大，面面俱到，严重挤压了学生自主学习、主动探究的时间和空间；不少内容是从学科体系的完整性出发而选取的，离学生的生活实际较远，不利于调动学生学习兴趣和进行有意义的学习；需要学生单纯记忆的事实性知识过多，如叶形、叶序、花的类型、花序的类型等，不利于学生科学探究能力的培养；动物部分和人体部分的内容有一定重复，等等。要想使学生在有限的时间内，对生物学的基本概念和原理有较深入的理解，又能有较多的机会进行自主探究和实践，仅在传统的学科体系内作局部增删是无济于事的，必须构建新的知识体系。

课程标准的内容框架突出了人与生物圈，教材的知识体系也是按照这样的思路构建的：即突出人体和人类活动的内容，突出生物圈，突出人与生物圈的关系。按照这样的体系，可以侧重讲述绿色植物和人在生物圈中是怎样生存的，与生物圈的关系是怎样的，而相对减少动物部分的内容，从而在总体上减少知识性教学内容，为探究和实践活动提供时间；也可以更好地引导学生认识事物间的复杂联系，包括生物与生物之间、生物与非生物环境之间、人与生物之间、人与生物圈之间的相互影响、相互作用，有利于学生形成辩证唯物主义观点和可持续发展观点。

按照突出人与生物圈的编排思路，教科书设计了生物和生物圈、生物体的结构层次、生物圈中的绿色植物、生物圈中的人、生物圈中的其他生物、生物的多样性及其保护、生命在生物圈中的延续和发展、健康地生活等八个单元

（图6–3）。

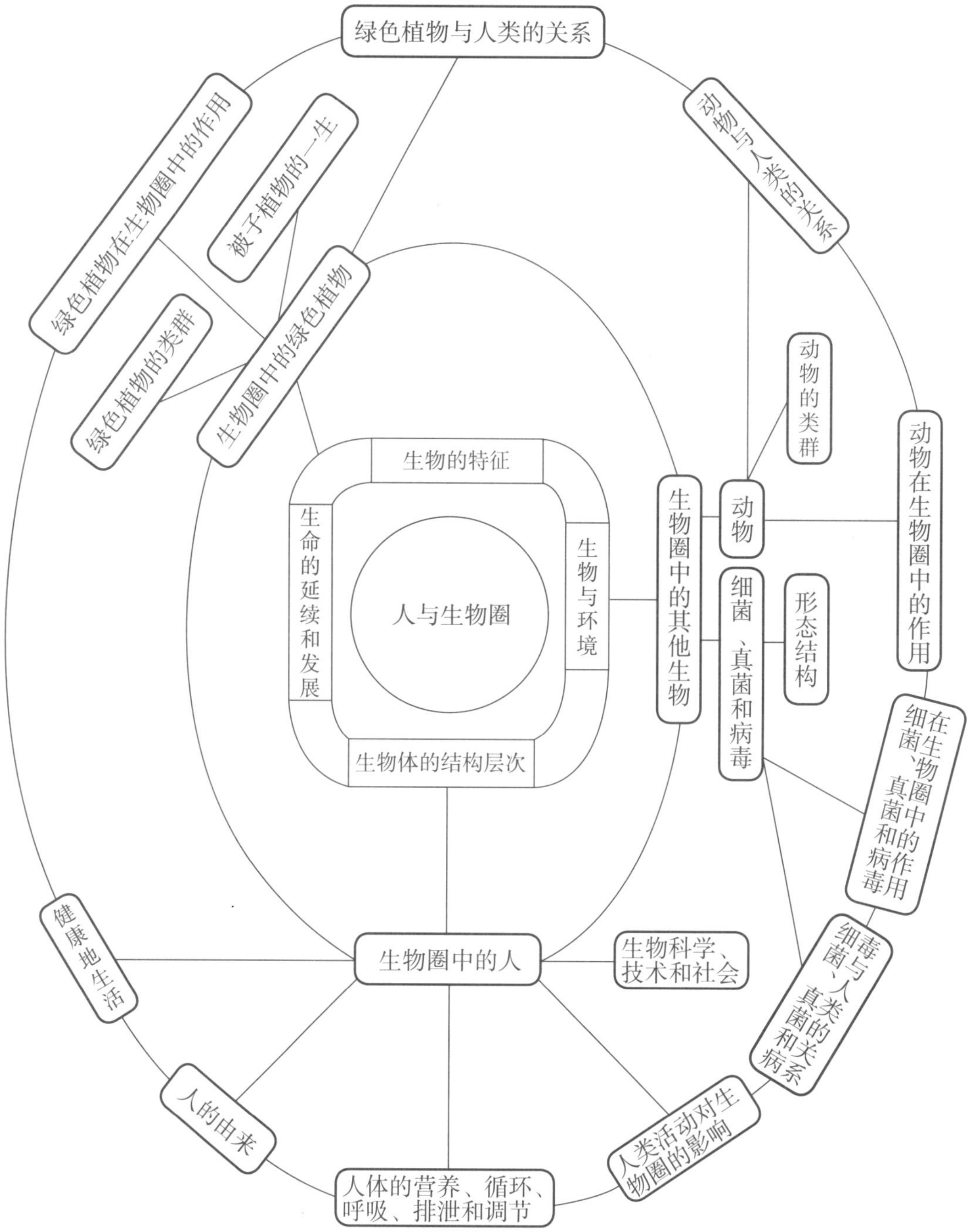

图6–3　人教版《义务教育教科书生物学》的知识框架图①

三、概念性知识内容的编写

概念性知识是指一种较为抽象概括的、有组织的知识性类型，包括概念、

① 人民教育出版社课程教材研究所生物课程教材研究开发中心．义务教育教科书教师教学用书生物学七年级上册［M］．北京：人民教育出版社，2012：致教师3.

原理、规律、定律等。生物学教材的主要内容就是呈现概念性知识，概念性知识组成了生物学知识体系的大厦。概念性知识可简称为概念，获取生物学概念是学习生物学的主要目的之一。在概念的基础上进一步形成生命观念，是发展生物学学科核心素养的基本要求。

（一）概念是教材主要的内容

生物学的概念是认识生命现象及其活动规律的产物，是生物学大厦的“基石”。因此，学习生物学，主要是学习生物学概念。学习生物学概念，重在建构概念，这样才真正理解概念的定义、内涵和外延，进而会提升科学思维和科学探究的能力，也为学习其他内容奠定基础。

生物学教材的每节内容基本上都是围绕着建构概念而展开的。教材还设计了不同类型的活动栏目，学生通过这些栏目活动而建构概念。教材中最主要的栏目是“思考·讨论”，这一栏目的基本组成方式是：提供资料，针对资料提出问题。学生阅读资料，分析资料，回答问题，经归纳、概括而形成概念。

下面以必修1第3章第3节《细胞核的结构和功能》为例进行说明。从概念的获得上看，本节内容的学习目标是建构“细胞核是遗传信息库，是细胞代谢和遗传的控制中心”这一概念。具体通过以下四个环节来实现。

环节一：初步认识细胞核在胚胎移植中的作用

问题探讨：克隆牛的性状与提供细胞核的母牛的性状保持一致。

获得初步概念：克隆牛的性状是由细胞核决定的。

环节二：思考·讨论“细胞核有什么功能”（图6-4）

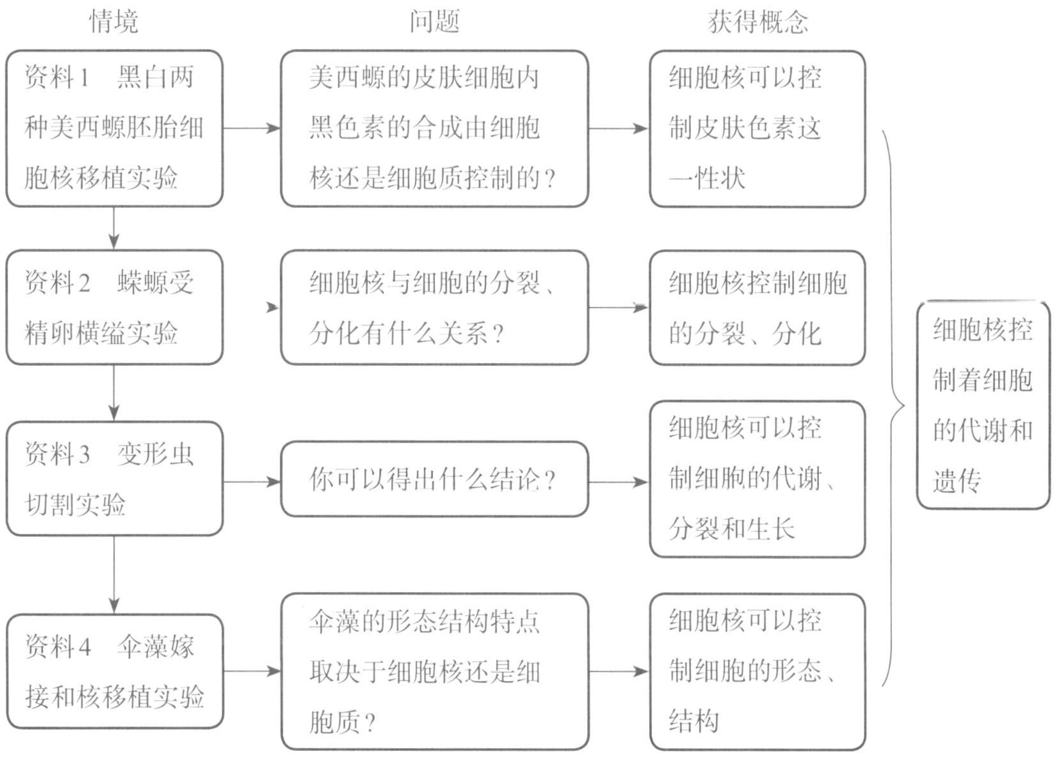

图6-4　环节二：思考·讨论“细胞核有什么功能”

通过上述两个环节的讨论和学习，可以构建重要概念：细胞核控制着细胞的代谢和遗传。建构的基本思路是：通过对每个资料进行分析，经过抽象或概括形成概念，将形成的4个具体概念再进一步概括形成重要概念（图6–4）。

再进一步提出问题：细胞核为什么能成为细胞的“控制中心”呢？

环节三：从结构特点上认识细胞核的功能

展示细胞核的结构模式图，认识细胞核的各个结构及功能：核膜、核仁、染色质、核孔。阐明细胞核中有DNA，DNA与蛋白质紧密结合成染色质，染色质和染色体是同一物质在细胞不同时期的两种存在状态；DNA上储存遗传信息，可以从亲代细胞传递给子代细胞，保证亲子代细胞在遗传性状的一致性；遗传信息就像细胞生命活动的“蓝图”，细胞依据这个“蓝图”进行物质合成、能量转化和信息交流，完成生长、发育、衰老和凋亡。在上述论述的基础上，最后再进行概括，形成细胞核功能的较为全面的论述：细胞核是遗传信息库，是细胞代谢和遗传的控制中心。

环节四：将概念转化为物理模型

本环节是应用概念，制作真核细胞的三维结构模型。这一环节可以加深和巩固在环节三中建构的概念，同时这也是概念的运用过程，是概念建构的延伸和拓展。上述建构概念的基本模式是：创设情境提出问题，由学生分析、思考和讨论，运用科学思维方法进行归纳、抽象或概括而形成概念。教材中大部分节的呈现体现了这一模式。

创设的情境可以是资料或实验，资料大多数的情况下是科学研究的发现或成果，实验是学生能够亲自完成的探究活动、实验的结果等，这些都是事实或证据，再由事实或证据进行逻辑推理形成概念，这种模式既是科学研究的模式，也是学习科学知识，获得概念的模式。在这个过程中，可以相应地培养或训练学生的科学思维和科学探究。

（二）在建构概念中发展科学思维

概念是思维的产物，科学思维是形成概念的工具和途径。教材建构概念的具体做法是，设计一系列的情境任务或活动，依据任务或活动提出相应的问题，引导学生思考、讨论，进行相应的分析、推理、判断，通过归纳、综合、抽象与概括等逻辑思维活动形成概念，图6–5反映了建构概念的一般思维模式。

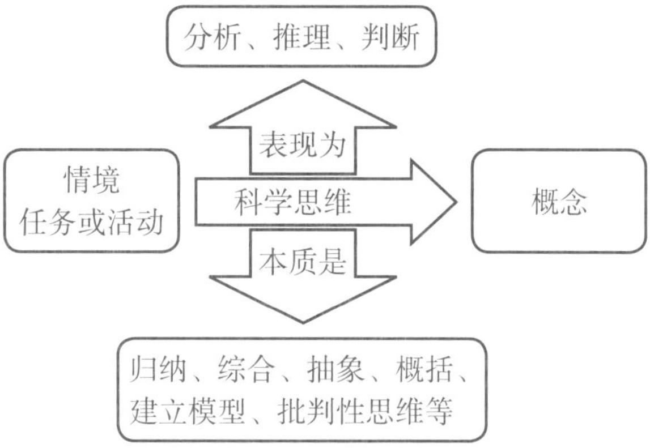

图6-5　建构概念的逻辑思维模式[1]

例如，为了建立氨基酸的结构模型，教材安排了“氨基酸的结构特点”活动，引导学生通过分析和比较四种氨基酸的结构式，进而归纳出“氨基酸至少都含有一个氨基和一个羧基，并且都有一个氨基和一个羧基连接在同一个碳原子上”“不同的氨基酸之间的区别在于R基的不同”的重要概念。在构建氨基酸结构概念的过程中，运用了比较、分析、归纳、概括的科学思维方法。

概念的建构过程也体现了科学思维是认识事物内在规律及相互关系的一种方法，是基于科学事实建构模型的抽象与概括的过程；是科学思维方法在科学研究和实践领域的具体运用。例如，在“对细胞膜成分的探索”的活动中提出了4个问题，分别反映了科学思维的不同侧面（表6-5），表现出科学思维的特征，一方面帮助学生学习和训练了科学思维方法，培养了学生的科学思维品质；另一方面也帮助学生形成了“细胞膜的成分主要是由磷脂和蛋白质构成的”重要概念。

表6-5　对细胞膜成分的探索过程中所需要的科学思维方法

问题	科学思维方法	科学思维的特征
1. 最初对细胞膜成分的认识，是通过对现象的推理分析，还是通过对膜成分的提取与检测？	分析、比较	尊重事实和证据；严谨求实的态度；严密的逻辑推理。
2. 根据磷脂分子的特点解释，为什么磷脂在空气—水界面上铺展成单分子层？科学家是如何推导出“脂质在细胞膜中必然排列为连续的两层”这一结论的？	分析、归因	
3. 磷脂分子在水里能自发地形成双分子层，你如何解释这一现象？由此，你能否就细胞膜是由磷脂双分子层构成的原因作出分析？	归因、分析	
4. 如果将磷脂分子置于水—苯的混合溶剂中，磷脂分子将会如何分布？	分析、演绎	

教材中重要概念的建构大致遵循“问题情境—科学思维—重要概念”的基本程序，这反映了学习概念是一个建构概念的过程，建构概念是一个科学思维

① 吴成军．生物学学科核心素养的教学与评价［M］．上海：华东师范大学出版社，2020：79．

的过程。建构概念的过程中，有的以学习和训练学生科学思维方法、培养思维品质为主，有的以运用科学思维方法、增强科学思维品质为主。例如，在《分子与细胞》模块教材的第1章第1节“细胞是生命活动的基本单位”的“问题探讨”中，就以“大熊猫吃冷箭竹”为情境，提出让学生提供证据证明大熊猫和冷箭竹都是由细胞构成的，以及评价自己的证据是否正确并充分地讨论问题。这一活动培养了学生“尊重事实和证据”的科学思维品质，同时学习分析和评估证据是否正确和充分的科学思维方法。在学习“细胞学说”的形成过程中，让学生认识到“归纳法”是细胞学说建立的科学方法，“归纳法”是科学研究中常用的科学方法，在其后的习题中，鼓励学生自觉地将“归纳法”应用到日常生活中和其他科学研究中。在第5章第4节“光合作用与能量转化”的“探索光合作用原理的部分实验”的活动中，分别提出了4个问题，回答这些问题需要运用演绎、归纳、综合等科学思维方法。

教材还特别设计了“思维训练”栏目，结合正文相关内容训练学生的思维品质和科学思维方法的运用。例如，《分子与细胞》模块教材设置了“运用证据和逻辑评价论点”“运用模型作解释”“分析数据”3个思维训练活动；《遗传与进化》模块教材设置了“设计实验方案”“综合概括”“提出假说”“分析相关性”4个思维训练活动；《稳态与调节》模块教材设置了“推断假说与预期”“验证假说，预测结果”“评价实验设计和结论”3个思维训练活动。这些思维训练紧扣所学内容，也充分说明了思维能力的训练和提升离不开概念的道理。

四、学生活动的设计

教材既是教师教的载体，也是学生学的载体。教材的知识内容呈现需要考虑两个方面的问题：知识内容内在的逻辑体系、学生学习的认知逻辑体系。这两个体系有机统一，才能有效地达成教材的育人功能。

（一）活动设计的目的和意义

传统的教材中的章节考虑的是知识的呈现顺序，这样的教材需要教师讲解，才能达到理解知识的目的。以学科为中心的知识结构体系，有助于教师系统化地安排教学内容。随着社会的发展，人们逐渐认识到培养具有单一知识体系的人不是人才培养的根本目的，能力是检验人才成色的重要指标之一。除此之外，具有什么样的情感态度和价值观，也是体现教育的时代价值，因此，人才培养从知识的单一目标进化到知识和能力并重，再进化为知识、能力、情感态度价值观三维目标。2018年1月，教育部正式发布了普通高中课程方案及各个学科的课程标准。据此，发展学生的核心素养已成为基础教育工作者的首要任务和头等大事。我国基础教育进入了“核心素养”的新时代。

核心素养是指在相对复杂的情境中所表现出来的正确的价值观、必备品格和关键能力。发展学生的核心素养，就需要让学生在实践中学习。基于此，教材设计了众多的学生活动。

（二）活动设计的基本原则[①]

第一，应当体现课程标准的要求。课程标准中的内容标准部分，针对具体教学内容提出了相应的活动建议，这些活动建议是教材中探究活动设计的重要参考，也可以视教学内容的相关性和活动的可行性而作调整。

第二，应当以建构知识、发展能力为主要目标。一项探究活动的设计，应当首先考虑学生通过这项活动建构哪些知识，如何建构这些知识；发展哪些方面的探究能力，确定能力目标侧重点，在活动方案中提出要求。

第三，应当与初中生物学教材相衔接。初中生物学课程标准实验教材中安排了许多探究活动，关于科学探究的过程、方法和技能，学生已经有一定的基础，因此，高中教材中科学探究活动的设计应当考虑与初中教材的衔接问题。

第四，应当以科学方法为重要线索。在设计教科书知识体系的同时，设计完整的科学方法体系，然后将两者进行整合，使之形成有机的整体。

第五，探究活动的类型应当丰富多样。就某一具体教学内容来说，究竟设计成哪一种活动，要视内容特点、学生基础和中学条件而定。

第六，应当体现开放性和引导性的统一。既为学生的自主探究留出空间，又给出适当的提示或线索。

第七，应当具有合理的能力梯度。学生科学探究能力的培养决不是一蹴而就的，需要经过模仿、练习、部分独立设计、独立设计等阶段。

（三）活动设计的类型和作用

基于在活动中发展生物学学科核心素养的指导思想，教材设计了不同类型的学生活动栏目。我们以高中生物学教材为例来分析：每个类型栏目的呈现方式各有特色，其作用也各有差异（表6–6）。但总的目标是构建一个学生主动学习的平台，其目的是发展学生的生物学学科核心素养。

表6–6　高中生物学教材中的活动栏目

活动栏目	呈现方式	作用
问题探讨	图片+情境描述+讨论题	激发兴趣，启迪思维，促进学生主动学
思考・讨论	提供资料，提出问题，展开讨论	建构重要概念，发展科学思维等
探究・实践	实验、探究实验、调查等	获取重要概念，发展探究能力
思维训练	提供资料，提出问题	训练科学思维
课外制作	制作目的、要求和图示展出	培养动手能力和模型建构能力

① 赵占良．高中生物课程标准教材探究活动的设计和教学建议［J］．生物教学，2007（6）：24-26．

1.“问题探讨”激发学习兴趣，启迪思维

“问题探讨”栏目一般位于教材每节的开首，这一栏目通常由图片，资料和问题组成。图片和资料组成了背景材料，问题是针对背景材料中所显现出来的或需要学生思考的关键信息而设置的。这一栏目之所以称为活动栏目，可以看出是因为它可以激发学生的学习兴趣，引导学生的思维活动。因此，这类活动主要指的是思维活动。

在“细胞器之间的分工合作”一节中，“问题探讨”的内容如图6–6所示。阅读背景材料，思考相应的问题。一方面给学生以清新的感受，激发其探讨的兴趣；另一方面在对问题的解答中，类比细胞中的各种细胞器既独立分工，又相互合作，共同完成细胞的生命活动。从整个栏目的设计意义来看，达到了激发学习兴趣，启迪思维的作用。

问题探讨

C919飞机是我国研制的新一代大型客机。研制C919飞机需要若干部门分工合作，如整体研发设计、特种材料及工艺技术、机载系统研发（包括电缆、导管、发动机、座椅、座舱设备等）、总装制造等部门。

讨论

1. 如果缺少其中的某个部门，C919飞机还能制造成功吗？

2. 细胞中是否也具有多种不同的“部门”？这些“部门”也存在类似的分工与合作吗？

C919飞机

图6–6 “细胞器之间的分工合作”一节的“问题探讨”

2.“思考·讨论”建构重要概念，发展科学思维

“思考·讨论”是教材中重要的活动栏目。这一活动栏目通常是提供背景资料，然后提出问题供学生思考。这一活动通常是指思维上的活动，是为建构概念而设计的活动。在建构概念的过程中，需要学生运用分析、综合、抽象、概括、归纳等科学思维方法来获取概念，因此，建构概念的过程实际上是发展科学思维的过程。

在“氨基酸的结构特点”的“思考·讨论”活动中（图6–7），回答问题1，需要用到分析、比较、归纳、概括等科学思维方法；回答问题2，就建立了氨基酸的结构概念模型。总体而言，“思考·讨论”这一活动栏目的设立，其目的就是为了发展学生的科学思维，建构重要概念。

思考·讨论

氨基酸的结构特点

观察下列几种氨基酸的结构。

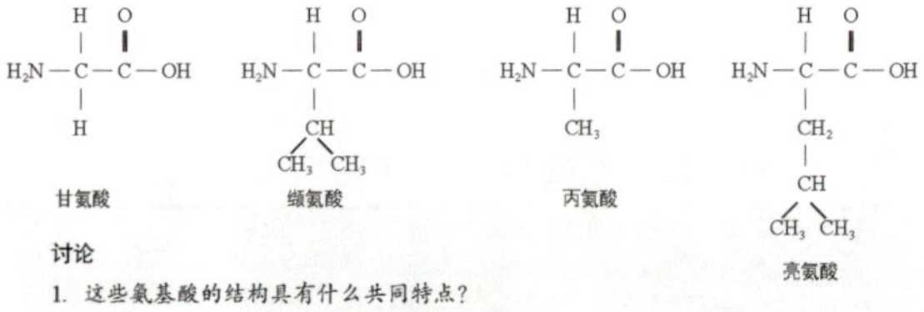

讨论

1. 这些氨基酸的结构具有什么共同特点？

2. “氨基酸”这一名词与其分子结构有怎样的对应关系？

图6–7 “氨基酸的结构特点”的“思考·讨论”

3.“探究·实践”获取重要概念，发展探究能力

“探究·实践”活动栏目包括验证性实验、探究性实验、调查等学生活动，验证性实验以验证结论的正确性为主要任务，帮助学生理解概念的同时还发展了学生的实验能力；探究性实验以学生探究为主，在发展学生科学探究能力为主时，还建构了重要的概念；调查活动可以培养学生的分析问题和解决问题的能力。总体来看，“探究·实践”活动栏目的作用有三个方面：获取重要概念、发展探究能力、培植探究精神和品格。

例如，在“比较过氧化氢在不同条件下的分解”实验中，设计了常温、加热、加过氧化氢4组实验，反映了人们对化学反应进行的条件认识，并最终得出与无机催化剂相比，酶降低化学反应的活化能的作用更显著，催化效率更高这一重要概念（图6–8）。在完成这一实验的过程中，学生学会了“控制变量和设计对照实验”等科学方法，提高了学生的实验技能和探究能力。

初中教材中的“想一想，议一议”，与高中教材中“问题探讨”功能定位相似；“资料分析”与“思考·讨论”相似；“实验”“探究”则与“探究·实践”功能定位基本相同。

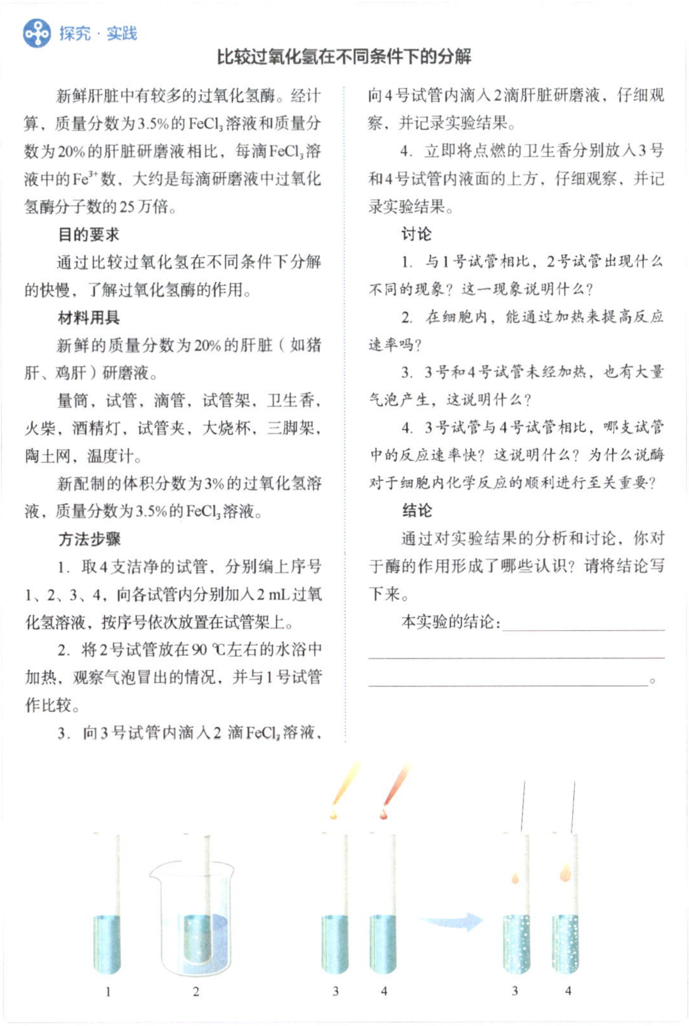
探究·实践

比较过氧化氢在不同条件下的分解

新鲜肝脏中有较多的过氧化氢酶。经计算，质量分数为3.5%的$FeCl_3$溶液和质量分数为20%的肝脏研磨液相比，每滴$FeCl_3$溶液中的Fe^{3+}数，大约是每滴研磨液中过氧化氢酶分子数的25万倍。

目的要求

通过比较过氧化氢在不同条件下分解的快慢，了解过氧化氢酶的作用。

材料用具

新鲜的质量分数为20%的肝脏（如猪肝、鸡肝）研磨液。

量筒，试管，滴管，试管架，卫生香，火柴，酒精灯，试管夹，大烧杯，三脚架，陶土网，温度计。

新配制的体积分数为3%的过氧化氢溶液，质量分数为3.5%的$FeCl_3$溶液。

方法步骤

1. 取4支洁净的试管，分别编上序号1、2、3、4，向各试管内分别加入2 mL过氧化氢溶液，按序号依次放置在试管架上。

2. 将2号试管放在90 ℃左右的水浴中加热，观察气泡冒出的情况，并与1号试管作比较。

3. 向3号试管内滴入2滴$FeCl_3$溶液，向4号试管内滴入2滴肝脏研磨液，仔细观察，并记录实验结果。

4. 立即将点燃的卫生香分别放入3号和4号试管内液面的上方，仔细观察，并记录实验结果。

讨论

1. 与1号试管相比，2号试管出现什么不同的现象？这一现象说明什么？

2. 在细胞内，能通过加热来提高反应速率吗？

3. 3号和4号试管未经加热，也有大量气泡产生，这说明什么？

4. 3号试管与4号试管相比，哪支试管中的反应速率快？这说明什么？为什么说酶对于细胞内化学反应的顺利进行至关重要？

结论

通过对实验结果的分析和讨论，你对于酶的作用形成了哪些认识？请将结论写下来。

本实验的结论：____。

图6–8 “比较过氧化氢在不同条件下的分解”的“探索·实践”

（四）分析科学研究的过程和结果也是活动的重要方式

除上述专门安排的活动栏目外，还有一类隐性的学生活动，它区别于传统的活动栏目，既没有明显的活动标志，也没有显性的讨论问题，呈现的是科学研究的过程和结果，特别是比较详细地呈现了科学研究的过程。这样的内容可以看作是一种活动，如孟德尔的豌豆杂交实验、摩尔根的果蝇实验、DNA是遗传物质的实验证明等，因为有科学研究的过程，体现了科学研究的思路、方法和精神，是科学探究的过程。学习这些内容，需要学生的积极主动地参与其中，遵循从事实、证据中得出结论的逻辑思维过程，因此，可以将这些内容看成是一种思维上的活动。

一对相对性状的豌豆杂交实验，就是科学方法和科学思维的集中体现，具体表现为假说—演绎法的运用过程，即在观察和分析上提出问题，经推理和想象提出解决问题的假说，根据假说进行演绎推理，再通过实验来检验演绎推理的结论。表面看没有学生的动手操作活动，但由问题串而贯穿全节，以此引导学生的思维活动，体现了活动的本质特点，即逻辑思维的理科属性。

（五）跨学科实践活动

跨学科实践是指运用两种或两种以上的学科概念、思维以及跨学科观念，学生自主参与的以解决真实问题、主动探索和改造活动对象为特征的学习活动。跨学科实践强调两个方面，一是“跨学科”的学习，即学习活动涉及多个学科；二是在“实践”中学习。跨学科学习的本质特点是打破学科已有界限，对学科内容进行主题化、情境化整合来进行学习，这对提高学生解决复杂化、综合化真实问题的能力具有积极的意义。在“实践”中学习，则是强调让学生有意识地、主动地探索和改造活动对象，改变学生被动接受知识的学习方式，让学生在活动中主动地建构知识和经验。跨学科实践活动能够让学生理解科学、技术、工程学、数学之间的相互关系，解决现实问题或生产特定的生物学产品，从而发展学生的综合素养。

跨学科实践活动一般是科学探究活动或工程设计活动，即在具有一定复杂程度的真实情境下，学生提出感兴趣的跨学科探究课题或工程设计项目，主动遵循科学研究或工程设计的一般过程，通过文献资料检索、调查、观察、设计、实验、建模、测量等方法，对问题展开探究或设计出产品的活动。例如，“制作细胞结构模型”的跨学科实践活动，其产品是细胞的结构模型，完成这个活动，需要对细胞的形态和结构进行设计，需要生物学的知识，还需要物理、材料科学、美学、数学等学科方面的知识与技能，如果通过电脑进行3D打印，还涉及计算机等学科的知识与技能。

在2022年颁布的义务教育生物学课程标准中，增加了“跨学科实践”主题学习活动。在语文、数学、物理、化学等学科课程标准中都有相应的学习要求。由此，跨学科实践由课程理念到具体实践，正式进入了义务教育的课程体系之中。可以预见，在未来的中学生物学教材中，跨学科实践活动将作为一种新的学生活动类型予以安排。

教材在安排跨学科实践活动时，将立足于本学科课程内容来设计，但开展活动需要综合运用其他学科的知识、方法。每个活动在设计时，对于跨学科不求多求全，而是坚持有机融入原则。具体活动设计时，将创设真实的任务情境，选择真问题，进行真活动，从而让学生通过活动获得真学问和真技能。跨学科实践活动设计的核心是，通过活动，培养创新精神和实践能力，体现综合育人功能。

五、科学方法体系的构建

科学思维不管是在学习还是在工作中都具有重要的作用，在世界很多组织或国家建立的核心素养体系中，它也处于重要地位。近些年来，科学思维、批判性思维等词汇也频频见于国内各论著中，在我国各级各类教学文件和相关报道中都有对培养学生科学思维能力、批判性思维能力等的描述和强调。科学方法是以科学思维为核心的，本节在概述教材中科学方法体系的基础上，重点论述科学思维内容在教材中的体系化构建。

（一）科学方法体系概述

科学研究的方法大致包括三个层次：第一层次是学科内的特殊方法，如生物学研究中的同位素标记法、分离细胞器的方法、解剖的方法等；第二层次是科学研究的一般方法，这些方法是从物理、化学、生物学等自然科学研究中概括出来的适用于自然科学研究的共同方法；第三层次是最具有普遍意义的哲学方法，如唯物辩证法、矛盾分析法等，这些方法适用于自然科学、社会科学和思维科学。

中学生物学教材中强调的科学方法主要指科学研究的一般方法，因为这些方法对所有学生的发展都具有重要价值。科学研究的一般方法包括获取经验性材料的方法和理性思维的方法两大方面（图6–9）[①]。

① 赵占良．人教版高中生物课标教材中的科学方法体系［J］．中学生物教学，2007（3）：4-7．

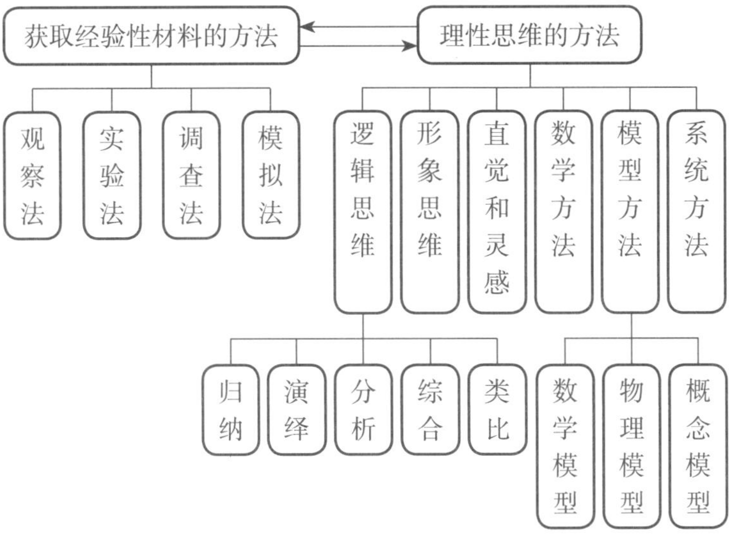

图6-9 人教版高中生物课标教材中的科学方法体系

1. 观察法

观察法是指人们在自然发生的条件下，通过感官或借助于仪器，有目的、有计划地考察研究对象，从而获得有关经验性材料的方法。人教版义务教育教科书中对观察法的表述是这样的："观察是科学探究的一种基本方法。科学观察可以直接用肉眼，也可以借助放大镜、显微镜、望远镜等仪器，或利用照相机、摄像机、录音机等工具，有时还需要测量。科学观察不同于一般的观察，要有明确的目的；观察要全面、细致和实事求是，并及时记录下来；对于需要较长时间的观察，要有计划和耐心；观察时要积极思考，多问几个'为什么'。在观察的基础之上，还需要同别人交流看法，进行讨论。"① 为避免与初中教材重复，高中教材未对观察法的内涵和要求作正式表述，而是通过介绍有关科学史内容、安排观察活动等，让学生领悟和运用观察法。

2. 实验法

在科学研究中，经验性材料的获取仅靠观察法是不够的，许多情况下还要通过实验。正如生理学家巴甫洛夫所说，观察是收集自然界所提供的东西，而实验则是从自然现象中提取人们所期望的东西。

（1）科学方法论中的实验与中学生物学教学中的实验

科学方法论中的实验是指根据一定的研究目的，在人为控制或干预研究对象的条件下进行的观察。它与单纯的观察是不同的。而中学生物学教学中的实验，通常是指在实验室利用仪器设备进行的各种探究活动，它既包括科学方法论意义上的实验，也包括单纯观察类的活动，如观察多种多样的细胞、观察细胞的有丝分裂等。

（2）实验组和对照组

实验的目的是探索仅靠观察所看不到的未知。为了探索这样的未知，必须

① 详见人教版《义务教育教科书生物学七年级上册》第2页。

对研究对象进行人为控制或施加某种影响。在对照实验中，经过这样的控制处理的一组事物称为实验组。为了确证实验组的结果是由人为进行的这种处理引起的，需要用同样的研究对象另外设置不作上述处理的一组事物进行观察，这样的未作实验处理的一组事物称为对照组。这里之所以强调“一组”，主要是考虑到平行重复的问题。简单地说，进行了实验处理的事物是实验组，自然状态（未加处理）的事物称为对照组。针对具体的实验区分实验组和对照组时，需要清楚实验控制的原理。实验控制的原理不外乎加法原理和减法原理两种：与常态相比，人为增加某种影响因素即加法原理，人为去除某种因素即减法原理。

对不少教师来说，运用加法原理设计的实验，区分实验组和对照组比较容易；运用减法原理设计的实验，区分实验组和对照组时则常常困惑。例如，在“比较过氧化氢酶在不同条件下的分解”实验中，1号试管处于常温环境（不加热）、不加任何催化剂，2号试管加热，3号试管加$FeCl_3$溶液，4号试管加肝研磨液。这显然是运用加法原理进行控制的实验，1号属于对照组，2号、3号、4号属于实验组。又如，德国植物学家萨克斯做的证明光合作用产生淀粉的实验：对天竺葵进行“饥饿”处理后，让叶片的一半曝光，一半遮光，过一段时间后用碘蒸气检验。叶片在自然状态下总是要见光的，人为地将一半叶片遮盖起来，让光照（实质是光合作用）这一因素处于缺失状态，这实际上就是运用的减法原理，这一组应当属于实验组，曝光的一半叶片则属于对照组。有人认为结论是相反的，原因有二：一是被“饥饿”处理所迷惑，二是认为遮光的一半叶片缺少实验因素。其实，“饥饿”处理只是为了使实验效果容易检测，与实验中变量的控制是无关的；遮光的一半叶片并非缺少实验因素，而是对实验因素进行的一种控制（即去除）。

（3）设置对照的必要性

生物学中大多数实验需要设置对照。换言之，并非所有的实验都必须设置对照。例如，孟德尔的豌豆杂交实验就未设对照，因为在自然状态下豌豆都是自花授粉的，其后代都是纯种，做杂交实验时当然就没有必要设置对照了。是否设置对照组，关键要分析设置对照的必要性。

（4）单因子实验和多因子实验

“在对照实验中，除了要观察的变量，其他的变量都应当始终保持相同。”不少教师对这句话反复强调，甚至推而广之——“所有的生物学实验都要保证自变量只有一个”。其实，这句话只是就单因子实验来说的。对双因子实验或多因子实验来说，这句话就显得过于简单和绝对了。例如，人教版高中实验教材《生物选修1生物技术实践》中的“果胶酶在果汁生产中的作用”这一课题，要求学生将温度和pH作为同时存在的因素，探究果胶酶活性发挥作用所需的最佳温度和pH。因为果胶酶在不同温度下会有不同的最适pH，在不同pH下也会有不同的最适温度，因此，这是一个双因子实验，它是由一系列单因子实验所组成的，每一个单因子实验可以看作只有一个自变量的对比实验。

3. 调查法

调查是科学探究常用的方法之一。我国的森林资源每五年清查一次，这就是调查。人口普查也是调查。调查时首先要明确调查目的和调查对象，制订合理的调查方案。有时因为调查的范围很大，不可能逐个调查，就要选取一部分调查对象作为样本。调查过程中要如实记录。对调查的结果要进行整理和分析，有时要用数学方法进行统计。

4. 模拟法

在科学研究中，有时不能对研究对象直接进行控制或干预性的操作，需要设计和构想出研究对象的替代物，通过对替代物的实验来获取经验性材料，这种方法称为模拟法。例如，“性状分离比的模拟实验”和“生物体维持pH稳定的机制”实验，所采用的都是模拟法。

5. 逻辑思维

科学重视证据和逻辑。上面所述4种方法主要是用于获取证据的，下面对逻辑思维的方法做简要说明。逻辑方法在科学思维方法中具有至关重要的地位。概念（包括模型）的形成主要靠抽象和概括的方法；判断有时靠感觉和知觉就可直接作出，有时要在概念基础上进行推理才能完成；推理的方法主要是归纳和演绎（在逻辑学上也将类比、比较、分类、分析和综合纳入归纳的范畴）①；仅靠推理只能使得出的判断合逻辑，不能保证它符合客观实际，验证判断的真实性靠论证，论证由论题、论据和论证方式组成，论证方式同样离不开归纳和演绎的推理方法②。

（1）归纳和演绎

归纳是指由一系列具体事实推出一般结论的思维方法。例如，从观察到植物的花粉、胚珠、柱头等的细胞都有细胞核，得出植物细胞都有细胞核这一结论，运用的就是归纳法。归纳法有不同的类型，如归纳法分为完全归纳法和不完全归纳法（根据归纳前提是否完全来分）。根据部分植物细胞都有细胞核而得出植物细胞都有细胞核这一结论，实际上就是运用了不完全归纳法。如果观察了所有类型的植物细胞，并发现它们都有细胞核，才得出植物细胞都有细胞核的结论，就是完全归纳。在中学生物学教学中，还常涉及相关性和因果性的判定，在判定因果联系时，常用到的归纳法有求同法、差异法、求同差异共用法等。例如，遗传的主要物质基础——DNA的发现过程，就运用了求同法：不同的研究者在不同的实验中发现，DNA是不变因素。初中教材中介绍的巴斯德的鹅颈瓶实验，就是用了差异法③。

归纳过程是一个较复杂的思维活动，它除了运用归纳推理外还需充分地获得材料，并对材料进行整理和分析，经过去粗取精、去伪存真的加工过程。搜

① 金岳霖．形式逻辑［M］．北京：人民出版社，2005：287-288．

② 同①211．

③ 详见人教版《义务教育教科书生物学八年级上册》第71页至第72页。

集和整理材料的逻辑方法分别有观察、实验和比较、分析、综合等。

演绎是从一般原理推导出个别结论的思维方法。从思维进程上看，归纳是从特殊到一般的过程，而演绎是从一般到特殊的过程。演绎的主要形式是三段论，即由大前提、小前提和结论三部分组成。大前提是已知的一般原理，小前提是已知的个别事实与大前提中的全体事实的关系，结论则是由大、小前提中通过逻辑推理获得的关于个别事实的认识。演绎推理是前提蕴涵结论的推理，在这种推理中，前提与结论的联系是必然的，它的结论包含在前提之中，只要前提是真的，结论必然真。高中生物学教材以孟德尔对一对相对性状的实验结果及其解释为例，详细讲解了假说—演绎法，这是演绎法在中学阶段最典型的例子。假说—演绎法是指，在观察和分析基础上提出问题以后，通过推理和想象提出解释问题的假说，根据假说进行演绎推理，推出预测的结果，再通过实验来检验。如果实验结果与预测相符，就可以认为假说是正确的，反之，则可以认为假说是错误的。假说—演绎法是现代科学研究中常用的一种科学方法。

归纳和演绎各有优势，也各有局限性，二者是互为补充、相辅相成的。从近代科学到现代科学，以观察（实验）—归纳为主的方法逐渐让位给以假说—演绎为主的方法。这是因为现代科学从总体上来说，已经不是处在经验材料的收集阶段，而是处于高度的理论概括和演绎的阶段。由于数学、计算机科学等工具学科的发展，人们能够凭借这些工具提出假说，然后演绎出理论体系或具体推论，再通过观察和实验来检验。当然，在应用假说—演绎法时，仍需要以经验归纳法作补充，以一定的实验事实为根据。

（2）分析和综合

分析是把一个复杂的事物分解为各个部分、各个要素，然后分别加以考察的一种思维方法。综合是把分析得到的关于客观对象的整体认识按照其内在联系在思维中联结起来，形成对客观对象的整体认识的思维方法。分析与综合两者思维的出发点和思维运动方向是不同的，一个是从对象的整体走向各个局部，另一个则是从对象的局部走向整体。但是，两者又是统一的。分析是综合的基础，没有分析就没有综合；分析也依赖于综合，没有综合也无所谓分析①。孟德尔在进行豌豆杂交实验时，从众多性状中只选取7对稳定且易于区别的相对性状分组单独研究，抛开其他复杂因素，将所要研究的因素暂时从整体中抽提出来进行精细、周密的考察，研究每一因素世代传递的情况。这种分析方法对于孟德尔发现分离定律具有决定性的意义。而沃森和克里克提出DNA的双螺旋结构模型，则是对DNA分子各部分认识的一次综合：他们综合了当时生物学、生物化学等众多领域的研究结果及实验数据，包括DNA成分、各成分之间的比例、空间影像等信息。教材在资料分析、思维训练/技能训练、探究等栏目中涉及了相当多的对实验结果、数据、相关性和因果性分析的内

① 王小燕．科学思维与科学方法论［M］．广州：华南理工大学出版社，2015：121．

容，学生完成这些学习活动，都需要用到分析法。当学生学完种类繁多的动物之后，如何概括动物的共同特征呢？[①]当学生学完配子形成和受精作用时，如何对遗传的稳定性与多样性的原因进行概括呢？[②]这都需要用到综合法。

（3）类比

类比是指根据两个研究对象的相同或相似方面来推断它们在其他方面一致性的一种思维方法和推理形式。与归纳和演绎不同的是，类比是从特殊到特殊、从一般到一般的推理。例如，教材中介绍的萨顿的推理（根据基因和染色体行为之间的平行行为，推断基因位于染色体上），就是类比推理的范例。在科学研究中，类比推理是提出假说的重要途径，往往可以导致新发现、新理论。但是，应当注意的是，类比推理的结论具有或然性，可能是正确的，也可能是错误的，其证实或证伪还需要通过观察或实验。

除此之外，经常运用的逻辑方法还包括比较、分类、论证与反驳等[③]。

比较是指根据一定的标准，把彼此有某种联系的事物加以对比，确定它们的相同和不同之处的一种逻辑方法。例如，对不同种类生物的形态结构进行比较，可以推断它们之间的亲缘关系。客观事物之间存在差异性和统一性，是运用比较方法的客观基础。比较方法又可分为横向比较和纵向比较。横向比较即空间上的比较，比较的是既定形态，可以使我们认识各种不同的事物；纵向比较即时间上的比较，比较的是历史形态，可以使我们进一步发现同一事物随时间的变化，有助于认识和发现某一事物发展变化的特点和规律性。例如，《义务教育教科书生物学七年级上册》第86页“技能训练”之“比较”栏目提供了白网纹草和银线鸟巢凤梨的叶片，让学生比较它们的叶脉，这里需要用的就是横向比较；达尔文主要运用纵向比较揭示了生物进化的规律。

分类是根据对象的共同点和差异点，将对象区分为不同种类的逻辑方法。分类是以比较为基础的。通过比较找出事物的共同点和差异点，然后把有共同点的事物归为较大的类，把其内部又有差异的事物划分为较小的类，从而将事物区分为各有一定从属关系的不同等级的系统，就是分类[④]。例如，我们把自然界中具有“生活需要营养”“能进行呼吸”“能对外界刺激作出反应”“能生长和繁殖”“遗传和变异的特性”等特征的物体归为一类，即生物；在生物这个大类中，又根据差异点划分为动物、植物、微生物等。在《义务教育教科书生物学八年级上册》中，不仅安排了植物的分类和动物的分类等内容，还安排了对食品进行分类的“技能训练”[⑤]。在选择性必修1探讨血浆的化学成分时，学生要完成“血浆中这么多物质，你能将它们归归类吗？”这样的任务，也要

---

① 详见人教版《义务教育教科书生物学八年级上册》第39页。

② 详见人教版《普通高中教科书生物学必修2遗传与进化》第27页。

③ 王小燕．科学思维与科学方法论［M］．广州：华南理工大学出版社，2015：90．

④ 同③93．

⑤ 详见人教版《义务教育教科书生物学八年级上册》第99页至第100页。

用到分类的方法[①]。

6. 形象思维

形象思维是借助头脑中的形象材料来思考问题的一种思维方法。形象思维包括表象的再现、想象和联想。学生在学习生物学的过程中，会接触到许多直观的形象，这些形象会在学生头脑中形成表象。形象思维的过程就是这些表象的再现、联络和融合的过程。两个或两个以上表象的联络就是联想，许多表象的融合形成新表象的过程就是想象。生物学概念的建构离不开形象思维，例如，关于真核细胞的结构模型，仅记住各种结构名词是不够的，还需要学生在头脑中有一个立体的细胞形象。科学探究能力的发展也离不开形象思维。善于联想和想象是创造性思维的重要特征，因此也需要对学生进行专门的训练。例如，在非特异性免疫和特异性免疫部分，可以让学生联想城墙和城市中巡逻的警察；关于激素调节和神经调节的关系，让学生联想人类社会的两种通信方式——广播和打电话；在群落的结构部分，让学生想象森林群落通过自然选择形成分层结构的大致过程。联想和想象活动给学生提供了十分广阔的思维空间，对于提高学生思维的广阔性、深刻性和灵活性是大有裨益的。

7. 直觉和灵感

直觉思维是指未经过推理分析而直接对问题的答案作出猜测、设想或顿悟的思维。直觉思维的本质特征是非逻辑性，它能打破常规思维定式和逻辑规则的束缚，因而是创造性思维的重要形式，发挥着逻辑思维不可取代的作用。爱因斯坦曾说过，在科学创造中“真正可贵的因素是直觉”。但是，直觉并非无中生有，它的产生是与掌握相关的知识和经验以及丰富的实际活动密切相关的。

灵感是指人们对于反复探究而未能解决的问题，因某种偶然因素的刺激感到灵光一现，突然领悟到答案的一种心理活动状态。其主要特征是突发性、不可重复性、综合性和模糊性。灵感不是凭空产生的，是研究者长期孜孜以求的结果。同时，它又是可遇而不可求的，正因如此才更宝贵。

直觉和灵感是影响创新能力的重要因素。许多重大科学发现都离不开它们。但是，凭借直觉和灵感提出的假说、观点、设想等，往往是不完备、不精确的，还必须运用证据和逻辑做大量的工作才能使之渐趋完善。

8. 数学方法

近现代科学的发展，是同数学方法的应用和发展紧密相连的。科学数学化成了现代科学发展的一个重要特点。马克思认为一种科学只有在成功地运用了数学之后，才算达到了完善的地步。

教材中需要运用数学方法学习的主要内容有：孟德尔的遗传规律，DNA中遗传信息的多样性，遗传密码，种群基因频率的变化，种群的增长，生态系统的能量流动。

---

① 详见人教版《普通高中教科书生物学选择性必修1稳态与调节》第4页。

9. 模型方法

无论是在科学研究还是在学习科学的过程中，模型和模型方法都起着十分重要的作用。模型是人们为了某种特定目的而对认识对象所作的一种简化的描述，这种描述可以是定性的，也可以是定量的；有的借助于具体的实物或其他形象化的手段，有的则通过抽象的形式来表达。《美国国家科学教育标准》中的表述是："模型是与真实物体、单一事件或一类事物对应的而且具有解释力的试探性体系或结构。"

模型的方法是以研究模型来揭示原型的形态、特征和本质的方法，是以简化和直观的形式来显示复杂事物或过程的手段。

关于模型的形式或种类，不同论著中的说法不尽相同。有的将模型分为物理模型、理想模型和数学模型三类，其中理想模型是指具有高度的抽象性又具有某种极限特征的理想客体或事物，如理想气体、理想刚体、理想质点等；有的将模型分为物理模型和数学模型两大类，而物理模型又包括物质模型和思想模型两类，其中思想模型是物质模型在思维中的引申，包括具象模型和抽象的理想化模型；有的将模型分为物理模型、概念模型和数学模型三类。"物理模型、数学模型和概念模型是用来学习被认为相似的事物的工具。"考虑到高中学生的认知水平和教师教学处理的便利，教材中采用的是最后一种分类。

高中生物学教材中所说的三种模型的含义如下：物理模型是指以实物或图画形式直观地表达认识对象特征的模型，如人工制作或绘制的DNA分子双螺旋结构模型、真核细胞三维结构模型等；概念模型是指以文字表述来抽象概括出事物本质特征的模型，如对真核细胞结构共同特征的文字描述、达尔文的自然选择学说的解释模型等；数学模型是指用来描述一个系统或它的性质的数学形式，如"J"形种群增长的数学模型。应该指出，物理模型既包括静态的结构模型，又包括动态的过程模型，教材中学生动手构建的减数分裂中染色体变化的模型、血糖调节的模型等，就是动态的物理模型。

10. 系统分析方法

系统分析是明确系统的边界后，在分析系统组成要素、层次结构的基础上，分析系统各组分间相互影响的定量关系，建立系统的数学模型，并利用计算机对系统结构优化，使系统具有功能整合作用的问题分析方法。系统分析一般包括四个阶段：第一阶段是定性分析，包括划分系统边界、确定系统组分、分析系统层次、明确问题及研究目标；第二阶段为定量研究阶段，包括定量研究各组分间的影响关系、建立系统数学模型；第三阶段为模型分析阶段，是在认识系统动态规律的基础上，确定系统模型的参数，进行模型试验，优化系统功能；第四阶段为系统结构优化阶段，是通过模拟分析，优化系统结构，实行系统调控，使系统具有系统功能整合特性，实现优化的系统功能。限于高中学生的发展水平和需要，高中教材并不要求学生掌握如此完整的系统分析方法，而是重在领悟系统方法的思想，初步学会从系统的整体出发，分析整体与局部、部分与部分、整体与外部环境之间的相互关系。在进行有关系统分析的探究活动时，主要做系统分析的第一阶段的工作，有些活动可深入到第二阶段，比如建立种群增长的数学模型、生态系统的能量流动分析等。

（二）科学思维

1. 科学思维的内涵

什么是科学思维？不同的学者或者著作对其下的定义是不完全一样的。例如，《普通高中生物学课程标准（2017年版2020年修订）》（以下简称“新课标”）指出：“科学思维是指尊重事实和证据，崇尚严谨和务实的求知态度，运用科学的思维方法认识事物、解决实际问题的思维习惯和能力。”《普通高中物理课程标准（2017年版2020年修订）》的表述为：“科学思维是从物理学视角对客观事物的本质属性、内在规律及其相互关系的认识方式；是基于经验事实建构物理模型的抽象概括过程；是分析综合、推理论证等方法在科学领域的具体运用；是基于事实证据和科学推理对不同观点和结论提出质疑和批判，进行检验和修正，进而提出创造性见解的能力与品格。”

赵占良结合以上两个学科的课程标准及逻辑学、思维科学、科学方法论等文献，对科学思维的内涵作如下概括：科学思维是基于事实证据、运用科学概念、通过科学推理和论证对客观事物的本质、规律及其相互关系作出判断和解释、对客观事物的发展变化作出预测的认识方式。科学思维是一种重视实证和逻辑的求真务实的思维习惯和能力；既是常规逻辑思维在科学领域的具体运用，又需要批判审视、质疑包容的思维取向和心理品格，还要靠想象、联想、直觉和灵感等非逻辑思维提出创造性见解①。

从上述这些描述可以看出，科学思维包括精神气质和技能（或能力）两个维度。精神气质涉及思维取向和心理品格方面，也可以说是意识层面。在意识层面的提升是需要以技能层面的训练为基础的。例如，就证据意识来说，它以“求真务实”为核心的品格，以科学地“获取、评价、表达、运用”证据的能力为基础；在教材编写和实际教学中，可以通过训练学生“获取、评价、表达、运用”证据的能力来帮助学生树立证据意识②。

科学思维的显著特点是尊重事实和证据，崇尚严谨和务实的求知态度，即重实证。在自然科学领域，严谨和务实有特定的含义：严谨主要是指获取证据的方法和从证据到结论的思维是严密的、周全的、无漏洞的；务实主要是指使人的认知符合客观事物的真实情况。如何做到严谨和务实呢？新课标提出要“运用科学的思维方法认识事物、解决实际问题”，这就涉及什么是科学的思维方法的问题。我们将在后文中展开。

① 赵占良．对生物学学科核心素养的理解（二）——科学思维及其教学［J］．中学生物教学，2019（19）：4-7．

② 林青．浅析证据意识及其在高中生物学必修2“遗传与进化”模块中的渗透［J］．中学生物教学，2020（9）：11-15．

科学思维作为一种思维习惯，对科学工作者来说，主要是指在面对科学问题时，首先运用已有的知识和经验，通过创造性思维提出猜想或假说，再寻找证据检验猜想或假说是否成立，而设计寻找证据的方案、对证据的分析和解释都要靠逻辑思维；还包括在面对一种科学的观点或结论时，运用批判性思维进行思考和追问：这种观点或结论是否有证据的支持？证据是否可靠和充分？从给出的证据到得出的结论之间逻辑是否严谨？对证据是否可能有其他解释？而对公众包括绝大多数高中学生来说，他们的目标“不是要成为科学家，而是去了解科学研究的基础，从而成为科学信息的明智消费者”。而要成为科学信息的明智消费者，就需要培养批判质疑、重视实证和逻辑的科学思维习惯。

2. 科学思维与理性思维的关系①

在“中国学生发展核心素养”中，作为6大核心素养之一的“科学精神”有3个基本要点：理性思维、批判质疑和勇于探究。其中关于理性思维的解释是“崇尚真知，能理解和掌握基本的科学原理和方法；尊重事实和证据，有实证意识和严谨的求知态度；逻辑清晰，能运用科学的思维方式认识事物、解决问题、指导行为等”②。可以看出，同前文分析的科学思维的要义一样，理性思维也是重视实证和逻辑的思维。那么，二者完全同义吗？它们到底是什么关系呢？

其实，关于科学思维和理性思维的关系，刘大椿教授多年前主编的《科学哲学通论》中有明确的回答：“理性指的是合客观性（区别于信仰）加上合逻辑性（区别于感性、情感等非理性）。”③合客观就是要尽量排除人的主观因素的影响（尽管完全排除是不可能的，观察过程也是渗透着理论的），使人的认识合乎客观事物的真实情况，而这是要通过“对证据的承诺”来实现的。观察、实验、调查都是获得证据的途径。合逻辑是指人们在认识过程中使用的思维方法在逻辑上是合理的和有效的，科学理论的辩护乃至发现都离不开合乎逻辑的思维。合客观、合逻辑是科学的理性追求，这就意味着在科学研究中面对既有观点或结论时，追问它是否合客观、合逻辑成为思维的必然取向或态度倾向。因此，批判质疑就成为理性思维主体的心理品质，这或许是英文的“critical thinking”既可译为“批判性思维”“审辨式思维”，又可译为“理性思维”的原因。《美国国家科学教育标准》中的表述可谓与此不谋而合：科学的“基本特点是以实证为判别尺度，以逻辑作论辩的武器，以怀疑作审视的出发点”④。由此可见，理性思维可以说是科学思维的核心，二者都是人类理性精神的体现。

① 赵占良．对生物学学科核心素养的理解（二）——科学思维及其教学［J］．中学生物教学，2019(19)：4-7．

② 核心素养研究课题组．中国学生发展核心素养［J］．中国教育学刊，2016(10)：1-3．

③ 刘大椿．科学哲学通论［M］．北京：中国人民大学出版社，1998：27．

④ 国家研究理事会．美国国家科学教育标准［M］．戢守志，金庆和，梁静敏，等译．北京：科学技术文献出版社，1999：319，333．

实证加逻辑就构成科学思维的所有方法论特征吗？如果按照逻辑实证主义的理论，答案无疑是肯定的。但是，正如刘大椿教授在主编的《科学哲学通论》中所言：尽管科学在本质上是理性的，但是应当承认，科学并不只是包含客观性和逻辑性两种因素，除了理性因素，还有大量的非理性因素存在着；它同艺术等创造性活动一样，同样需要有激情、意志、直觉和灵感，没有这些非逻辑、非理性因素作为理性的必要的补充，科学的创造与发展几乎是不可能的。科学史上许多成功的实例说明，科学发现过程中提出猜想或假说环节往往要靠直觉、想象、灵感和顿悟，而假说的检验、结论的确证和辩护主要靠基于证据的逻辑思维。一言以蔽之，科学思维等于理性思维加直觉、想象、灵感、顿悟等非理性因素。

3. 科学思维与其他思维的关系

真、善、美是人类的共同追求。人类社会在追求真、善、美的过程中不断进步。人类追求真、善、美都离不开思维。求真的思维是科学思维；求善，就是怎么做才符合人类的利益，涉及技术思维、工程思维和伦理思维等；求美，就是创造美的作品、追求审美的愉悦，主要依靠审美思维[①]。科学思维主要用来分析和解决科学问题，或者与科学有关的社会性议题，比如如何对待转基因作物、基因编辑婴儿、抗生素的使用等。科学思维素养的高低，关乎个人和社会的理性程度，关乎社会的和谐稳定，因此怎么强调也不过分[②]。但是科学不是万能的，科学思维并不能解决人类面临的所有问题，许多问题的解决还要靠综合运用科学思维、技术思维、工程思维、伦理思维乃至审美思维。

技术思维是解决技术问题的一种特有的思维活动，其实质内容是提出确定的创造或改造事物的方案或意见，涉及技术发明、技术设计或施工措施等过程[③]。技术思维的过程是：需求分析→技术反思→技术原理→技术建构→技术系统。教材对一些技术的介绍就体现了这一思维路径。例如，2019年出版的人教版高中生物学教材选择性必修3基因工程一章先提出了培育抗虫棉的需求；然后指出用转基因技术可以培育抗虫棉，这一技术是在DNA分子水平上进行设计和施工；接着介绍了若干构成技术的要素，如限制酶、连接酶、载体等；最后讲解了利用这些要素来建构基因工程的基本操作流程。技术往往具有一定的标准和规范，因此技术思维具有严谨性。教材中让学生进行微生物纯培养、分离与计数以及植物组织培养的实验，有的强调了技术涉及的安全准则，有的提示学生要进行规范的无菌操作、设置对照组、做好标记等，这些都有助

① 马林．思维科学知识读本［M］．北京：中共中央党校出版社，2009：186．

② 赵占良．对生物学学科核心素养的理解（二）——科学思维及其教学［J］．中学生物教学，2019（19）：4-7．

③ 李永胜．科学思维、技术思维与工程思维的比较研究［J］．创新，2017（4）：27-34．

于训练学生的规则意识，培养思维的严谨性[①]。

工程思维是指人类在工程实践过程中所进行的思维活动。工程实践一般会经历规划设计、建设实施以及消费使用三个阶段[②]。工程规划设计是对工程的构思和设想，这一阶段的思维侧重于创造性和筹划性。例如，米尔斯坦和科勒创造性地设计了将B淋巴细胞与骨髓瘤细胞融合获得能产生单克隆抗体的杂交瘤细胞的方案。在进行工程规划、决策或风险评估时，不仅要预估该工程近期的和直接的结果，还要预估远期的和间接的结果；既要预估正面的效益，又要预估可能产生的负面影响。在工程设计时还应该思考工程理想与工程实践两者间矛盾的解决方案，包括对工程目的和实现途径的思考、工程合理性的思考等。在建设实施环节，应从工程设计时的创新思维转向从项目的常规性、稳定性、安全性、可控制性等方面进行考虑。当工程进入消费应用阶段，就会受到大众对其效益、安全性等各方面的检验和评价，这就涉及对保证工程产生正面效益、对成果安全可靠、对工程或其相关技术进行修正或发展等方面的思考。

科学思维、技术思维与工程思维作为科学、技术与工程三种不同的社会实践活动过程中的思维活动，它们之间必然存在着区别。表6–7从思维的出发点、思维主体、思维动力、思维路径、思维成果的表现形式几个方面对三者进行了比较[①]。

表6–7　科学思维、技术思维与工程思维的区别

比较项目	科学思维	技术思维	工程思维
思维的出发点	从日常生活、自然现象或实验现象提出的科学问题	人类生产生活中产生的某种技术问题	人类生产生活中的某种需求或是工程实践中提出的工程问题
思维主体	科学共同体（如科学家）	技术共同体（如发明家）	工程共同体（包括决策者、投资者、管理者、工程师、工人等）
思维动力	好奇心、求知欲等	求新、求巧、求精的工具理性驱动	求效益、求优化的价值驱动
思维路径	提出问题→作出假设→验证→再假设……直到接近现象的本质	分析→抽象→想象思维→综合……直到获得新技术或创造出新方法	需求（问题）分析→设计方案→实施→优化方案→再实施……直到获得理想的工程成果
思维成果的表现形式	科学理论、定律、规律等，它是普遍的、人类共有的	发明、专利、技术诀窍，技术文献或论文，它具有知识产权或独占权，也可交流	设计图纸、规划蓝图、操作方案等，无法做到人类共享

① 包春莹．人教版普通高中生物学选择性必修3《生物技术与工程》育人价值分析［J］．生物学教学，2021（4）：7-11．

② 衡孝庆，魏星梅．工程思维研究的现状与展望［J］．科学决策，2009（7）：90-94．

技术思维、工程思维和科学思维虽然有区别，但它们也存在着相互渗透、相互影响的关系。它们在思维的逻辑性、严谨性、科学性等方面具有高度的一致性，思维方式也有很多共通之处，如分析与综合、模型与建模等方面。工程思维是在遵循科学思维与技术思维规律的基础上，吸收与采纳了人文思维、社会思维、艺术思维等众多思维智慧成果而形成的一种综合性思维，它涵盖了科学思维与技术思维的内容、面向解决更为复杂的工程问题；它的深化和发展会拓展和升华科学思维与技术思维。

科学思维是为了探究事物本质及其相互联系以及事物变化和发展的规律，人们对有关信息进行加工和处理的思维；伦理思维则是关乎个人与他人、个人与集体、个人与社会的各种利害关系及其行为应该如何的一种思维方式①。前者一般是由人们天然的兴趣和好奇心等因素促使形成的，后者的形成多出于责任心、同情心等心理因素。前者指向自然世界，后者不单指向自然世界，更主要的是还反作用于人类自身（更多是指向人文世界）。在进行生物技术与工程操作时，应该思考人类的行为、技术和工程如何更符合人类的利益，包括近期利益和远期利益、局部利益和整体利益等②。这些都属于伦理思维的范畴。伦理思维与科学思维也有共同点，它们是密切相关的。如果没有联想、类比、反思等科学思维，就不可能有成熟的伦理思维及其关怀的对象。

（三）批判性思维体系的构建

从上面的分析可以看出，科学思维的核心是理性思维。赵占良指出，科学思维教学的重点应该放在对学生理性思维的培养上，即培养学生批判质疑、重证据、重逻辑的思维习惯和能力；既然科学思维还包括直觉、想象、灵感、顿悟等非理性因素，那么教师在教学中也要重视通过大量的实操性的探究实践活动，潜移默化地提升学生的直觉思维能力，还要在训练逻辑思维的同时，重视培养学生的想象力。至于灵感和顿悟，那是可遇而不可求的，在教学中难以刻意培养，只能寄希望于学生将来的创造过程，在付出百分之九十九的汗水之后去收获那百分之一的灵光一现了③！

理性思维的技能具体包含哪些内容？国内能参考的研究结果不是很多，但从不少学者对critical thinking一词翻译为“理性思维”来推测，“批判性思维”与“理性思维”的主要技能是类似的，或者说它们所包含的主要技能是相同的。

1. 批判性思维的含义

“批判”一词，在《现代汉语词典（第7版）》中有两个释义：①对错误的思想、言论或行为作系统的分析，加以否定；②分析判别，评论好坏。我国由

---

① 萧成勇．科学思维与伦理思维衡论［J］．科学技术与辩证法，2003（4）：1-4．

② 赵占良．选择性必修模块教材的核心素养侧重点［J］．中学生物教学，2020（6）：21-25．

③ 赵占良．对生物学学科核心素养的理解（二）——科学思维及其教学［J］．中学生物教学，2019（19）：4-7．

于受特定历史的影响，许多人听到“批判”二字，就自然想到“怀疑一切，否定一切”[①]。从词源上来讲：批判性的含义是“建立在某些标准上的恰当判断”。批判性思维是使用恰当的评估标准对事物的真实价值进行判断和思考，它包括三个过程：审视与质疑，比较、分析与评估，综合与判断。正如加利福尼亚州立大学的摩尔教授所说的一样，批判性思维的目标在于作出明智的决定、得出正确的结论[②]。因此，批判性思维并不意味着否定，而是注重思维过程的严谨科学，通过分析判断，要求思维者能够谦逊地接受他人的批判。

2. 批判性思维所包含的技能

思维技能的进步，建立在有意识地投入和学习的基础上。掌握了批判性思维的技能之后，就可以将它运用于任何运用思想的领域。

美国教育资助委员会的大学学习评估工程列出了批判性思维的重要技能，这些技能表现在很多方面。例如，学生善于判断信息是否恰当（包括独立地分析数据、信息，对事实和观点作区分、发现数据和信息与其来源之间的联系，能处理矛盾的、不充分的、模糊的信息等）；善于识别证据（包括识别证据的不足、漏洞，能选择支持力强的数据）；善于洞察他人论证的陷阱和漏洞（包括识别论证中的逻辑错误，以基于数据还是观点来辨识论证的可信性）；在自己论证时，能精准地运用证据为论证作辩护，在展开论证时能滤除无关因素，有序地呈现有较强说服力的证据；在得出结论时，能够避免言过其实的结论（包括清晰地表达论证，论证过程符合逻辑），并知道问题往往没有明确的答案或解决办法不一定是唯一的；在作决策时，能提出替代方案；在采取行动时，能考虑所有的利益相关主体。

以上提到的这些技能可能是不全面的，但这些是主要的，也是重要的。如果将这些技能综合起来，一个受过良好训练的批判性思考者能够：（1）找出关键的问题，并且能够清晰、准确地表达；（2）收集并评估相关信息，简练、有效地解释这些信息；（3）得出有效的结论、提出解决办法，并使用合适的标准检验它们；（4）获取、评估可替代方案，并推测实施方案结果；（5）在寻求解决复杂问题的方法时，能够与他人有效地交流[③]。还应该能够组织概念、评估获取的信息、区分推论与假设、透彻理解推论的意义、调整观点立场……[④]

在综合研究的基础上，专家团队将解释、分析、评估、推理、说明和自我校正等六个技能列为批判性思维的核心技能，并对这六个核心技能的共识作

---

① 任长松. 如何在探究活动中发展学生的探究性思维［J］. 课程·教材·教法，2014（11）：52-56.

② 摩尔，帕克. 批判性思维［M］. 朱素梅，译. 北京：机械工业出版社，2015：2.

③ 保罗，埃尔德. 批判性思维工具［M］. 侯玉波，姜佟琳，译. 北京：机械工业出版社，2013：70.

④ 包春莹. 高中生物教科书中关于批判性思维训练内容的设计［J］. 教育理论与实践，2016（14）：44-46.

了解释，给出了它们所包含的子技能（详见表6-8）①。如果学生能够不带偏见地描述文本内容及图表等的真实意思，说明他具有一定的“解释”技能；如果学生能够在面临问题时给出系列解决方案，能够根据对各种因素的了解，预测下一步要发生的事情等，则说明他具有一定的“推理”技能……批判性思维是使用恰当的评估标准对事物的真实价值进行判断和思考，它包括“审视与质疑”“比较、分析与评估”“综合与判断”等过程，它的目标在于作出明智的决定、得出正确的结论。

表6-8　批判性思维的核心技能

核心技能	所包含的子技能
1. 解释（interpretation）	（1）归纳；（2）理解意义；（3）澄清含义
2. 分析（analysis）	（4）检验观点；（5）识别论证；（6）分析论证
3. 评估（evaluation）	（7）评价主张；（8）评价论证
4. 推理（inference）	（9）寻求证据；（10）考虑多种可能性；（11）得出逻辑有效的或可以辩护的结论
5. 说明（explanation）	（12）陈述结果；（13）证明过程的合理性；（14）陈述论证
6. 自我校正（self–regulation）	（15）自我监控；（16）自我修正

3. 国外教材中批判性思维内容的特点

20世纪90年代，批判性思维六大核心技能公布之后，特别是近20年来，批判性思维在美国各科教科书中得到了广泛重视。培养学生基本的批判性思维技能已成为美国中小学教科书编写的核心目标之一。李善良从30余套美国中小学教科书中随机选中6套进行统计（包括历史、文学、生物学、化学等），结果发现，这些教科书中涉及比较多的共同的词有：比较与对比，分析，识别原因与结果，辨析原因与结果，假设，解释，区分事实和观点，认识观点，评估，应用等②。这些内容大致涵盖了批判性思维的基本技能。

于2000年之后（特别是2010年之后）出版的国外中学生物学教科书（多数为美国，涉及少数澳大利亚的教科书），绝大多数将批判性思维放于非常重要的地位，如圣智学习出版公司、麦格劳-希尔教育出版公司、培生教育出版集团、霍德教育集团等出版的教科书。这些教科书大多具有以下特点③。

（1）同一本教科书在修订时，对于批判性思维技能的训练更加突出，关于批判性思维训练的内容也不断完善。例如，由圣智学习出版公司于2016年出版的《生物学（生命的多样性和统一性）》与2011年版的相比，每章之后“批

① 范西昂．批判性思维：它是什么，为何重要［J］．工业信息化教育，2015(7)：10-41．

② 李善良．怎样培养学生的批判性思维能力——美国中小学教材考察报告［J］．教育科学研究，2012(3)：69-75．

③ 包春莹．例谈国外生物学教科书中批判性思维内容的呈现［J］．现代中小学教育，2019(12)：106-110．

判性思维”栏目中的检测题数目，由原来的平均每章2.9个增加到3.2个。由培生教育出版集团出版的《坎贝尔生物学》，2014年的第10版与2011年第9版相比，每章增加1个“科学技能训练”栏目（全书56章，共56个），该栏目以真实的数据为背景，涉及学生应具备的技能（包括解释数据、图表、实验设计、数学技能等），编者认为，通过这个栏目可以逐步为学生提供更好的批判性思维训练的机会；另外，在数据、图表之后，还增加了“解释数据”的小栏目，也是着重培养学生的批判性思维技能。

同一出版公司出版的不同教科书，尽管编写团队不同，但对批判性思维技能的重视程度是相同的。例如，由圣智学习出版公司出版的《生物学（科学动力）》《环境中的生物》及他们根据澳大利亚高中生物学课程大纲编写的《纳尔逊生物学（第3和第4单元）》都通过多个不同的栏目来进行呈现。培生教育出版集团出版的教科书也是如此。

（2）从内容的呈现来看基本采用显性的方式，很多教科书直接使用“批判性思维”作为正文或习题的栏目，也有一些教科书使用了其他一些词汇，如“科学思维”“科学思维训练”等。从具体栏目的呈现来看，主要可以分为两种方式。其一，提供一些资料，让学生完成一定的任务，并用表示技能的行为动词来描述给学生的任务，如“分析DNA缺失实验”“运用哈迪－温伯格定律解读数据、作出预测”“解读含回归线的散点图”“识别独立变量和相关变量”等。其二，用开放性问题来激发学生的批判性思考，而这是最通用的方式。

（3）这些教科书突出培养的批判性思维的技能与前面专家们所提出的批判性思维的核心技能是一致的。通过统计这些词在教科书中出现的次数，发现：辨析原因与结果、比较与对照、得出结论、预测后果、问题解决、证明合理的判断、分析、评估等批判性思维技能都是各教科书重点训练的内容。例如，由霍尔特、莱因哈特和温斯顿公司于2006年出版的《现代生物学》，51章中的章习题“批判性思维”共计227条，训练频率比较高的技能有：解释（48条）、分析（43条）、运用（24条）、评价（17条）、推断（17条）、预测（15条）；114节中的节练习题“批判性思维”共约460条，分析和运用是出现频率最高的；51个“实验”栏目也是突出了批判性思维技能，安排了观察15个、建立模型5个、比较4个、分析3个等；56个“快速实验”涉及20多种技能，“比较（和对比）”“建立模型”等也是重点训练的。《纳尔逊生物学》中的节习题和章习题都是分级的，更高级别的习题重点培养了“运用”“分析”“评价”“创造”“反馈”等技能。

（4）设计的开放性问题，都是基于一定的情境，并与相关生物学知识密切相关。例如，在培生教育出版集团2014年出版的国际高中毕业考试用的生物学教科书中，让学生评估研究的收益与风险，是结合癌变、干细胞、多能干细胞等知识来进行的；关于相关性与因果性的分析，是结合镰状细胞贫血和疟疾的关系来设计的。这些开放性的问题，多是引导学生全面、辩证地来看待问题的。例如，“随机取样的数据一定都有效吗？”“如何判断获得的信息真实、可靠？”“禁止滴滴涕是正确的决策吗”这些问题为学生提供了质疑与探究的机会，为学生拓展、开发内容资源提供了尽可能大的可能性。通过思考、讨论，学生能够全面地看待事物，最终能够使用恰当的评估标准对事物的真实价值进行判断和思考，从而得出正确的结论、作出明智的决定。

（5）所有这些栏目或培养的某种技能，都在教科书中不止出现一次，而是反复出现、不停重复；而且，同一技能还要通过不同的栏目来训练。例如，在《现代生物学》中，带有“解释”“分析”“评价”等任务的词条基本上都是几十次地出现。

4. 教材中批判性思维的呈现原则

基于长期进行中学生物学教材开发研究的实践、对国内外教材的比较研究，结合上述对科学思维的理解，谨就教材中批判性思维的呈现提出以下原则。

（1）全面渗透批判性思维的多种技能

充分发展的批判性思维包括三个部分：首先，能提出问题；其次，努力用推理来回答那些问题；最后，相信推理的结果①。为了使学生能够全面掌握，教材在编写时，应进行总体规划和设计，并针对批判性思维的各项技能系统、全面地落实。

批判性思维能力从问问题开始。教材首先应针对提问题对学生进行训练，例如，提供一些真实情境，设置“发现问题，提出问题”“对提出的问题进行评价”等内容（这些内容建议安排在初中阶段）。有时在每节课的起始，结合“想一想，议一议”或“问题探讨”栏目，加强对学生问题意识的培养。

当进行推理的时候，都必须有一个开始，这个开始一般是假设。假设是你在思考问题时认为正确的事情，也是一种重要的洞察力。让学生对提出的问题作尝试性回答也是在引导学生作假设。

推理必须根据一系列的事实、数据与经验等基本成分作出。找到来源可靠的信息，是批判性思考者的重要目标②。当信息是用来说服他人或者形成观点时，对信息进行批判性评价很重要，也很必要③。现在由于信息来源比较广泛，我们获取信息的途径也有很多，但很多中学生还缺乏对信息鉴别能力，教材应安排一些素材来培养学生的信息素养。在进行这些内容的编写时，应向学生渗透哪些信息是可靠的及如何判断信息的可靠等能力，还应让学生知道，在进行推理时，掌握的资料应该是正确的、完整的。有些信息是事实，有些信息是观

---

① 诺希克．学会批判性思维：跨学科批判性思维教学指南［M］．柳铭心，译．北京：中国轻工业出版社，2005：7．

② 保罗，埃尔德．批判性思维工具［M］．侯玉波，姜佟琳，译．北京：机械工业出版社，2013：6．

③ 拉吉罗．思考的艺术［M］．金盛华，李红霞，邹红，等，译．北京：机械工业出版社，2013：82．

点。事实是确定知道的一些事情，是客观证实或已被验证的事情。事实和观点经常交叉出现，需要我们进行判断，这就是“区分事实和观点”的技能。例如，《义务教育教科书生物学七年级下册》就对此进行了训练。

然后，恰当地运用证据和逻辑，才能对问题的因果关系作出正确的判断，从而得出合理的结论。经由批判性思维得出的结论应该是准确的、有充分证据支持的、与我们研究的问题相关的结论，也就是说，准确性、充分性和相关性是结论的标准。在这方面，学生往往觉得难度比较大，教材还应结合相关的探究、实验多次对学生进行训练，例如，安排多个主题：分析因果关系、运用证据和逻辑作出推测、评价证据与假说、评价实验设计与结论等。有些结论是正确的、有充分证据支持的，但未必是与我们研究的问题相关的，这是批判性思维结论的重要特征，也是往往被忽略的。《普通高中教科书生物学》针对这些在必修1、选择性必修3等多处对学生进行了训练。

除此之外，批判性思维的技能还包括清晰地、有序地表述结论，在作出决策或采取行动时考虑所有利益相关的主体，教材也应对此进行渗透。

有研究者认为，批判性思维的目标在于作出明智的决定、得出正确的结论。在作出决策时，掌握的资料也应该是正确的、完整的；在作决策时，应该能提出替代方案。在选择性必修3中，以青蒿素为例设计了一道开放性的习题，希望考查批判性思维最后阶段的技能，即作出决策。在做类似的试题时，需要引导学生思考，这些信息够你作决定用吗？如果不够用，你认为还需要补充什么信息？哪些信息是你作决定时参考的关键因素？你作决定时，考虑备选方案了吗？教材中列出的五条信息指明的方向，都有研究者在研究，也都有望成为提高青蒿素类药物产量的方向。但是，每一位同学都有自己独特的思考，应该结合自己的理解或者假设的其他条件来进行判断、选择。只有这样，学生未来才能在不伤害他人利益的情况下，优化自身的生活质量，成为一名理性的决策者、积极的问题解决者。

从核心技能上看，教材应全方位训练专家们所提出的核心技能。例如，在选择性必修3教材中，通过“思维训练”（如评估论点的可信程度和评估获取证据的难度）、拓展思考题（如评估乙醇汽油对于粮食短缺的风险、iPS细胞应用的风险等）、复习与提高题（如评估检测冰激凌中大肠杆菌是否超标的实验设计思路）等，对学生的评估技能进行训练；在第4章的“复习与提高”中，检测番薯中是否有农杆菌基因和分析克隆羊多莉实验数据这两道题，主要训练学生基于证据推理的能力。在“探究·实践”中的“结果分析与评价”部分设计的很多思考题，如“如果你对结果不满意，应该如何改进？”，以及要求学生对实验方案进行完善等，可以训练“自我校正”的技能。还有很多习题及问题的设计是指向解释、分析等技能的[①]。

（2）进行合理的梯度安排，分步实施

批判性思维的发展具有明确的阶段性特点，既有赖于有计划的训练，又需经长期的积累和发展，因此，在总体规划和设计时，应考虑学习进阶的要求，进行梯度安排。除了上面所探讨的以批判性思维的进程发展来组织这些技能（首先是呈现关于提出问题的，然后是作出假设，最后是作出决策等），对于某一项技能，也分步实施。例如，关于提出问题的技能，学生一开始往往不知道如何提出问题，提出的问题可能没太多价值，这就需要先给定一些问题或安排一些简单的问题情境，再引导学生自己提出问题；接下来就是提供具体的问题情境，提出几个问题，让学生判断分析；最后安排由学生独立提出问题的活动。再比如，关于实验设计与结论之间的严密性，应先安排简单的判断，然后让学生根据设计自己得出结论，这可以在初中阶段进行；到高中阶段时，可以针对某个实验设计给出看似正确的结论让学生进行判断。将自己的结果、观点等告知他人，让他人相信我们推理的结果也是批判性思维的重要技能。初级要求是“需要与他人交流和合作”，更高的要求则是能够使用准确的生物学术语（而不是口头语言）和图表将自己的研究方法、结果和观点告知他人。

（3）通过多种栏目，立体进行呈现

一项活动即使生动有趣，如果持续时间过长，学生的注意力也会下降。通过丰富多彩的栏目设置，可以持续维持学生的兴趣，并将批判性思维的技能润物细无声地渗透给学生。教材在编写时，应通过多种栏目，立体进行呈现。例如，人教版教材不仅设计了专门的栏目（如“批判性思维”和“技能训练”或“思维训练”），还利用正文内容及其他栏目如“想一想，议一议”（或“问题探讨”）、“资料分析”等来落实，旁栏思考题及练习题、活动方案等也与批判性思维相关。这是一个立体的、全方位的设计。同时，在正文中的渗透多数是隐性的，而栏目可以使相关的技能凸显出来。例如，对于“提出问题”技能的培养，除了在某个栏目（如初中的“技能训练”）显性给出外，还在很多简单的情境之后补加了“你还能提出什么问题？”“你还有什么问题？”等表述；对学生“作出假设”技能的培养不仅可通过“技能训练”这个凸显的栏目，还可以通过教材中的每一个探究、每一个实验来隐性渗透、夯实，并通过一些习题对其进行训练及检测。

（4）对于有难度的技能，从不同角度多次训练

从难度上来看，搜集证据和评估证据是批判性思维的难点之一。为了突破这个难点，教材应从多个角度对学生进行训练。例如，人教版教材在“评估论点的可信程度”的“思维训练”中，给出了这样的问题：如果要更加有力地支

① 包春莹．人教版普通高中生物学选择性必修3《生物技术与工程》育人价值分析［J］．生物学教学，2021（4）：7-11．

持或反驳水果“酵素”有益健康的论点，应该怎样获取证据[①]？在探讨多莉羊早衰问题的拓展题中，要求“寻找支持各方观点的研究证据”[②]。在“评估获取证据的难度”的“思维训练”中，要求学生比较获取相关证据的难易度[③]。同样地，对事物之间相关性或因果性的分析也是难点，教材也从不同角度多次设计栏目。例如，在必修2教材中安排了“分析相关性”，在选择性必修2教材中安排了“分析循环因果关系”和“溯因推理”的思维训练[④]。

（5）适当进行总结

从初中到高中必修，再到高中选择性必修，学生进行了系统的思维技能训练。当学段结束或中学生物学结课时，教材应引导学生对思维技能进行适当总结。例如，人教版教材在高中生物学学习即将结束之际，通过“辩论会”栏目，详细呈现了辩论前的准备及辩论时的注意事项，这其实就是对批判性思维要点的总结。“在搜集资料的过程中，一定要注意区分谣言与事实，区分事实与观点；要舍弃矛盾的、不充分的证据，寻找确凿的证据。”“要精准地运用证据为自己辩护；要排除无关因素的影响，有序地呈现具有说服力的证据；要进行符合逻辑的推理判断；要避免得出言过其实的结论；同时，还要善于洞察对方论证的陷阱和漏洞，如识别论证中的逻辑错误等。辩论时，切忌进行人身攻击。”[⑤]

（四）加强科学思维教学的基本思路

教材中设计的科学思维训练的内容，需要在教学中实施才能得以落实。对学生科学思维的培养过程是具有挑战性的，需要有计划并持之以恒地坚持，绝非一蹴而就。以下呈现赵占良提出的加强科学思维教学的基本思路[⑥]。

从学生学的角度看，加强科学思维的教学要有三个基本点：一是培养学生批判质疑的精神和态度；二是培养学生的证据意识、获取证据的能力、评价证据的能力；三是培养学生逻辑思维的严谨性、全面性、深刻性和流畅性。在此基础上，重视培养学生的创造性思维，并且结合生物学科的特点，培养学生的整体性思维、辩证思维和复杂性思维。

从教师教的角度看，加强科学思维的教学首先要加强概念的教学，因为概念是思维的基本形式，也是思维的工具；概念教学本质上也是思维教学，要将二者统一起来而不是进行割裂，注重引导学生在事实基础上通过抽象和概括等思维建构概念。其次，要将思维教学与科学史的教学、探究活动的设计和实施有机结合起来，通过科学家不迷信权威、敢于质疑的事例，让学生感受批判质

① 详见人教版《普通高中教科书生物学选择性必修3生物技术与工程》第14页。

② 详见人教版《普通高中教科书生物学选择性必修3生物技术与工程》第55页。

③ 详见人教版《普通高中教科书生物学选择性必修3生物技术与工程》第105页。

④ 详见人教版《普通高中教科书生物学必修2遗传与进化》第84页及《普通高中教科书生物学选择性必修2生物与环境》第17页和第29页。

⑤ 详见人教版《普通高中教科书生物学选择性必修3生物技术与工程》第103页。

⑥ 赵占良．对生物学学科核心素养的理解（二）——科学思维及其教学［J］．中学生物教学，2019（19）：4-7．

疑精神的启迪；通过分析科学家的实验和亲身参与探究活动，在获取证据、逻辑推理等方面提升能力。最后，通过难度较大的思维训练活动，训练学生的逻辑思维，教材中的“思考·讨论”“思维训练”“练习与应用”“复习与提高”等栏目中的思维训练题目，要充分利用起来，调动学生积极思维、讨论交流，并且针对学生在交流过程中暴露的思维问题进行有效指导。

卡尔·萨根说过：“科学与其说是一种知识体系，不如说是一种思维方式。”同样，我们也可以认为，科学课程的学习与其说是学习一种知识体系，不如说是学习一种思维方式。从生物学学科核心素养的视角看，生命观念的形成需要科学思维，科学探究的进行需要科学思维，社会责任的担当也需要科学思维。培养学生的科学思维习惯和能力，可以说是包括生物学课程在内的理科课程的核心目标之一。如何达成这一目标，依然任重而道远。

六、作业系统的设计

教材的作业系统是教材的重要组成部分，直接影响着教材功能的实现，需要基于课程标准的要求和教材的内容，以及学生的认知特点等进行统筹设计。

（一）作业系统相关概念的界定

在探讨教材作业系统的设计前，先要界定相关概念。什么是作业？《教育大辞典》对作业的释义是，完成某种学习任务而布置的各类练习的通称，是衡量学习者学习有无发生，以及发生到何种程度的客观标志，是教学活动获得反馈信息的重要渠道[①]。杜威分析了主动的作业在教育上的地位，指出教学应从学生的经验和能力出发，使学校在游戏和工作中采用与儿童、青年在校外所从事的活动类似的活动形式。他认为的作业涉及探索、操作工具和材料、建造等实践活动[②]。可见，在教育学领域，作业一般泛指学生为完成学习任务所进行的一系列学习活动，它的内容丰富，形式多样，既可以是书面的练习，又可以是问答、讨论、实践等活动。

那么，生物学教材的作业系统涉及哪些内容呢？生物学教材作业系统的内容既包括章节后的作业题，也包括某些探究活动中的讨论题；既有随堂练习和技能训练，又有阶段性的自我检测；既有书面作业，又有课外实践、撰写综述报告等实作评价的内容[③]。需要说明的是，讨论题或者问答题的作业属性，是根据教师的教学情况而定的，如果用作教学的引入或铺垫，它们显然不具有作

① 顾明远．教育大辞典增订合编本（下）[M]．上海：上海教育出版社，1998：2175.

② 杜威．民主主义与教育[M]．王承绪，译．北京：人民教育出版社，2001：211.

③ 赵占良．普通高中生物新课标教材的设计思路[J]．课程·教材·教法，2004(12)：59-63.

业的属性；而如果用以检验教学的效果，反馈学生对知识的掌握程度，它们就属于作业系统的一部分。下面就对新课改以来人教社编写出版的四套教材中作业的类型、作业系统的功能和习题的设计进行分析。四套教材分别是《义务教育课程标准实验教科书生物学》（2001年出版）、《普通高中课程标准实验教科书生物》（2004年出版）、《义务教育教科书生物学》（2012—2013年出版）和《普通高中教科书生物学》（2019—2020年出版）。

（二）作业的类型

2001年6月，教育部颁发《基础教育课程改革纲要（试行）》，新一轮基础教育课程教材改革拉开序幕。同年7月和2003年4月，教育部相继颁布义务教育各学科课程标准（实验）和普通高中各学科课程标准（实验稿）。在根据以上课程标准编写出版的《义务教育课程标准实验教科书生物学》和《普通高中课程标准实验教科书生物》中，作业系统的设计基本按照栏目展开，类型丰富多样。表6-9对教材中的作业进行了分类，并列出了它们分布的栏目。

表6-9　教材中作业的类型及其分布的栏目

作业的类型	分布的栏目	
	初中教材	高中教材
思考讨论类	“观察与思考”“资料分析”，以及“探究”“实验”“演示实验”“模拟探究”“调查”中的某些思考讨论题等	“思考与讨论”“资料分析”“实验”“探究”“模型建构”“调查”“制作”中的某些思考讨论题等
表达交流类	“探究”中的表达和交流环节	“探究”“模型建构”“调查”中的表达和交流环节
技能训练类	“技能训练”	“技能训练”
实践类	“课外实践”“进一步探究”等	“课外制作”“课外实践”“资料搜集和分析”，以及“探究”中的“进一步探究”环节等
习题类	节后“练习”	节后“练习”、章后“自我检测”

注：有的栏目可能涉及多种作业类型，如有的“技能训练”里也有思考讨论题。

此后，修订出版的《普通高中教科书生物学》对一些栏目进行了整合，如“思考与讨论”“资料分析”等整合为“思考·讨论”栏目；“实验”“探究”“模型建构”等整合为“探究·实践”栏目，但是在这些教材中作业的类型基本没有变化。

（三）作业系统的功能

新课改提出了新的课程理念，这些理念也反映在了教材作业系统的设计上，让它承载着多元功能。

1. 激发学习兴趣

心理学家、教育家布鲁纳认为，学习动机必须尽可能建立在唤起对所要学习的东西的兴趣的基础上[1]。教材作业系统设计时，在激发学生学习兴趣方面做了不少尝试。例如，教材中多种多样的作业类型、具有情境性和层次性的习题设计，以及一些开放性问题的提出等，也都能调动学生学习的主观能动性和创造性，从而较大限度地激发他们的学习热情和兴趣。

2. 帮助巩固与理解知识

传统的作业系统主要为巩固知识而设计，这也是作业系统最基本的功能，教材章节后面的练习题就十分典型。高中教材节后练习中的“基础题”（修订后为“概念检测”）聚焦本节的核心知识和重要概念来编制，让学生通过练习，及时总结发现问题，进行巩固和提高；章后画概念图形式的习题，有利于学生系统梳理所学概念，建立概念之间的联系。教材正文栏目中的很多思考讨论题紧扣知识内容设计，可以帮助学生加深对所学知识的理解。例如，在《普通高中课程标准实验教科书生物1必修分子与细胞》中，学生学习了被动运输后，让他们思考自由扩散和协助扩散的能量消耗问题、两者的异同，以及它们为什么被称为被动运输，都有助于学生加深对被动运输的认识。

3. 促进拓展与应用知识

作业是课堂学习的延伸和补充，对于学生拓展与应用所学知识也具有十分重要的作用，主要体现在以下三个方面。①提出有思考、应用价值的问题。例如，“资料分析”栏目是初中和高中教材中常出现的栏目，它应自主、探究、合作学习的需要而设计，提出的问题有的起知识迁移应用的作用，有的起演绎或拓展思维的作用等。②提供可以扩大知识面的情境素材。“资料分析”等栏目，以及练习题里都有不少体现最新科学研究进展，联系知识在现实生活中应用的情境素材，这可以帮助学生拓宽视野，了解知识的应用。③编排课外实践活动。生物学是一门具有很强实践性质的学科，在新课改后，它的实践性表现得更加明显。教材在“课外实践”“课外制作”“进一步探究”等栏目或活动环节中，都安排了学生可以在课后开展的实践活动，供他们自主选择，在活动开展的过程中，学生运用所学知识的能力将得到锻炼和提高。

4. 提升能力

教材作业系统可以全方位提升学生的能力，包括思维能力、探究能力等。以作业系统对学生探究能力和思维能力的发展为例进行说明。

发展科学探究能力的一条有效途径是开展动手实践的探究活动。例如，前面提到的教材中编排的进一步探究活动，可以让学生在课后收集资料、设计方案、开展活动等，从而使他们自主亲历探究的过程，发展科学探究能力。教材中设计的“技能训练”栏目是对科学探究活动中常用的科学方法、技能的训练。除了实际动手操作的探究活动，教材中的理论性探究也占据重要的位置，如以开放性讨论和课堂科学辩论形式呈现的“动嘴”活动，以书面形式

① 布鲁纳．布鲁纳教育论著选［M］．邵瑞珍，译．北京：人民教育出版社，2018：74.

进行科学论证的“动笔”活动，可以促进学生将动手能力、动脑能力和动嘴（笔）能力紧密结合[①]。此外，教材还安排了一些分析科学家进行实验、通过逻辑推理得出结论的探究活动，如《普通高中教科书生物学》必修2教材中的“思考·讨论——DNA结构模型的建立”，选择性必修1教材中的“思考·讨论——研究激素的方法”等活动。通过这些活动的开展，学生可以了解科学家进行科学探究的过程，学习科学研究的方法，体会科学家严谨、认真、求实、批判质疑、勇于创新实践的科学思维品质和科学探究的精神。

教材作业系统对学生思维能力的训练显隐结合，这点在《普通高中教科书生物学》教材中尤为明显。教材显性地设计了“思维训练”和“批判性思维”栏目。这套教材的“思维训练”多达17个，有“运用证据和逻辑评价论点”“运用模型作解释”“分析数据”“验证假说，预测结果”“溯因推理”“评估论点的可信程度”等。相关内容从证据的获取与甄别、数据的处理与解释、辨别假设、展开推理、评估论断等多个方面系统、全面地训练学生的科学思维。另外，教材隐性地通过章节后的习题、设计的活动等对学生进行思维训练。例如，选择性必修1教材第1章的“复习与提高”中有一道题，让学生运用所学知识，并通过查阅相关资料获得更多的证据，尝试对“酸碱体质理论”进行评判，这可以训练批判性思维里面评估的技能；在教材第3章第2节后的“科学·技术·社会”栏目中安排的“评价应用激素类药物的利与弊”活动，同样可以训练评估的技能。

5. 发展情感、态度与价值观

在2001年教育部颁布的《全日制义务教育生物课程标准（实验稿）》和2003年颁布的《普通高中生物课程标准（实验稿）》中，课程理念、课程目标、内容标准和实施建议都全面体现“知识、能力、情感态度与价值观”三位一体的课程功能。根据该课程标准设计的教材的作业系统，除了关注学生知识目标的达成、各种能力的培养，还考虑了对他们情感、态度与价值观的发展。作业系统试图通过介绍科学家从事科学研究的实例、安排学生开展探究活动和讲述有关知识等多种途径，构建具有生物学科特点和时代特色的情感态度与价值观体系（图6-10）[②]。例如，在《普通高中课程标准实验教科书生物3必修稳态与环境》中，有“思考·讨论——促胰液素的发现”，这段科学研究的历史，不仅蕴涵了科学发现的思想和方法，还渗透了敢于质疑和勇于创新的科学精神。在《义务教育教科书生物学八年级下册》“保护生物的多样性”一章中安排了“设计并安放人工鸟巢或饲喂器”的课外实践活动，引导学生将习得的知识转化为具体的行动，并进一步增强他们关注和保护生物多样性的情感。

① 包春莹．人教版普通高中生物学选择性必修3《生物技术与工程》育人价值分析［J］．生物学教学，2021（4）：7-11.

② 赵占良．普通高中生物新课标教材的设计思路［J］．课程·教材·教法，2004（12）：59-63.

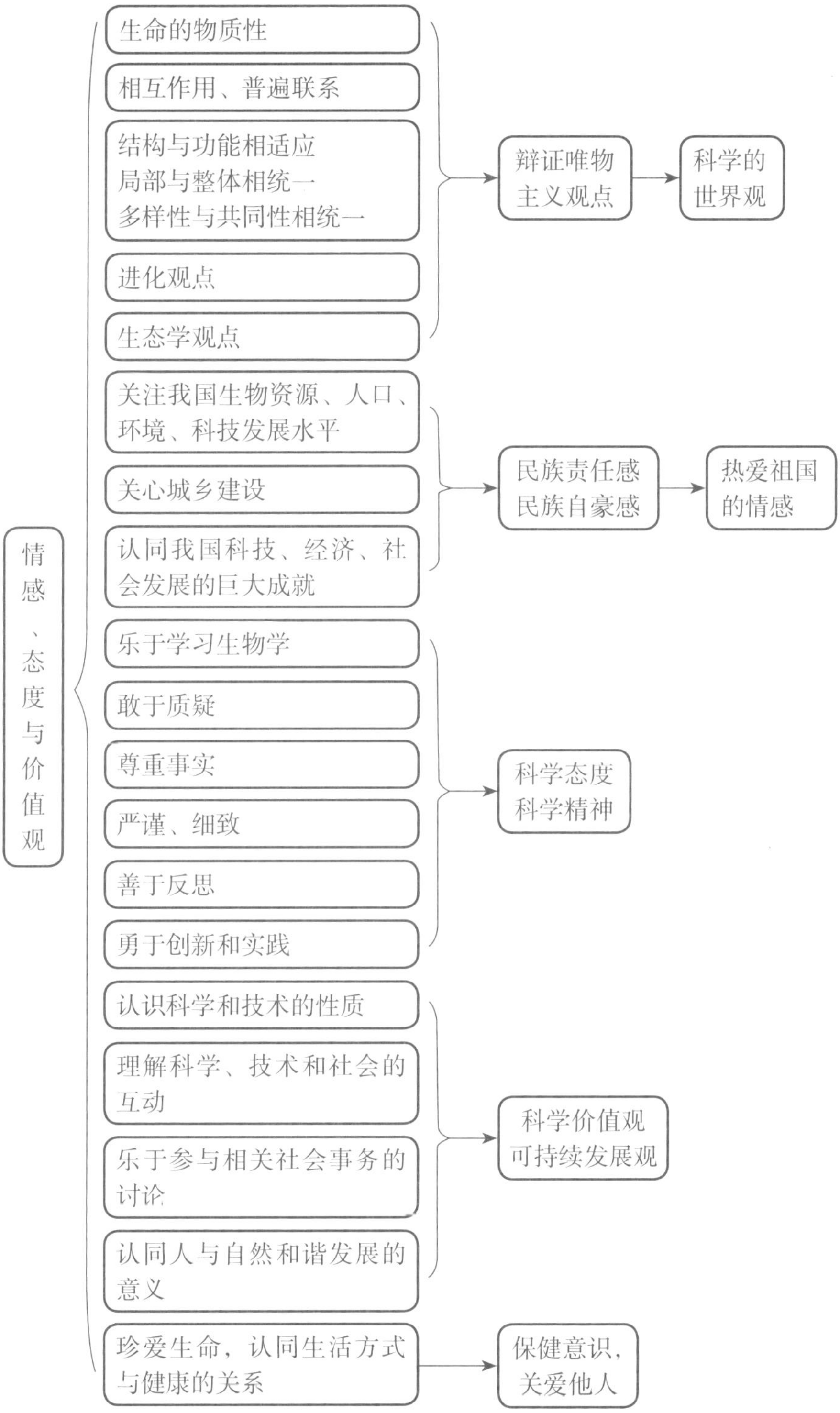

图6-10　教材作业系统对构建情感、态度与价值观体系的作用

培养学生的社会责任感是发展学生情感一个很重要的切入点。《普通高中生物学课程标准（2017年版2020年修订）》明确指出，生物学课程是以提高学生生物学学科核心素养为宗旨的学科课程，并凝练了四个方面的学科核心素养，社会责任素养就是其中之一[①]。基于学科核心素养设计的《普通高中教科

① 中华人民共和国教育部．普通高中生物学课程标准（2017年版2020年修订）[M]．北京：人民教育出版社，2020：4-5.

书生物学》教材作业系统，在培养学生的社会责任感方面，内容丰富。

社会责任建立在对祖国和家乡热爱的基础上，提升社会责任意识的一个途径是进行爱国主义教育。教材不少“思考·讨论”活动，习题等用到的素材反映了我国的科技成就。例如，神舟十一号载人飞船与“天宫二号”成功实现自动交会对接，航天员顺利进入空间实验室；培育转基因鲤鱼、体细胞克隆猴；提取青蒿素……这些研究成果无不彰显着我国科技创新的活力和实力，可以涵养学生的家国情怀，也必然会激励他们发奋学习，增长才干，报效祖国。提升社会责任意识的另一个主要途径是让学生运用所学知识解决生产、生活中的实际问题。例如，让学生辨析核酸保健品的功效，我国政府实施苯丙酮尿症患儿特殊奶粉补助项目的意义，滥用兴奋剂和吸食毒品的危害；对人工驱鸟的措施进行归类等。另外，这套教材的不同册次，作业系统设计渗透的社会责任意识的侧重点也有所不同。选择性必修1教材主要与健康有关，渗透了健康生活的理念。选择性必修2教材关注生态文明建设，帮助学生树立人与自然和谐共生的理念。选择性必修3教材则主要探讨了一些由生物技术和工程发展引发的社会议题，让学生感受到科学技术与社会的复杂关系，培养他们参与社会事务讨论和决策的意识与责任感。

6. 反馈评价

教材作业系统的反馈评价功能是多向的。对于学生，可以帮助自我测评、了解自己的学习水平；发现问题，及时反思和查漏补缺；并且还能将自主学习延伸到课后，使学生逐步养成自主学习的习惯，提升自主学习的能力。对于教师，能检验教学的效果，了解学生对知识的掌握程度，从而可以有针对性地调整教学方案，进行因材施教。对于家长，同样能够帮助了解孩子的学习情况，由于有的作业需要家长参与其中完成，还可以让他们知道如何去支持孩子的学习和帮助孩子成长。

（四）习题的设计

习题是教材作业系统的有机组成部分，它的设计除了充分考量要发挥上面分析的教材作业系统的功能，还应关注以下几个方面。

1. 考虑层次性

《普通高中课程标准实验教科书生物》是教材习题设计层次性增强的标志性教材。节后“练习”分为基础题和拓展题，前者以判断题、选择题为主，主要考查学生对基础知识的掌握；后者以问答、分析说明题为主，注重知识的迁移应用、思维技能的提升等。章后是“自我检测”题，分为“概念检测”“知识迁移”“技能应用”和“思维拓展”四个层次，帮助学生从知识的掌握、能力的发展等方面进行自我评价，详见表6–10。

表6-10 “自我检测”习题的层次性

层次	功能
概念检测	检测概念理解的准确性，分析概念之间的逻辑联系
知识迁移	运用所学知识分析和解决新情境中的问题，特别是来自生产和生活实际的问题
技能应用	训练科学探究技能
思维拓展	在本章内容基础上进一步拓展，进行更深入、更广阔的思考，培养求异思维、发散思维等能力

《普通高中教科书生物学》每节后的“练习与应用”题同样进行了层次划分，有“概念检测”和“拓展应用”两个层次，分别引导学生关注概念的形成和促进知识的迁移应用。章后则编排了“复习与提高”题，必修1、2和选择性必修1、2教材，参照高考题的题型，设计了“选择题”和“非选择题”。选择题主要考查学生对重要概念的理解和应用；非选择题综合性较强，涉及生命观念的运用、科学思维的培养、社会责任的渗透等多个方面。选择性必修3教材与这4册教材有所不同，考虑到它是高中阶段生物学课程的最后一个模块，“复习与提高”中不再有选择题，而是设计了几道综合性更强的大题，很多都需要学生综合运用本章和其他章或模块所学的知识来进行解答。

2. 创设真实情境

情境是“情感”与“环境”的融合。客观上它是能激发学生学习兴趣的各类场景、事物和事件等；主观上，它具有使人产生情感体验方面的作用①。好的问题情境，不仅能激发学生的学习兴趣，还能促使学生建立新知识与原有经验的联系，完成知识的建构，同时也能让他们理解所学知识的价值。结合真实的情境提出问题，是教材习题设计的一个突出特点。教材中这样的例子不胜枚举。

习题中情境素材的来源也是十分广泛的。有的直接来自学生的生活体验，有的源于科研论文，有的是社会热点事件，等等。例如，在《义务教育教科书生物七年级下册》教材中，结合学生的生活经验编创了习题：引导学生科学评价日常生活中有人说有“虫眼”的蔬菜和水果农药含量少的说法；让学生解释骑马或赶马车时，如果对着马喊一声“驾”，马就会前进，如果喊“吁”，马就会止步不前的现象等。《普通高中教科书生物学必修2遗传与进化》教材在“基因通常是有遗传效应的DNA片段”一节节后的习题中，分别创设了执法部门发现餐馆出售国家二级保护动物斑羚的肉的情境和交通路口启用人脸识别技术的情境，引导学生认识每种生物DNA的特异性和基因的多样性。这本教材中利用科学研究素材创设的情境也不少，如番薯是天然转基因作物的研究、某

① 刘丹．试论高中生物学教材基于核心素养的情境创设——HOLT McDOUGAL版BIOLOGY遗传部分的启示［J］．中学生物教学，2018（5）：4-7.

类细菌对碳青霉烯类抗生素耐药率变化的研究、我国科学家对家鸽体内能识别外界磁场并自动顺应磁场方向排列的相关蛋白以及编码基因的研究等。在《普通高中教科书生物学选择性必修3生物技术与工程》教材的习题中，结合社会热点议题创设的情境是最多的，比如分析培育“人兽嵌合体胚胎”、利用基因组编辑技术对人类胚胎进行编辑带来的伦理问题等。

3. 体现开放性

相比传统习题，开放性习题的灵活性大大增加，有助于学生从多角度、多层次去思考和解决问题。教材习题的开放性表现在多个方面，如问题条件的开放性，即让学生从多种条件中寻找信息，探求解决问题所需的条件，也可以作进一步补充；解决问题策略的开放性，即解决问题的途径可能有多种，学生不能局限于既定的模式，需要从不同的角度寻找解决问题的方法；结论的开放性，即学生通过分析、推理等可能得出不同的结论，这样的问题一般没有标准答案，回答只要合理即可等。下面举几个《普通高中教科书生物学选择性必修3》教材中开放性习题的例子。

教材“细胞工程”一章“复习与提高”题的第2题，题干中列出了5条与青蒿素研究有关的信息，让学生根据这些信息和所学知识提出提高青蒿素类药物产量的研究思路。这些信息涉及的研究方向其实都是真实存在的，也都有提高青蒿素类药物产量的可能性，设计开放性问题就是鼓励学生发表自己的见解和看法，引导他们结合自己的理解或者假设的其他条件来进行判断、选择或进一步补充，从而发展他们的创新思维能力。这一章“胚胎工程”一节后面的习题中，让学生思考可以使用哪些现代生物技术人工繁育北方白犀牛。问题的答案显然不唯一，学生提出的方案可能多种多样，他们在思考回答问题的过程中，思维的发散性将得到培养，同时这也促进了知识的融会贯通。“生物技术的安全性与伦理问题”一章“复习与提高”的第4题，题干中提供了流感病毒相关的研究素材，让学生分析这样的研究让我们更安全了，还是更不安全了。这样的问题没有明确的结论，学生需要结合所学知识，或进一步查找资料，对获取的信息进行分析、推理等，继而阐明自己的观点。

2020年10月，中共中央、国务院印发了《深化新时代教育评价改革总体方案》。方案中指出，要稳步推进中高考改革，改变相对固化的试题形式，增强试题开放性，减少死记硬背和“机械刷题”现象。今后，教材习题的开放性还将不断地调整和优化。

七、插图与版式设计

教科书是由文本和插图，通过特定的编排顺序和一定的版式设计形成的。文本包括章节标题、正文、习题，以及教材栏目、表格中的文字等；插图包括图片、照片、图标、图例等。文字内容是教科书的主体部分，但插图也是教科书不可或缺的部分，而且是教科书中显性呈现的内容。插图和版式设计直接影响教科书的美观程度，也关系到教科书文本内容的呈现效果，进而影响学生对教科书内容的理解。

（一）插图

1. 教科书插图的有效性和影响因素

（1）插图的有效性

插图对书籍，尤其对教科书具有什么作用呢？多数人首先想到插图可以使教科书更加美观。其实，除了装饰作用外，插图还可以吸引学生的注意力，激发学生的学习兴趣，美观的插图还可以提高学生的审美能力。最重要的是，插图对于学生理解课文内容也有很大影响。在阅读不同呈现方式的说明文时，学生的阅读时间、成绩以及注视次数、注视点持续时间和回视次数，插图课文显著优于无图课文，而且插图对学生理解课文具有明显的促进作用[①]。对小学数学教科书的研究表明，无论题目难易，学生对有插图应用题的理解程度均优于无插图的[②]。由此可见，学习图文结合的教科书的效果要优于学习纯文字的教科书。

鉴于此，编者在编写教科书时，往往会放入大量的插图。尤其在低年级的教科书中，插图已经成为不可或缺的一部分。那么，为文字相同的课文分别配以不同的插图而得到几个版本，学生学习时所取得的效果会相同吗？答案是否定的，不同的插图会导致学生在学习时取得不同的学习效果，即插图的有效性存在差异性。运用不当的插图屡见不鲜，有时甚至引起歧义，干扰学生对课文的整体阅读。那么，影响插图有效性的因素有哪些呢？

（2）影响插图有效性的主要因素

① 图文的相关度

设计教科书插图时应当做到图文融合。图与文的相关度越高，对学生阅读理解的帮助就越大，与课文内容无关的插图则会影响阅读。对小学一年级学生学习语文教科书的研究表明，插图的信息与课文相关度越高，学生的阅读理解

---

① 陶云，申继亮．高二学生阅读插图课文的即时加工研究［J］．心理发展与教育，2003（2）：43-46.

② 韩玉昌，任桂琴．小学一年级数学新教材插图效果的眼动研究［J］．心理学报，2003，35（6）：818-822.

效果越好[①]。

② 插图的呈现方式

图文同时呈现比图文分离更有利于学生对知识的有效获取，对能力较差的学生效果尤为明显[②]。因此，在照顾到版面布局的前提下，应将每一幅插图与其对应的文字安排在相邻位置，避免图文分离。此外，插图的呈现方式还包含图文出现的先后顺序、插图的完整性，等等。

③插图的不同形式

形式不同的插图也影响学生的学习效果[③]。一般而言，图片写实性越高，使用效果越好，因此，实物照片、细节清晰的绘制图都是良好的插图。此外，对较为复杂、抽象的内容，可选择线条简单的模式图或示意图。简单的插图能够直观地表述内容、凸显重点，有利于学生的学习。

④学生的特征

插图对不同学生的影响也存在差异。插图对于阅读能力差的学生有益，而对相同年级的阅读能力高的学生则几乎没有太大影响。这或许是因为，前者频繁地将其视线从字里行间移向插图，而后者则很少注意插图[④]。

⑤色彩

色系往往先于文字和图像吸引人的眼球。人眼对彩色比对黑白色系更为敏感，彩色可以促进学生在加工过程中保持关键信息，忽视无关或多余信息[⑤]。因此，要提高插图的真实感，首先应保证插图所要表现的人或物具备其真实的色彩，而且在运用时力图使色彩的搭配符合大众审美。

除上述因素之外，插图的尺寸、学生的年龄特征等，也会影响插图的有效性。衡量中学生物学教科书中插图的有效性，既要考虑上述研究成果，也要考虑生物学的学科特色。

2. 教科书插图的类型

对插图进行分类的方法多种多样。从表现形式上，生物学教科书中插图可以分为实物照片图和绘制图，绘制图主要包括模式图、示意图、卡通图等。模式图是根据某种事物的标准样式绘制而成的，适宜表现动植物、人体的器官以及组织结构；示意图则是为了说明较复杂的事物的原理或具体轮廓而绘成的，示意图比模式图更为简洁、形象和直观；卡通图是通过艺术化的手法将人物或动植物

---

① 杨震．小学一年级语文标准实验教科书中课文插图评价研究［D］．大连：辽宁师范大学，2003：1-31．

② Sweller J, Chandler P. Why Some Material is Difficult to learn［J］. Cognition and Instruction，1994（3）：185-233．

③ 黄显华，霍秉坤．寻找课程论和教科书设计的理论基础［M］．北京：人民教育出版社，2002：134．

④ 曾天山．国外关于教科书插图研究的述评［J］．外国教育研究，1999（3）：20-23．

⑤ 张弘毅．插图类型与呈现方式对不同认知风格初中生认知负荷的影响［D］．开封：河南大学，2010：1-68．

的形象以夸张的形式表现出来，以吸引学生的注意（各类插图参见图6–11）。

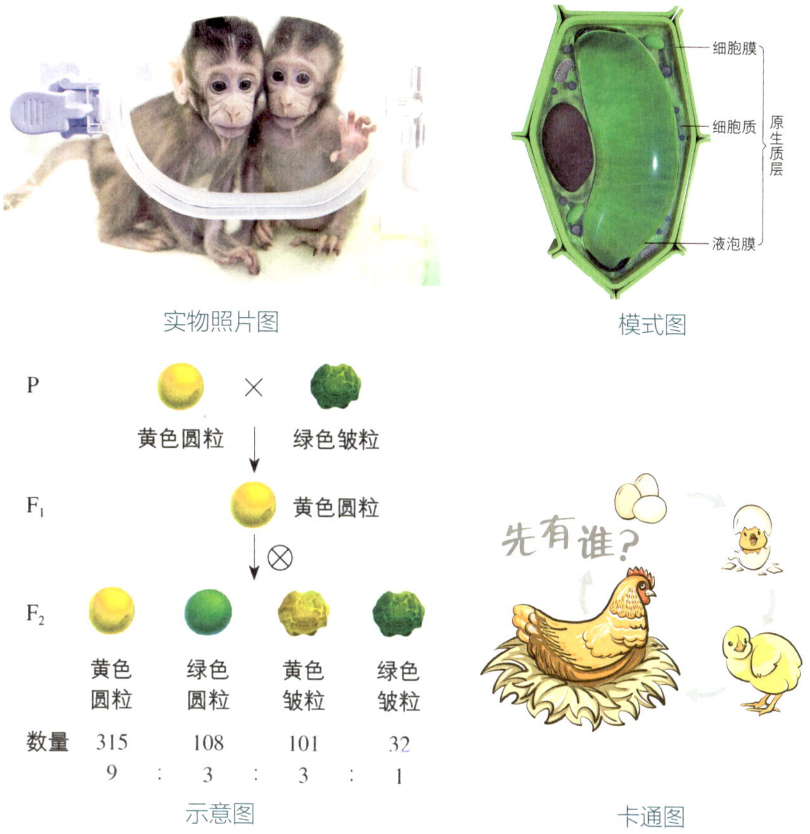

图6–11　按形式分类的插图举例

生物学教科书中的插图有的很难给予特别精确的类型名称。例如，必修1中有“生命系统的结构层次模式图”，其中一部分是大熊猫生活场景想象图（图6–12），图中的大熊猫基本符合现实生活中大熊猫的体态特征，可以算是实物绘制图，但湖泊、山体、草地等环境元素与实际情况并不一致，且大熊猫与环境元素的图形比例不符合真实情况，这样的插图难以确定类型，但总体可视作示意图。还有插图是组合而成的，如图6–13左边为染色体结构发生易位的示意图，右侧是果蝇正常眼和花斑眼的照片，也可大致算作示意图。有些难以归类的可作为“其他”类型。

图6–12　大熊猫生活场景想象图

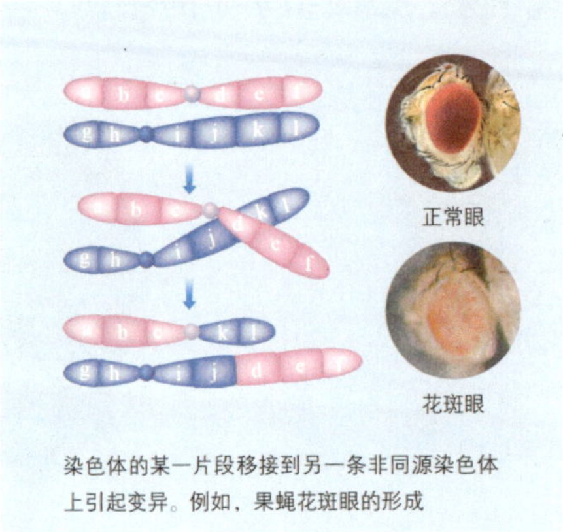

图6-13 染色体结构变异示意图

教科书插图的功能基本可以概括为以下四个方面：（1）解释功能，这类插图能够将复杂或抽象的概念、原理用较为直观的方式呈现出来，帮助读者理解文字所阐述的内容；（2）表征功能，这类插图用于表示人、物的单一元素，依赖于文字而存在，例如，在介绍科学家的文字旁边所附的该科学家的肖像就属于表征性的插图；（3）延伸及促进功能，这类插图既依赖于文本，也具有独立性，意在传达文本之外的信息，引发思考或开阔视野，促进学生能力的提高，在生物学教科书中，它们多出现于“观察与思考”“资料分析”“探究”“练习与应用”等栏目中；（4）装饰功能，这类插图独立于文本，为了增加教科书的美观而存在，与教学内容没有密切的联系。实际上，有些插图具有多重功能。例如，插图在帮助解释教材正文内容的同时，如果其本身美观，在排版时加入设计元素，还可兼顾美观性，起到了装饰作用。图6-14展示了功能不同的四幅插图。

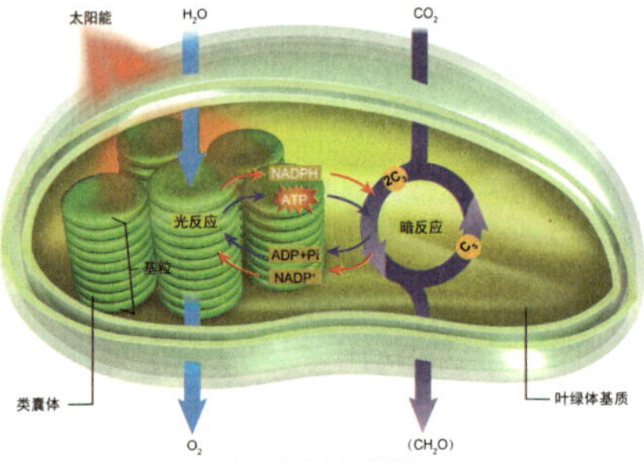

解释性插图

表征性插图

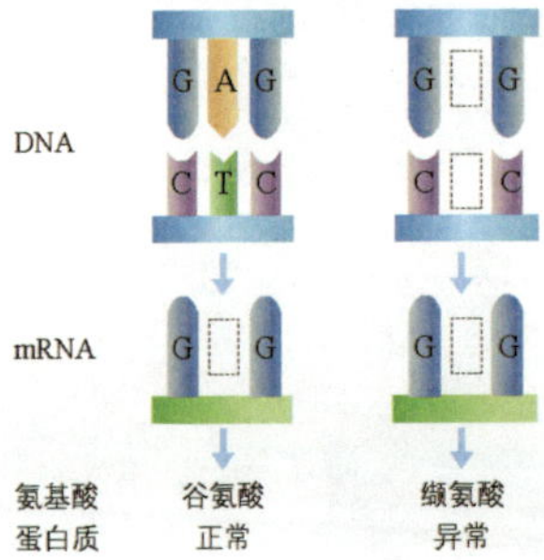

延伸促进性插图

装饰性插图

图6-14 按功能分类的插图举例

3. 高中生物学教科书插图的特点

人教版《普通高中教科书生物学》于2019年出版，是目前国内高中生正在使用的一套生物学教科书。因此，以下以必修1《分子与细胞》和必修2《遗传与进化》为例进行分析。

（1）教科书插图的数量分析

《分子与细胞》和《遗传与进化》分别有插图203幅和195幅（计数时，将由多幅图片组成、但仅有一个图号的插图视为一幅；栏目旁边的小图标不计数）。按照表现形式和功能等两个角度对插图进行分类，结果如表6-11和表6-12所示。

表6-11 《普通高中教科书生物学》必修教材的插图按表现形式分类

教材	实物照片		模式图		示意图		卡通图		其他类型绘制图		总数	页数（包括扉页、目录）	每页图数	字数/千字	每千字图数
	数量	比例/%	数量	比例/%	数量	比例/%	数量	比例/%	数量	比例/%					
必修1	86	42.36	29	14.29	69	33.99	4	1.97	15	7.39	203	140	1.45	210	0.967
必修2	97	49.74	9	4.62	74	37.95	3	1.54	12	6.15	195	134	1.46	202	0.965

表6-12 《普通高中教科书生物学》必修教材的插图按功能分类

教材	解释性		表征性		延伸促进性		装饰性	
	数量	比例/%	数量	比例/%	数量	比例/%	数量	比例/%
必修1	113	55.67	26	12.81	40	19.70	24	11.82
必修2	124	63.59	15	7.69	25	12.82	31	15.90

（2）教科书插图的特点

根据表6-11和表6-12，结合对教材图文关系的分析，可将高中生物学新教材的插图特点概括如下。

① 插图数量丰富

从插图的数量看，图文并茂，图文比例高。两册高中教材平均每页插图数量分别为1.45和1.46，即平均每页都有1幅以上的插图；如果按字数进行计算，则两册教材平均每千字的插图数量均约为0.97。

② 插图类型多样

这两册教材都含有从“表现形式”和“功能”角度进行分类的多种类型插图，但不同类型的插图占比有较大差别。

从插图的表现形式来看，实物照片图数量都是最多的；示意图数量排第二，而且必修2的示意图比必修1多，这与必修2遗传学内容抽象，需要借助示意图进行解释说明有关；必修1的模式图则远比必修2多，这与必修1有很多细胞结构及功能的内容有关；两册教材中还有少量其他类型绘制图，这类插图一般为组合图，更占版面，有的图文结合，既传递了科学知识，又提升了美观度；此外，卡通图很少，仅有几幅，大多是配合情景对话设计的。

从插图功能角度考虑，解释性插图占比最高，这类插图大多位于正文和辅栏（旁栏）中，对文字内容作进一步解释；延伸促进性的插图比较多，要求学生基于插图进行分析、比较、归纳等。在两册教材中，表征性插图和装饰性插图的占比是不同的，这与教材内容有一定关系。例如，必修1介绍了较多的科学家，因此表征性插图比较多。

③ 插图的图文相关性较高

从图文关系来看，图文相关度高，图文呈现方式比较合理。教材图文的呈现方式大致有以下几类：文字—插图（先文后图），即先进行文字叙事，再用插图解释、验证或启发，不同类型的插图发挥不同的作用；文字—插图—文字，在插图进行解释或验证之后，还有相关的文字再次进行阐述；以图代文式，如必修1《分子与细胞》第48页植物细胞和动物细胞亚显微结构模式图，该图图文结合，介绍了动植物细胞分别有哪些细胞器，以及重要细胞器的结构和功能。

（3）高中教材和初中教材插图的对比分析

① 高中生物学教材的图文比低于初中生物学教材

对《义务教育实验教科书生物学八年级上册》（2001年12月第1版）的研究表明，该教材共有插图135幅，平均每页插图数量为1.35，略低于高中教材；每千字插图数量为1.25，显著高于高中教材[①]。考虑到高中教材开本更大，因此“每千字图数”更能客观反映教材图文比。由此可见，高中教材的图文比是低于初中生物学教材的，这与高中教材文字更多、内容更深有关。

② 初高中生物学教材插图类型占比存在显著差异

初高中教材的插图都具有类型丰富的特点，但不同类型的插图占比有显著的差异，主要体现在实物照片图和示意图。八年级上册的实物照片图占比为81%，而两册高中教材分别占42.36%和49.74%；八年级上册的示意图仅占2.2%，而两册高中教材分别占33.99%和37.95%。差异如此之大，其原因是教材内容和学生心理存在差异。

初中教材侧重初步介绍生命世界的基本特点和规律，而高中教材虽然也介绍这些内容，但往往会深入机理的层面，体现知识的螺旋上升。以介绍遗传规律为例，初中教材讲述了孟德尔做了高茎豌豆和矮茎豌豆的杂交实验，然后简单介绍他对实验结果的解释，配图是孟德尔做实验的漫画、高茎豌豆绘制图、

① 王颖．如何提高生物学教科书插图的有效性——以人教版义务教育课程标准实验教科书《生物学》八年级上册为例［J］．课程·教材·教法，2012（7）：79-83.

矮茎豌豆绘制图。高中教材则全面介绍孟德尔一对相对性状、两对相对性状的杂交实验及实验数据，并对如何解释实验结果、假说及内容、如何验证等均作详细说明，配图有豌豆杂交实验示意图、杂交实验示意图、杂交实验分析图解、测交实验分析图解等示意图，可对正文的遗传实验进行解释。仅这一处内容，高中教材的示意图就多出来十余幅。

4. 提高教科书插图有效性的策略

上述分析表明生物学必修教科书插图的图文比例适当、插图质量较为优良，但教材编制是永无止境的，可以从以下几方面提高插图的有效性。

（1）提高图文的相关度

首先，编者在选择插图时，应尽可能选择贴近文字内容的插图。其次，如果选到的插图始终与文字表述方式存在差别，那么在不损伤文字主要内容的前提下，也可以通过对文字表述方式的修改来提高图文的相关性。

（2）改进插图的呈现方式

既要避免图文分离，也要保证插图的完整性。较为复杂的插图应具有图名和图注，图注绝不仅仅是为了补充正文未能提及的内容，而是通过对插图的解释，帮助学生更好地理解插图。必修2教材以图文结合的方式阐释DNA的结构，DNA的复制、转录过程，蛋白质合成的过程等，都是比较不错的图文结合方式。在设计这类插图时，还要考虑图文模式是否符合学习目标。例如，文字描述—图像验证模式就更适用于培养目标为“观察、记忆、思维、自学”的情况。

（3）以系统观设计教材插图

教材建设是一个系统工程，教材内容应做到初高中教材、高中不同册教材的纵向衔接，插图也应协调一致，因此，应以系统观全盘考虑整套教材的插图。一是，绘制图风格应尽量一致；二是，整套教材的插图数量、图文比例应尽量统一；三是，关于某内容或结构的插图应统一风格。例如，必修两册教材的DNA、RNA插图体现了系统设计，DNA四个碱基分别有统一的配色；四是，教材中已有“实物照片—绘制图”的模式，编制教材时，可以结合教材内容、学生心理，加强这方面的整体设计；五是，可增加学生操作实验的配图，拉近教材与学生的距离。

（4）基于学生心理选择插图

在低年级的生物学教科书中，可偏重于选择实物照片图、卡通图，这两类插图易于吸引低年级学生的注意力，激发他们的学习兴趣，而在高年级的教科书中，则应适当增加精美的模式图和示意图，模式图可用于说明生物某一器官、组织结构，示意图适于说明事物的具体轮廓或较为复杂的内容。而且绘制精美的插图能够突出细节，有助于学生记忆重要知识点。

（5）注重每幅图的功能定位

要从该图是装饰性、表征性、解释性还是促进性的角度去分析并设置插图。装饰性插图不宜过多，仅仅只有装饰功能的插图，可能增加学生负担反而不利于学生的学习。表征性的插图应美观大方，所要表现的对象应清晰准确。选择以上这两类插图时都应考虑相应年级学生的心理和审美水平。对于解释性和促进性的插图，应避免增加额外的信息。复杂的插图增加了学生的负担，额外的信息吸引学生的注意力，这些都会影响学生的学习。

（6）考虑内容难易程度设置插图

可根据正文知识内容的难易程度，对插图的数量进行合理配置。例如，对于难点，可以增加浅显易懂的插图；对于比较容易的知识内容，就适当减少插图的数量或选择一幅最具代表性意义的插图。抽象的内容，应用示意图加以辅助；直观的内容，可以用实物照片图进行说明。

（7）尊重知识产权

教科书对插图的使用，应严格遵守《民法典》《著作权法》，尊重图片作者的知识产权。首先，应通过正当途径获取图片，按要求与图片所有权人（方）进行约定，征得对方同意。其次，图书出版后，要按约定支付稿酬，并在适当位置为图片所有权人（方）署名。涉及肖像权的插图，还要征得肖像权人的同意。

（二）版式设计

版式设计是指书报杂志的每一面上文字图画的编排形式。教科书作为书籍的一种，在进行版式设计时，不但要注意满足学生学习科学文化知识的需要；而且要激发学生的兴趣，考虑学生的阅读体验；还要进行美育。因此，版式设计对提升教科书的质量和水准是至关重要的。

1. 中学生物学教材版式设计的原则

（1）版式设计应遵循国家的相关要求

我国对教科书的编制有明确规定，并通过国家标准或相关文件进行规定。例如，中华人民共和国国家标准《GB 40070–2021 儿童青少年学习用品近视预防卫生要求》对教材的字体、字号和行间距作出了规定：中学教材的字号不小于小四号，行距不小于3 mm。中小学教材的开本和印张数也有相关要求。例如，义务教育教科书均为小16开（全开尺寸787 mm × 1 092 mm），普通高中教科书的尺寸为大16开（全开尺寸为890 mm × 1 240 mm）。版式设计应在上述要求下进行。

（2）版式设计既要整体把握，又要关注细节

教科书是由不同主题的章（或单元）组成，章（或单元）下分节，每节又由小标题和内容组成，有的小标题下有不同的栏目。这些内容遵循着学科知识逻辑和学生的认知逻辑形成统一的整体。因此，教材既是一个整体，每册教材内也分多个层级。在进行版式设计时，既要进行整体设计，如设计目录、章（或单元）首页、标题级、栏目的基本格式和图标，并形成规范；也要关注细节，对每节乃至每个页面作针对性设计。

（3）版式设计要服务于教材内容

形成整体设计方案之后，在进行排版时，版式设计应围绕教材内容逐页开展。要运用不同的设计元素和方法突出重点内容，弱化次要内容。例如，可通过加色块衬底的方式凸显重要的探究活动；可以采取图文结合的方式呈现抽象的内容；可以用“显微照片加模式图”的形式表现生物体的微观结构。版式设计归根结底是为了更好地呈现教材内容，不可本末倒置。

（4）版式设计要尊重学生的心理

教科书的受众是学生，学生学习效果的达成与教科书是否受学生喜爱是密不可分的。受学生喜欢的教科书首先是符合学生心理的。小学阶段的教科书应活泼、生动。初中教科书在保留活泼、生动特点时，可增加简约、规整的元素；高中教科书则应更加大气、规整、严肃。如果教材中有人物插图，那么人物的年龄、外形等元素设置，应符合各学段学生的特点。综上，在进行版式设计时，应依据学段确定设计风格。

（5）版式设计要体现生物学的特点

生物学课程是自然科学领域的学科课程，展示了多彩多姿的生命世界的基本规律。版式设计要体现生物学的特色，可以从色彩、插图呈现方式、栏目图标等方面入手。例如，绿色一般被认为是生命的色彩，那么彩色的中学生物学教材，就可以以绿色为基本色调。“探究”“调查”“观察”等栏目图标也可以结合开展生物学所用到实验器材进行设计。

（6）版式设计需要教科书责任编辑与美术编辑合作完成

美术编辑是具有书籍设计技能和审美技能的专业人员，但对教科书专业内容的理解不够深入；责任编辑熟知教材内容，但缺乏版式设计技能。这两类专业人才的有效合作可以有效提高教科书设计的质量和水准。

2. 中学生物学教材版式设计的特点

在设计生物学教材时，人民教育出版社设计部和生物编辑室在全社教材整体设计框架下，结合生物学的学科特色进行版式设计。

（1）整体情况

《义务教育教科书生物学》包含四册教科书，每册教科书由目录、单元页、章、节、节后课外阅读栏目、后记等组成。第一册的开篇为“致同学们”，第四册的结束章节为“学习还将继续”。每个单元包括若干章，有的章包括若干节。每节都由“想一想，议一议”、正文主栏、辅栏、活动栏目、练习、课外阅读栏目等组成。

《普通高中教科书生物学》包含五册教科书，每册教科书由目录、科学家访谈、章、后记、致谢等组成。每章从前往后分别为章首页、各节、本章小结、复习与提高。每节由问题探讨、正文主栏、辅栏、活动栏目、练习与应用、课外阅读栏目（有的节有）等组成。

在进行这两套教材的版式设计时，针对每个部分作统一设计，制定了全套教材的规范。例如，初中教材的“想一想，议一议”“实验”“探究”“观察与思考”，高中教材的“问题探讨”“探究·实践”“思考·讨论”等栏目均有统一的栏目图标、边框或色块等。

（2）分栏设计

1998年起，人教版《全日制普通高级中学教科书（必修）》采用了分栏设计，一改教科书通栏排版的传统方式，使人耳目一新，这种设计也获得师生好评。此后，人教版《义务教育教科书生物学》和高中两套生物学课程标准教材均延续了分栏设计（图6–15）。

《义务教育教科书生物学》在版心范围内，主栏宽9 mm，辅栏宽65 mm。《普通高中教科书生物学》在版心范围内，主栏宽170 mm，辅栏宽65 mm。主栏承载主要内容，包括教材正文、部分插图。辅栏放置尺寸小的插图，以及“？”“小资料”“相关信息”“想象空间”“批判性思维”“学科交叉”等小栏目。有些页面，辅栏作为留白出现。节内的“问题探讨”“探究·实践”“思考·讨论”“思维训练”“课外实践”等栏目，以及节后的课外阅读栏目均通栏排。一些大的插图也通栏排，甚至作对开页设计。这样既突出了重点内容，也为教与学提供了多种素材。一些留白既增强了美观性，还为学生记录笔记留下了空间。

第二章
了解生物圈

通过调查我们认识到，生物都是生活在一定环境中的。**地球上所有的生物与其环境的总和就叫生物圈**（biosphere）。生物圈是包括我们人类在内所有生物的共同家园，我们应该了解它，爱护它。

第一节 生物与环境的关系

想一想，议一议

我国的珍稀动物大熊猫，为世界各国人民所喜爱。你知道野外生活的大熊猫主要分布在哪些地区吗？这些地区的环境有哪些适于大熊猫生活的特点？

通过本节学习，你将知道：
- 环境中有哪些因素影响生物的生活和分布？
- 生物能影响和改变环境吗？
- 生物怎样适应环境？

生物的生活离不开一定的环境。什么是环境？环境仅仅是指生物生活的地点吗？拿鲤鱼来说，在同一个池塘里，不同时期，水质的好坏、水温的高低、食物的多少，等等，都会影响鲤鱼的生活。可见，生物的生活环境不仅是指生物的生存空间，还包括存在于它周围的各种影响因素。

第4节
光合作用与能量转化

问题探讨

你参观或听说过植物工厂吗？植物工厂在人工精密控制光照、温度、湿度、二氧化碳浓度和营养液成分等条件下，生产蔬菜和其他植物。有的植物工厂完全依靠LED灯等人工光源，其中常见的是红色、蓝色和白色的光源。

讨论

1. 靠人工光源生产蔬菜有什么好处？
2. 为什么要控制二氧化碳浓度、营养液成分和温度等条件？

植物工厂

在植物工厂里，人工光源可以为植物的生长源源不断地提供能量。在自然界，则是万物生长靠太阳。太阳光能的输入、捕获和转化，是生物圈得以维持运转的基础。光合作用（photosynthesis）是唯一能够捕获和转化光能的生物学途径。因此，有人称光合作用是“地球上最重要的化学反应”。

无论是在植物工厂里，还是在自然界，植物捕获光能要依靠特定的物质和结构。

本节聚焦
- 植物依靠哪些色素捕获光能？
- 叶绿体的结构有哪些适于进行光合作用的特点？

左：《义务教育教科书生物学》，右：《普通高中教科书生物学》

图6–15 教科书的主辅栏设计

（3）字体字号

在进行版式设计时，对标题及字体字号均作了统一规定。《义务教育教科书生物学》的单元标题为一级标题，章标题为二级，节标题为三级，有的章不分节，节内有黑体字标题。《普通高中教科书生物学》章标题为一级标题，节标题为二级，有的节还分“一”“二”等节内小节，节内还有黑体字标题。

基于内容分层的考虑，对全书的字体、字号、行距进行了统一设计。以《普通高中教科书生物学》为例，节内小标题为小四号黑体字；节内正文为小四号宋体字，正文的重要概念用小四号黑体字，正文内不要求学生掌握的拓展性内容用小四号楷体。节内通栏排的“探究·实践”“思考·讨论”“思维训练”等栏目，以及辅栏的“小资料”“相关信息”等小栏目，用小四号仿宋体。节后“练习与应用”用五号宋体。节后“科学家的故事”“科学·技术·社会”等栏目用小四号仿宋体。本章小结用小四号楷体。复习与提高用五号宋体。行间距均不小于3 mm。

此外，章标题与章引言之间、节标题与“问题探讨”之间均有间隔；章标题与章引言、节标题与节内正文的字体字号均有显著差异，这样整体看上去，字体、字号、行间距的变化，使版面美观大方、视觉导向清晰流畅。

（4）单元（章）首页设计

《义务教育教科书生物学》分八大单元，每个单元的首页均作设计。单元首页由单元标题、引言、单元题图组成。与初中教材不同，《普通高中教科书生物学》每册分若干章，章首页由章标题、章引言、章题图、压图小诗或名言警句组成。单元（章）首页的设计体现了不同字号字体的搭配，文图的搭配，以及色块和章题图的搭配（图6–16）。单元（章）首页内容虽少，但都是围绕该册教材的主线和各单元（章）特点而精心设计的，对学生的学和教师的教都具有不可替代的功能①。

左：《义务教育教科书生物学》，右：《普通高中教科书生物学》

图6–16　教材的单元（章）首页设计

（5）图文设计

生物学教材内容呈现了丰富多彩的生命世界，如何将大量插图信息与教材

① 赵占良．章首页的图文意蕴和功能——以人教版《普通高中生物课程标准实验教科书生物》必修1为例［J］．课程·教材·教法，2014（4）：17-23.

文字内容结合，更好地兼顾教材知识内容的呈现、学科核心素养的落实及美观性的要求，在版式设计时也做了很多尝试。

① 插图选择要兼顾科学性、分辨率等多方面

实物照片图是反映科学事实或证据的一手资料，绘制图有利于学生识别生物、细胞及更微观的结构。但无论实物照片图，还是绘制图，首先都要符合科学性，保证图片内容的准确无误，图文配合的准确无误。其次，优先选择分辨率高、达到印刷要求的插图；分辨率低的插图，即使满足科学性，也可能无法帮助学生学习。再次，可根据版面实际情况，对照片进行适当处理，如进行裁剪突出重点，改变对比度以提升视觉效果，一些图片可以进行出版心设计等。最后，对一些重要内容，应当作针对性设计，绘制对开页大图，甚至根据版面随时调整绘图内容。

必修2生物进化的历程示意图（图6–17）的绘制过程就体现了根据版面调整插图内容的工作方式。首先根据版面绘制草图，同时，收集早期的原核生物、进化历程中10余种植物和30余种动物的资料，然后绘制这些动植物图片，形成草图后，请古生物学专家审稿，再上色，上色后再请专家审稿。这样既保证了插图的科学性；也形象地展示了生命起源和进化的历程，图中的生物都是有记载的，如鱼石螈、始祖马、猛犸、中华秋沙鸭等；精美的插图也能提升学生的学习兴趣。

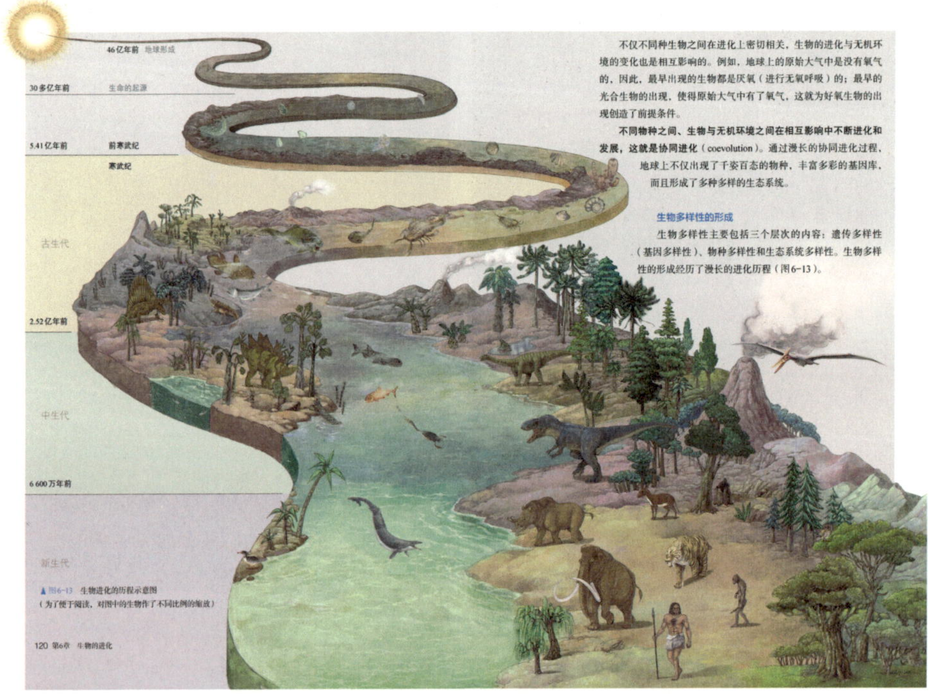

图6–17 必修2生物进化的历程示意图

② 图文关系应清晰、明确、直接

如前所述，图文关系是否合适，关系着学生学习的效果。高中生物学教材的版式设计，着重加强图文关系的密切性，使图文关系清晰、明确、直接。

首先，遵循先文后图的顺序，插图一般不出现于文字内容前；其次，避免出现图文背题，即避免出现文字在奇数页，而插图在下一个偶数页的情况；再次，对一些不易理解的内容，一定要搭配插图帮助学生理解，图文距离近，一些小图就设置在正文旁边的辅栏中；最后，对抽象的内容可采用图文结合的方式进行阐述，如DNA结构的5’端和3’端，转录的过程等。

（6）色彩的运用

目前的教科书均为彩色印刷，因此色彩是教科书的重要元素，色彩的合理运用，也能有效提高教材的美观性。人教版各学科教材均有各自的主色调，在主色调的统领下，再运用不同颜色对教材的图文和栏目进行设计。颜色的整体使用要求典雅、大方、美观、协调。

高中生物学新教材中的字体共有四种颜色，正文、课后阅读栏目均为黑色字，章首页的背景通常为深色，所以章首页的文字大多为白色。“问题探讨”栏目全部内容以及节内小标题、其他栏目标题为蓝色字。“与社会的联系”以及辅栏中的小栏目标题均为紫色字。这样的颜色设计也与文字内容的地位差异相关。

色块的运用主要体现在栏目和插图中，如“探究·实践”栏目使用淡紫色，“思考·讨论”栏目使用淡蓝色，课后阅读栏目使用淡绿色，等等。对符号较多的插图，通过在插图下增加一整幅色块的方式，以增强插图的整体性，如必修2“高茎豌豆和矮茎豌豆杂交实验的分析图解”；对介绍多个组别的实验的插图，用色块对不同组别加以区分（图6–18）。

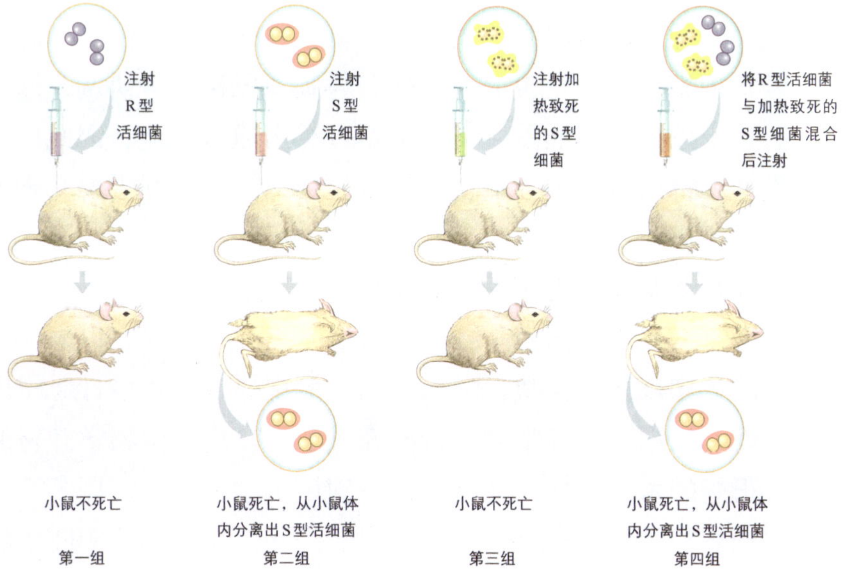

图6–18 用色块区分不同组的示例

（7）表格的设计

表格的设计既要符合我国关于图书质量的相关标准，也要在呈现具体内容的同时，增强教材的美观性。高中生物学教材中均有多个表格，表格的设计是不同于以往教材的一次创新，主要体现在：① 色块衬底，相邻色块颜色不同，增强了可读性；② 以往的表格线条是绘制出的，而高中生物学教材中的表格线条是色块之间保留距离之后形成的纸的原色（即白色）。这样的表格比较美观、简约，增强了艺术性和时代性。

（8）图标及线条的运用

图标和线条似乎不起眼，但在教科书中也扮演了重要的角色，如划分教材的不同板块，圈出不同的栏目等。生物学教材也合理运用了这些符号。例如，“问题探讨”作为紧跟节标题的内容，如果用边框圈出或色块衬底，会使版面呆板，还过分突出了该栏目。为解决这个问题，在“问题探讨”与节内正文内容之间，以一条蓝色波浪线为界，这样既划分了板块内容，也使版面灵动。又如，“思考・讨论”“探究・实践”栏目既使用边框，也用色块衬底，这样能区别于正文内容，还凸显了该栏目的重要性。

3. 提高中学生物学教材版式设计的策略

中学生物学教材的版式设计既有整体规划，又有对插图、色彩、符号的精美设计，每个版面是教科书责任编辑、美术编辑等共同打磨而成的，但由于经验有限、时间紧张等，有些版面还有美化的空间，这提醒教科书编制团队继续探索优化版式设计的策略。

（1）工作方式要提前规划、加强沟通

在以往的教科书编制过程中，编写组确定教材文本内容之后进入排版阶段时，美术编辑才开始版式设计，这样就可能出现因时间紧、任务重、美术编辑对教材内容理解不深入等情况。因此，美术编辑应尽早介入编写工作，充分与编写团队、责任编辑沟通交流，从而提前规划、整体设计。

负责版式设计的美术编辑和插图绘制人员往往来自不同团队。版式是否更好地反映了教材内容，版式是否美观，插图与版式风格是否协调，这些还取决于责任编辑、美术编辑以及插图绘制人员是否有沟通和交流，因此，在整个编写、绘图、设计、排印过程中，上述人员应充分交流，相互了解并理解对方的工作内容和方式。

（2）版式设计要充分考虑学生的认知规律

传统的教材以讲授知识内容为主，但新课改倡导科学探究以来，教材编排注意遵循学生的认知规律，反映科学探究的一般规律。版式设计时也应遵循这一理念，通过设计元素，引导学生进行探究式学习。高中生物学教材的版式设计实际上已有很好的做法，如“问题探讨”创设了学习情境，探究活动引导学生学习，一些内容以科学史的顺序进行编排。当然，这方面还可以继续强化。例如，通过设计更好地体现创设情境—主动探究—形成概念—反馈梳理—纠正概念—迁移应用的学习规律。

（3）版式设计要反映中国元素

教科书要充分融入中华优秀传统文化、社会主义核心价值观等内容。以往常见做法都是从内容角度分析融入点和融入方式，今后还可以考虑通过版式设计融入上述内容，以增加教材的中国元素，打好中国底色。例如，利用中华传统文化中的吉祥物设计图标，基于祥云等设计线条、符号；使用反映中国特有的动植物资源、中国古建筑、中国人文景观的插图；等等。

（4）版式设计要反映时代性

每个时代都有自己的流行元素和时代特征，书籍的设计也是如此。要充分考虑当前的流行风格和印制水平进行设计，在大气、典雅、流行等风格间寻找符合时代性的风格。此外，优选能与教材正文紧密结合、又能反映我国科技成就、建设成就的插图，使教材形成特有的时代特征。

八、教材的立体化开发

教材是最重要的教学资源，在学校教育中起着举足轻重的作用。为了配合教材使用，提高教学质量和学习效果，往往要围绕教材开发出多种辅助资源，形成教材立体化的基本形态。21世纪以来，教材的立体化开发前所未有地受到科学技术的影响，在这样的历史背景下，有必要回顾和总结教材立体化建设的过去和现在，并展望教材立体化开发的未来。

（一）什么是教材立体化

对教材立体化有多种不同的认识。从产品形态来看，教材立体化是以教科书为核心设计生产的多种形态的产品集合，主要包括纸质教材、音像教材、教学课件、网络教材、学具教具、教学素材、网络教学平台、网络支持系统等①。从教学的角度，教材立体化是指围绕教与学提供的一套整体解决方案，是围绕教学目标以系统思维设计的教学体系，通过融合多种资源，为教与学提供多种更加便利的方法和途径②。

这两种说法的侧重点是不同的，前者强调教材资源的产品形态，突出了教材的物理属性；后者强调教材的使用，关注教材的内容属性。然而，在教材立体化开发时，既要根据用途选择合适的产品形态；还要尊重学生心理、教育规律，并以学科内容为基础，精选素材，突出学科特色，体现学科本质。这几方面缺一不可，只有这样，才能开发出适合教师和学生使用的教材系列产品。

基于此，中学生物学教材的立体化建设是指，围绕学科育人目标，根据课程标准要求，遵循教育规律，以国家审定出版的纸质教材为核心，采用多种形式开发的有助于教与学的资源集合。它既包括纸质教材及配套图书，以及帮助教与学的教具学具；也包括数字教材、配合数字教材使用的数字教学平台，以

① 黄荣怀，郭芳．立体化教材的设计与开发［J］．现代教育技术，2008(10)：105-109.
② 赵志强．高校立体化教材建设思考［J］．北京印刷学院学报，2005(1)：78-80.

及各类图、文、音、视资源；还包括向师生提供的包括教材培训在内的服务工作；等等。

（二）中学生物学教材立体化开发的历史

根据教材立体化的概念定义，教材立体化建设既涉及外在的产品形态和内在的内容属性，还包括教材服务。要回顾教材立体化建设的历程，需要从这三个维度进行梳理。

1. 根据产品形态划分

教材立体化受科学技术，尤其是信息技术影响巨大，如果按照产品形态进行划分，可以将教材立体化划分为三个时期。

时期一：1949—1977年。中华人民共和国成立后，在很长一段时间内，教材是教学和学习的基本材料，后来逐渐出现了与教材配套使用的教参、练习册、挂图、各种教具、学具等。

时期二：1978—2000年。改革开放以后，经济、社会、科技快速发展，带动了教育的发展，这一时期，逐渐出现了多种形态的教学资源，如以光盘为载体呈现影音效果的教与学辅助资源，语言类学科教材还配有磁带等产品。

时期三：2001年至今。信息化技术的快速发展，教材立体化呈现更加丰富的产品类型，数字教材登上历史舞台，并随着移动互联、云计算、大数据、人工智能等新技术的快速发展和应用，其概念、呈现方式、应用场景出现翻天覆地的变化。

就数字教材来说，国内文献可考的中小学数字教材始于2001年前后，实践中先后有电子教材、多媒体教材、网络教材，但其本质都是数字教材。数字教材的发展历经三个阶段。第一阶段重在尝试与探索教科书的数字化方式；第二阶段强调将多媒体资源融入数字教材；第三阶段逐渐融合大数据、虚拟现实、人工智能等前沿技术，高科技含量成为其典型特征[①]。人民教育出版社全部参与这三个阶段的数字教材建设，先后开发了“人教电子教材”、《初中英语（新目标）》网络教材、嵌入人教数字教材的人教数字校园、第二代“人教数字教材”，以及第三代“人教数字教材”。

2. 根据课程目标划分

我国基础教育课程教学改革从目标方向和价值追求的变迁来看，也经历了多次变迁，从课程目标出发，教材立体化建设也可划分为三个时期。

双基目标时期　这段时期强调基础知识和基本技能。重视“双基”是知识本位的突出反映，教学重视基础知识传授（讲授）、基本技能训练（练习），以使学生获得扎实的基础知识、熟练的基本技能和较高的解题能力为主要的教

---

① 沙沙，余宏亮．我国中小学数字教材的发展历程与技术演进［J］．中小学数字化教学，2019（12）：5-8.

学目标。[1]这一时期的教材立体化建设主要落实双基目标。

三维目标时期 2001年6月教育部印发的《基础教育课程改革纲要（试行）》，该文件明确提出“三维目标”的课程理念。“知识、能力、情感态度与价值观”三位一体的课程目标指导了我国生物学课程的实施。课程倡导探究性学习，要求教材编写中安排丰富多彩的教学活动。在这样的课程目标和课程理念指引下，教材立体化建设对内容的要求更高了。

核心素养时期 2016年，“中国学生发展核心素养”发布，随后普通高中各学科课程标准研制了各学科的学科核心素养。核心素养作为课程目标，开始指导我国基础教育三个阶段，这也对教材立体化建设提出了更高要求。

3. 根据教材服务划分

长期以来，教材服务是指包括在教材实验地区开展的调研、回访和培训等活动。调研、回访一般包括听课、评课和座谈等环节。培训主要是专家讲座、教学案例分享等面授式培训。2001年基础教育课程改革开始，培训工作得到了很大重视，各出版单位、教研机构组织了大量培训活动。

2020年，网络培训兴起。今后，基于网络的培训、答疑等活动将成为教材服务工作的有益补充。

综上所述，教材立体化建设从产品形态、课程目标、教材服务等角度来划分，有不同的发展阶段，相互之间存在交叉重叠，但可以预期的是，在“教育现代化”与“核心素养”的双重要求下，教材的立体化建设一定是前景广阔。

（三）高中生物学教材立体化开发现状

2017年12月，《普通高中生物学课程标准（2017年版）》发布并实施，随后，高中生物学教科书的研制、送审和出版工作陆续完成。与此同时，以高中生物学教科书为核心，开发了一系列教材辅助资源，以下按产品形态分别介绍。

1. 纸质出版物的种类和使用情况

教科书是教学的根本，但是在教师教学时往往要选择多种图书来帮助教学，这些图书包括：①教师教学用书，这是教材编者按照一定体例编写的解读教材内容、介绍教学建议、给出教材习题答案、提供教学案例的，供教师使用的教学参考用书。②实验探究报告册，这是帮助学生开展教材上实验活动的学生用书，一般按实验目的、实验材料、方法和步骤、结果和讨论、练习的顺序编制。③同步练习册和复习用书，这是帮助学生巩固学习的学生用书。

在以上三类图书中，人民教育出版社生物室均开发了相应产品，如《普通高中教科书教师教学用书生物学》《普通高中教科书探究活动报告册生物学》《人教金学典同步练习册同步解析与测评生物学》，系列产品的开发，有助于

① 余文森．从“双基”到三维目标再到核心素养——改革开放40年我国课程教学改革的三个阶段［J］．课程·教材·教法，2019（9）：40-47.

师生更好地使用人教版生物学教材。其中，“教师教学用书”和教材在全国使用人教版高中生物学教材的地区发行；“探究活动报告册”“同步解析与测评”在部分省选用。

2. 生物学数字教材的现状

第三代“人教数字教材”是目前正在使用、并持续优化的一套数字教材。它融教材、数字资源、学科工具、应用数据于一体，既是信息化教学环境中的基础资源和基本参考，又能实现各种扩展服务与个性化资源链接①。整套数字教材由全学科教材组成，生物学科数字教材包括《义务教育教科书生物学》和《普通高中教科书生物学》。

这套数字教材是以纸质教材为基础，完全尊重和体现纸质教材的编写思路；同时兼顾学习者为中心的设计思想；在师生使用中，师生可上传分享资源，体现了教材的开放性和资源的生成性，反映出互动共享的理念。以《普通高中教科书生物学》为例，这套数字教材中嵌入了视频、动画、概念图、练习题答案、拓展资料等内容，在课堂教学中，教师可利用“人教智慧教学平台”和数字教材，组织包括课前自学和反馈、课上交互探究和检测、课后复习巩固等教学环节，形成以数字教材为核心的教学闭环。

这套数字教材搭载在“人教智慧教学平台”上，该平台包含“教材”“我的作业”“错题本”“我的资源”“我的班级”“个人轨迹”“应用中心”等模块，功能强大，利于教和学，而且该平台可联合各教材出版单位形成数字教材专属服务平台，应用环境包括个人计算机、移动端、电子白板、一体机等多种终端载体，使用多种系统平台，可服务全国不同地区、不同水平、不同信息化条件下的师生。

3. 其他配套产品的开发现状

围绕教材还可以开发多种教材配套产品，包括以下类型。

（1）教材配套光盘

教材配套光盘是与教材配套的以光盘形式出版的数字化资源，产品定位是辅助学生的学习，并补充学习资源。教材配套光盘是由教材编者、一线特级教师、配套光盘的责任编辑和相关技术人员共同开发而成的，与教材编写同步，体现了教材的编写理念和思路，人机互动性强，但光盘本身不具有资源的生成性和共享性。除了以光盘为载体，这套产品还设有网络端，也利于师生的使用。

人教版《普通高中教科书生物学》的教材配套光盘包括四部分内容，分别为：电子书、精讲、精练、实验四部分。电子书以纸质教材为蓝本，嵌入了视频、动画、每章概念图、拓展资源等；精讲是优秀一线特级教师在单元层面对

---

① 蔡建学．数字教材在常态化教学中的创新应用——以第三代人教数字教材为例［J］．中小学数字化教学，2018（6）．

教材的讲解，有助于学生梳理总结所学内容；精练主要是练习题，帮助学生巩固；实验是拍摄的教材中所有探究、实验活动的视频，制作精良，对于实验流程、操作细节、实验结果均有清晰的展示。

（2）教师教学用书配套光盘

教师教学用书配套光盘是搭载在教师教学用书上的数字化产品，产品定位是供教师教学前参考。该光盘由光盘责任编辑、教研员、一线特级教师、教材编者、相关技术人员共同开发而成，与教师教学用书编写同步，围绕着解读教材、指导教学组织内容。

人教版《普通高中教科书生物学》的教师教学用书配套光盘包括两部分内容，一是专家讲座，由生物学的学科教授围绕与教材内容相关学术话题作报告，例如，围绕转基因技术，邀请北京大学生物技术和植物生理学方面的教授讲授转基因技术的过去、现在和未来。二是实验视频，对教材中的探究、实验，拍摄了清晰、准确、完整的操作视频，可以帮助教师了解如何开展实验教学。

（3）学术出版物

为提升教师的专业水平，帮助教师更好地成长，教材出版单位还会出版相关学术书籍、教师培训手册等辅助教学的图书资源。例如，近年来，人民教育出版社生物室出版了《中国百年教科书史：生物学卷》《中国百年教科书专题研究：生物学卷》《朱正威教育文集》《中学生物学课堂教学设计原理与应用》《一起来做高中生物学实验》《生物学核心概念的发展——高中生物学课程的科学史资源》等出版物。为了配合高中教材的使用，生物室还编写了《普通高中教科书教师培训手册生物学》，赠送给使用人教版高中教材的教师。

在学术期刊建设方面，人民教育出版社创办了《课程·教材·教法》《中小学教材教学》《中小学数字化教学》等刊物，一些师范大学办有《生物学教学》《生物学通报》《中学生物学教学》《中学生物学》等期刊，这些期刊繁荣了中学生物学领域关于课程、教材、教学的学术交流。

（4）教具、挂图、试剂盒等其他辅助资源

教具、挂图、试剂盒等教学辅助资源由教学装备企事业单位提供。例如，有的生物科技公司开发了实验探究的试剂盒，由完成某实验所需的试剂和器具套装组成，为实验教学提供便利。光学科技公司制作了多种类型的显微镜，如普通光学显微镜、自带光源显微镜、数码显微镜等，供不同地区、不同类型的学校选用。

4. 教材服务体系的建立

为做好教材服务工作，帮助教师用好教材，各家出版机构、教研部门通常会组织广大教师参加的教材培训活动。人民教育出版社也建立了立体化的教材培训体系，从培训形式来看，有面授培训、网络培训、网络答疑等形式。从培训内容，主要关注教材内容、教学建议、教学案例的分享。此外，人民教育出版社还建立了“教师网络培训服务平台”“人教教材培训”公众号等，方便教师随时随地开展学习。生物室建立了一支由国内知名的教授、教研员、一线教师以及生物室编辑人员组成的培训队伍，奔赴全国各地做好教材培训和服务工作。

（四）教材立体化开发的展望

教材的立体化开发是一项涉及资源内容、产品形态、应用环境、服务质量等多方面的系统工程。进行立体化开发时，应当以系统思维作通盘考虑，既做好整体布局、系统规划，又狠抓具体落实；既保障好核心的纸质教科书质量，又开发好数字出版物和配套资源；既重视资源内容的质量，又努力倡导产品创新。重点要做好以下几个方面。

1. 纸质出版物的多样化和精品化策略

（1）出版物应多样化

习近平总书记在教育文化卫生体育领域专家代表座谈会上的讲话中指出：要完善全民终身学习推进机制，构建方式更加灵活、资源更加丰富、学习更加便捷的终身学习体系。习近平总书记的讲话反映了世界教育发展的终身化趋势，也指出了我国构建终身学习体系、打造学习型社会的方向。

教师和学生的发展离不开书籍，因此要充分开发以教科书为核心的纸质出版物。针对教师开发学科知识类、教育理论类、教学实践类的读物，如阐释生物学学科本质、核心素养落实的系列书籍。针对学生开发科学普及类、知识拓展类读物等。针对生物学教学的难点开发相关阐释和解决难点的教学方案的书籍等。

（2）出版物应精品化

出版物的精品化是出版社的必由之路，要想做好生物学教材立体化中产品的精品化，可在以下几方面发力。一是要紧扣教材教学：选择与教科书适切性强的选题，组织对教师教学有启发、对学生学习有帮助的内容。二是要选准作者：优选对课程、教材、教学有深入研究并有良好写作能力的作者。三是保证编校质量：通过各种机制降低差错率、提高质量。四是融合出版：顺应移动化、视频化等互联网发展趋势，做好纸质出版物的数字化转化，加强纸数融合。

2. 大力发展数字化产品

数字产品是未来的发展趋势，教师利用数字化平台和数字教材进行教学在部分地区学校已经成为常态，因此，应在制度建设、数字教材、数字化平台、数字资源、学科工具等方面加大建设力度。

（1）尽快完善制度建设

《中国教育现代化2035》规定，要加快信息化时代教育变革。建设智能化校园，统筹建设一体化智能化教学、管理与服务平台。创新教育服务业态，建立数字教育资源共建共享机制。要实现数字教育资源的共建共享，必须要求从数字产品的开发上统一标准。

人民教育出版社数字公司先后制定了《数字教材内容研发生产流程与管理办法》《数字教材阅读器技术要求》《数字教材版本管理标识规范》《数字教材内容审核管理办法》等一系列相关制度规范。其他机构也结合自己的产品制定了指导数字出版的相关文件，但依然缺乏上位的、统一的规范[①]。

针对这一问题，建议首先从国家层面出台统一数字教材及数字平台的规范和技术标准；其次，要尽快建立数字产品的内容呈现和技术格式的标准、跨系统的数据交换标准、内容和质量检测标准、教学应用服务标准等。

（2）持续开发数字教材

正在使用中的人教版第三代数字教材体现了纸质教科书的编写理念和思路，落实了发展学生核心素养的要求，利于教师的教与学。但是，这套教材的研发仍然略微滞后于纸质教科书，是在纸质教科书的基础上补充教与学的辅助资源、学科工具，交互动画等形成的。教科书有些页面的呈现适合于纸质教科书，但在数字环境下，也许会有更好的呈现形式。研发数字教材，教科书编写团队、数字教材编辑、技术人员应当围绕课程目标、教材内容，充分利用数字形态，编制更加充分利用信息技术的数字化教材。与此同时，对影音动画等辅助资源的开发应同步进行，从而提高拓展资源的适切性、科学性和及时性。

（3）拓展数字平台等其他资源的开发

数字教材最终的应用要借助于终端及其上的应用程序，应用程序的便捷与功能强大，也直接决定数字教材的使用效果。人民教育出版社开发的“人教智慧教学平台”包含多个模块，功能强大，应用环境广阔。在未来的使用中，可以运用大数据、人工智能，引导教师和学生来共建这个系统，同时持续开发优质的教学资源、学科工具和应用功能，并增强交互性、便利性、可靠性、服务性。

（4）加强数字化教学场景的覆盖

数字化教学场景是数字教材的应用环境，没有数字化教学场景，数字教材也无用武之地，因此要加大对数字化教学场景的覆盖。有关资料显示，目前我国中小学校互联网宽带入校率已达97%，信息化教室（配有白板或一体机）的比例超过90%[①]，但仍有部分地区未配备信息化教室。其实，即使配备了信息化教室，如果未采购相关数字产品，信息化教室形同虚设。因此，建议继续加大学校的信息化建设。

3. 加强教师培训

教材立体化建设为教育教学提供了原材料，但教育目标的实现、教学任务的达成归根结底需要教师来完成，因此教师至关重要。首先要做好围绕纸质教

① 王志刚．我国中小学数字教材开发现状及发展建议——基于中小学数字教材典型产品调研的分析［J］．出版科学，2020（5）：22-30.

科书的使用做好各级各类培训，尤其是新教材投入使用期间。其次，要做好教材立体化中各类产品的培训。例如，做好数字教材应用环境的培训，做好教材配盘使用的培训。最后，广泛征求教师对教材立体化建设的意见和建议，从而提高内容质量、调整产品形态，更好地服务教师；引导广大教师开展针对课程、教材、教学的研究，以研究促进整个中学生物学教学领域的发展。

第七章　中学生物学教材发展展望

教科书，是学校教育发展的产物。在世界范围内，中学生物学教科书也已经走过了一百多年的历程。我国中学生物学教科书从最初的翻译引进到国人自编并不断发展，也已经超过一百年。在可以预见的将来，中学生物学教科书还将继续在基础教育中发挥着重要作用。随着社会发展、生物学的发展，教育的改革和国家教育方针政策的发展，我国的中学生物学教科书将迎来新的发展机遇。

假如用一句话来概括中学生物学教科书未来的发展趋势，可以简要概括为：更好地发挥生物学科课程的全面育人功能，培根铸魂、启智增慧。具体来说，未来的中学生物学教科书的主要变化，或者说我们特别期待的变化，有以下几个方面。

一、更加深厚的中国底色与鲜明的中国特色

为中国学生编写、出版的中学生物学教科书，应该是植根中国文化土壤，有浓厚的中国底色的教科书。中国特色、中国底色，就是生物学教科书培植中国根和中华魂的居所。今后的中学生物学教科书，将有更加深厚的中国底色和更加鲜明的中国特色。生物学教科书的中国底色和中国特色，主要通过以下方式来凸显。

在教材中更有机地融入中华优秀传统文化。这意味着将中华民族的文化血脉融进生物学课程内容的学习中。具体包括：在教材中更多地反映中华先民的劳动智慧和科技成就，更多地反映中华民族的历史文化遗存，更多地融进中国古代思想家的思想智慧，更加有机地融入中华传统优秀文学、艺术作品，更多地融入中国民俗、风物、历史遗迹，等等。革命传统文化，也可以看作是中华优秀传统文化的一部分。在未来的中学生物学教科书中，编者将更加系统、自觉地融入中国革命文化、英雄人物等内容。生物学教科书中融入中华优秀传统

文化，将按照《完善中华优秀传统文化教育指导纲要》《中华优秀传统文化进中小学课程教材指南》等有关文件的要求去具体落实。

在生物学教科书中更充分地利用我国生物资源和环境资源素材。我国地大物博，具有很高的物种多样性，生态系统类型也很多样。我国的特有物种、特色生态系统，我国的特色农业、林业、渔业，甚至是山川、城市、乡村，以及饮食习惯，都是学生熟悉或未来经常会接触的。生物学教科书中在介绍自然环境、自然保护地、生物物种时，应充分使用我国的生物资源、环境资源等素材，构成生物学教科书中的中国底色。在讨论生活中的生物学问题时，多结合学生熟悉的中国生活、中国味道，也会赋予生物学教科书更浓的中国特色。可以预见的是，今后的在生物学教科书中，会更多地以我国的动物、植物、微生物物种举例，会尽可能多地介绍我国生态系统，也会更多地关注学生熟悉的中国人的生活。

以培根铸魂、启智增慧为目标的生物学教科书，不但要让学生在学习生物学课程内容的过程中受到中华优秀传统文化的熏陶，看到我国特有的生物和生态系统，还要让学生通过学习，更好地认识我国当前的社会生活，了解在党和政府领导下人民勤奋建设家园、发展经济、科技创新等方面的突出成就，这也是教科书中中国底色的重要组成部分。因此，未来的生物学教科书，会更多地介绍我国的建设成就，包括科技、经济建设、生态建设的成就。未来的生物学教科书中，也会更多地渗透我国法治建设的成就，引导学生基于科学理性认同国家法律和政策。

中国的生物学教科书，是用中文书写的，这本身就是中国特色的表达。不过，在生物学教科书的中国特色表达方面，我们还可以进一步探索，使得生物学教科书有更加深厚的中国特色的表达方式。例如，教科书中部分插图可以选用极具中国特色的国画；特色小栏目可以采用竖排版；作为题眼，我们还可以用中国诗词的形式来表达。在构图上，适当运用中国传统水墨画的意境深远、形神兼具的特色。在版式设计上，我们可以更多地融入中华传统文化审美情趣，主次分明、适当留白，栏目图标大小合适、线条颜色得体，体现简约、淡雅的中国特色。

当然，除了教科书表现形式上的中国特色，我们更需要在教科书的表达内涵方面反映中国文化的精髓。例如，中华文明尊崇天道、和而不同等文明特质如何体现在生物学教科书中，在这方面，我们需要有开创性的研究和探索。

特别需要强调的是，我们在追求生物学教科书有深厚的中国底色的前提下，也要注意教科书的中国底色不是孤芳自赏式的文化封闭。我们在守住中华文明根和魂的同时，必须要有国际视野。在坚守中国底色的同时，对于作为人类文明成果的科学知识，我们保持开放的头脑，坚持“拿来主义”。对于教科书编写本身来说，我们也要借鉴国际上发达国家教科书编写的经验，编好我们自己的教科书。

简而言之，未来我们的学生使用的中学生物学教科书，既考虑中国国情，有深厚中国底色，植根中国沃土，有中国根和中华魂，也要吸纳人类文明的一切优秀成果，用全人类的智慧文明光辉照亮学生的未来。

二、进一步处理好学科知识充分与必要的关系、兼顾基础性与时代性

一切生物学知识都是有价值的，但是在有限的课时内，我们只能选择有限的生物学知识编入教科书，因此，怎样选择生物学知识，也就是教科书中知识的比较价值，一直是教科书编者需要认真考虑的问题。当然，教科书的编写，需要依据课程标准来进行，课程标准对内容的选择基本确定了大致范围。不过，课程标准一般是从生物学大概念、重要概念、具体概念方面提出宏观的要求，教科书编写时，在依据课程标准来具体确定概念的深度、难度方面，在支撑概念形成的具体生物学事实的选择上，依然需要编者作出自己的判断。因此，教科书在生物学知识内容的选择和组织方面，就需要在尊重课程标准的前提下，处理好充分与必要的关系，处理好基础性与时代性的关系。

生物学教科书要全面覆盖课程标准的具体内容标准要求，教科书中知识的充分性，我们大致可以通过是否全覆盖课程标准要求来作判断。换句话说，未来的教科书在知识的选择上，大体上可以看课程标准的变化来定。例如，在新研制的义务教育生物学课程标准中，具体内容的主题，就基本限定了初中生物学教科书知识内容的选择范围。随着课程标准确定概念主题的减少，教科书中生物学单元主题也会减少，但是，如果教科书覆盖了课程标准的内容要求，一般来说就可以认为它在知识的充分性方面是合适的。

未来的生物学教科书，在知识的内容选择上，会更加关注知识内容的必要性。生物学教科书有限的容量，不可能把课程标准所确定的概念主题所有有关的知识都写进去，写进教科书的生物学知识，一定是必要的。教科书知识内容如果有减少，那么，减少是表象，其本质是精选。在生物学事实的选择上，选最经典、可靠的；在具体概念的阐述上，会考虑学生的学习能力，不应该超出学生的认知能力。理想的中学生物学教科书，在基本知识内容的介绍上，应该是不多不少、恰到好处。多讲一句显啰唆，少讲一句则不足。这是教科书编写者需要毕生去努力的目标，是每一本教科书理想的样子。

以上所讨论的，是针对课程标准对具体内容、概念的要求来说的，总体来说，体现的是基础性要求。由于生物学的发展日新月异、新进展不断出现，生物学教科书在反映学科基础性的同时，还应该适当反映生物学的迅猛发展，使得教科书具有鲜明的时代性。

生物学，每年、每月都不断有新进展、新发现出现。作为教科书，又必须要选择最有价值的知识来安排。因此，中学生物学教科书的基本内容，必须与时代发展同步，应该反映学科进展。一方面，随着学科的发展，那些更有比较价值的生物学新进展的内容，将增补进中学生物学教科书中，作为所有学生素养发展的基础；另一方面，作为基础教育的中学生物学教科书，它所展示的基本概念、原理、规律，总体上都是目前生物学界的共识，也就是说，教科书正文内容所体现的基础性，本质上就已经是具有时代性的基础性。

除此之外，教科书中体现学科进展的内容，主要表现在以下几个方面。一是教科书中选择作为概念学习脚手架的生物学事实性知识素材，可以是学科进展的内容。二是教科书中的习题，可以用学科进展来创设情境。三是教科书会安排课后阅读栏目，专门介绍生物学学科进展，作为拓展阅读的内容。以往的生物学教科书，就是这样设计的；未来的生物学教科书，会在这方面更加自觉地体现、更加系统地设计。

三、更系统地训练科学思维，有深厚的生物学思想内涵

作为启智增慧的生物学教科书，不应只传授知识，而应注意转识成智。以往的生物学教科书，在传授知识的同时，也注意培养能力，注意提高思想水平，可以说，也一直在注意启智增慧。不过，新的时代对生物学教科书在启智增慧方面提出了更高的要求，教科书需要在这方面有更多创新和突破。

第一，启智增慧的生物学教科书，在目标确定方面，就需要全方位覆盖“智慧”的各要素。总体看，未来在编写生物学教科书之初，就不但应考虑既充分又必要的生物学知识，还应整体考虑从概念提炼生物学思想、观念，促成对生命本质的理解；应系统设计科学思维训练的内容，注意引导学生加强对科学本质的理解，注意培植创新精神与实践能力，注意培植求真求善求美的态度。

第二，上述目标需要得到教科书内容组织和呈现方面的有力支撑。因此，在教科书内容的组织上，未来的教科书会比以往编写时更加注意以下几方面。一是在教科书编写时，在考虑知识内容的同时，系统考虑教科书中的科学思维训练体系，使得教科书中的科学思维有整体设计。教科书中的科学思维训练内容会更加系统，将涵盖证据的获取、识别和使用，判断证据的有效性，运用归纳、演绎方法进行推理，辨别和判断推理的假设，等等。此外，系统设计，还意味着教科书中的科学思维训练有梯度设计。

第三，教科书内容的组织，将更加自觉地渗透生物学思想，反映生物学独特的育人价值。生物学教科书中，在生物学概念的背后，会以系统思想、进化

思想、生态学思想为组织框架构成概念网络，学生在学习生物学概念、原理、规律的同时，既获得对生物界的认识，也获得对生物学的理解。生物学教科书中，介绍生物学概念，应该予以足够的生物学事实为脚手架，促进概念建构。科学史、学习活动，都将认真考虑如何融入生物学思想观念的提升任务。

四、更加关注学科间的联系和跨学科实践活动设计

启智增慧的生物学教科书，不仅会介绍生物学知识，而且会适当还原知识的形成过程，让学生通过学习领悟知识是怎么得到的，引导学生知其然也知其所以然。

要做到这一点，可以通过科学史的融入、事实性资料的运用等方式，但是，特别需要注意的是，智慧的关键表现在实践能力上，智慧本质上有很强的实践指向。启智增慧的生物学教科书会更加关注实践育人，将为学生开展实践活动提供更多的支持，将在实践活动设计方面予以更多的关注，包括做好实践活动的整体设计，提高每一个实践活动的可行性，提升每一个实践活动的育人价值。

启智增慧的生物学教科书，既基于生物学，又不会画地为牢，而是把生物学放到自然科学的背景里去介绍，让学生从生物学课程的学习中感悟科学的本质，关注生物学与物理、化学等自然科学的关系，从而在自然科学的大背景下学习生物学，深刻理解生物学概念、原理规律，也加深对科学的理解。

首先，生物学研究的生命系统，比一般的物理系统复杂得多，生物学研究经常要综合运用数学、物理、化学等诸多学科的知识和方法，因此，生物学本身就具有一定的综合性，生物学课程和教材的内容，也可以反映研究生命问题时综合运用多学科知识方法的必要性。各门自然科学，都是在探索自然界的过程中，由于研究对象不同而逐渐分离开的，但是，它们在人类的思想源头上是相通的，在发展过程中又是彼此促进的，在内在概念体系上又是相互关联的。那么，对于中学生物学教科书来说，基于生物学，同时又引导学生在自然科学的大背景中去学习生物学，是可行的。

其次，在社会生活中，我们遇到的问题，其解决方法往往不是局限于某一个学科，而是需要综合科学、技术、工程学和数学等学科的概念、方法和思想，需要遵守国家法律法规，需要尊重伦理道德等，才能妥善解决。在新的时代背景下，启智增慧的生物学教科书，特别关注那些需要运用多学科知识、方法来解决现实生活中真实问题的实践活动。对于落实启智增慧的要求来说，这么做是特别必要的。

从2022年颁布的义务教育生物学课程标准可以看出，跨学科实践活动是

未来初中生物学重要内容之一。对于生物学教科书编写来说，必须落实课程标准的有关要求。教科书不但应该考虑跨学科的知识联系，而且要注意设计跨学科实践活动，需要注意引导学生在学习生物学课程的同时，能用跨学科的自然科学的视角，去亲身体验如何观察自然界、探索生命，综合运用物理、化学、生物学等学科知识方法来解决现实问题，再次整体地认识自然科学之间的一致性，达成对自然界、对自然科学的理解。让学生通过跨学科实践活动，理解科学、技术、工程学、数学等学科之间的相互关系，并尝试运用多个学科的知识和方法，通过设计和制作，解决现实问题或生产特定的生物学产品，理解科学、技术、社会的关系，发展综合素养。

生物学教科书中的跨学科实践活动，一是要跨学科综合，在解决真实情境中的问题时，主要依靠生物学知识、方法的同时，综合数学、物理、化学、工程技术方面的知识、方法，甚至要结合历史、地理，以及传统文化等方面知识。二是跨学科实践，强调动手实践，实践育人，不是纸上谈兵。

对于未来的中学生物学教科书的编写来说，跨学科实践活动，是亮点，也是难点。攻克这一难点，跨学科实践活动就将成为促进学生素养提升的亮点。

我们一起期待！

五、基于实证的学科逻辑与学习心理的再平衡

教科书编写，如何处理好学科逻辑与学生学习心理（也称作心理逻辑）的关系，一直是需要回答的问题。未来的中学生物学教科书，也一定要回答这一问题。

回答好这个问题，首先需要处理好教科书内容之间的学科内在逻辑，这是因为，生物学作为一门科学，其事实、概念、原理、规律具有内在的逻辑一致性，是一个统一的整体，各部分是有机联系的，所以，教科书呈现的生物学知识，必须是组织良好的学科基本知识，知识之间具有有序的结构关系。并且，大多数时候，学科逻辑与心理逻辑是一致的，处理好学科逻辑往往就能方便学生学习。

在处理好学科逻辑的基础上，需要考虑学生的心理发展水平，使得学习易于发生、高效进行。教科书中的知识的深度难度得当、有利于调动学生已有的知识和经验、有利于学生自主地构建新的概念。教科书的编写有利于调动并维持学生的兴趣：课文的引入能激发学生的学习欲望、课文的组织能吸引学生持续的关注。教科书的结构鲜明：标题层次清楚、关键词语突出、内容要点容易把握。教科书的习题有利于知识的巩固、转化，以及知识的迁移和应用：教科书中提出的问题和练习题，利于学生巩固并内化新知识（如提供多种变式练

习），体现出了知识之间联系，设置了应用知识解决新问题的情境；等等。

教科书中关于生物学知识的阐述，更好地实现科学严谨与通俗易懂的平衡。如果教科书在关于知识的介绍上仅仅做到科学严谨，并不太难，那只要多参考几本权威的学科专著和生物学词典、术语规范，就基本能做到。但是，那样的教科书，学生可能难以读懂，因此，这样的科学严谨并没有实际的意义。在很多时候，生物学教科书需要在科学严谨与通俗易懂之间把握平衡。然而，从以往的经验看，有时注意了概念表述的通俗性难免会牺牲科学性。如何做到生物学教科书内容既通俗又严谨，还需要进一步探索。

在以往的生物学教科书编写时，编写者已经尽可能地考虑了学科逻辑和学生学习心理的平衡。然而，客观地说，很多时候编写者还是基于自身的经验来判断。这种判断，未必在所有时候都与学生的实际心理发展情况吻合，教科书采取的表达也未必是最佳的符合学科逻辑的表达。如果能在充分运用经验判断的基础上，再结合更多的实证研究，最终综合得到最佳的平衡，那将是十分有意义的。如果难以对全套书的所有内容都做到这一点，那么，部分重点、难点章节内容可以先行尝试。

我们期待，未来的中学生物学教科书，能更好地把握学科逻辑与学习心理之间的平衡。

六、基于数字技术的数字教材开发

数字技术的飞速发展，对传统的出版模式，包括教科书产生了强烈的冲击。当前，国际上许多出版传媒巨头正在进行产业升级和数字化转型。近几年，数字出版也成了我国出版界的热门话题。教材的数字化，或者教科书的配套数字资源的开发，是当前许多出版单位正在探索的课题，数字教材在生产过程、传播方式、内容呈现形态，以及用户的阅读体验等方面都与传统出版有了根本的不同。未来的教科书编写，也一定会深受数字化时代的影响而产生巨大的变化，数字教材必将在未来占有更加重要的位置。

资源的多样化、立体化是数字资源的优势，也是数字教材呈现的基本形态。纸质教材虽然努力做到了文字陈述的生动，学习内容与学生生活经验结合，呈现方式也做到了图文并茂，但是，它的内容呈现基本是静态的，内容组成是相对封闭的，内容结构主要是线性的。这使得纸质教材在面对生物学里众多的事实、现象、概念、原理、规律，以及模型时，对其中过于微观、过于宏大、过于久远、过于缓慢的生物学事实和现象难以直观、形象地表达，对生物学里普遍存在的复杂的网络状因果关系难以形象地阐述。这些内容因此往往成为学习的难点。在数字时代，教材出版的形态枷锁被打破，立体化的数字教材可以更好地贴近教学实际。数字教材中，内容的呈现形式有文字、图片、视频、动画，以及在线互动生成的内容等，可以很好地将过于微观、过于宏大、过于久远、过于缓慢的生物学事实、现象等予以形象化，从而帮助学生更好地认识生物学事实和现象，并以此为基础形成生物学概念，把握原理和规律。从学生学习心理学方面看，多样的刺激有利于保持学生的注意力，因此，综合多样的资源，可以突破纸质教材单纯以静态的文字和图片为呈现方式的局限性，发挥更好的综合效应。

数字教材还可以利用网络的人人互动或人机互动，突破纸质教材关注预设而难以顾及教学生成的不足，充分体现学习过程中的互动和生成性，实现教材的开放性。这样的教材，可以更好地贴近教与学的实际情景，为个性化的教与学提供更好的支持。

立体化的纸质教材有教科书、教师用书，以及配套的教案、同步练习等，已经有了分层次、有针对性的设计，其中教师用书、配套练习与教科书之间也有内在的关联。显然，数字教材不但可以借鉴纸质教材针对不同人群开发适合的产品这一思路，移植其中的资源，而且应该在分层设计、有针对性开发、提高版本之间的关联性方面走得更远。正如有学者指出的，以读者为中心，与读者沟通是数字出版的最大优势，基于读者的数字出版才是数字出版的最完整的概念，才是推动数字出版产业发展壮大的关键。

数字技术的发展，使得数字教材更容易利用已有的资源，做到大容量、多模块便捷组合，再加上融入网络互动、生成的方式，从而可以为针对不同读者的需要开发产品提供极大的便利。在纸质教材出版时，如果新品种要采用已有出版物的图片和文字内容，在制作阶段需要编者在纸质出版物中做大量的信息查找工作，在成品中则需要占用版面重复呈现；建立在资源库基础上的数字教材，更容易实现“一份内容、结构化加工、分层次表达、全媒体发布、按需服务”。教材分层次、有针对性地开发，在数字时代具有更加丰富的含义。

针对学生、教师可开发不同版本的数字教材，甚至可以考虑针对家长的需求探索家庭版的可能性。这几种版本甚至还可以再进行分层次设计。例如，学生版又可以分为基本版、挑战版。学生版、教师版之间，内在关联可以表现得更为显性。例如，利用超链接、互动、授权等方式，提高它们之间内在关联性，形成更为密切的支持、监控功能。

总而言之，随着数字教材的开发，传统教材的静态文本属性，难以提供开放性、层次性和选择性等弊病，将极大地缓解。数字教材的开发，可以很好地体现开放性、层次性、选择性，为学生的学习提供更多样化、更加有效的支持。

时代的长河奔腾向前，一刻也不停留。教科书的发展，是长河里动人的浪花。未来教科书“培根铸魂、启智增慧”的强大能量，现在已经开始积聚。

历史已经告诉我们，教科书的编写，从历史的维度看，要处理好继承与创新的关系；从现实的维度看，要处理好立足国情与借鉴国际经验的关系。从教科书具体内容选择、组织与呈现来说，教科书作为由诸多要素组成的系统整体，要处理好系统内各部分的关系，例如，要处理好学科逻辑与学习心理的关系，处理好基础性与时代性的关系，处理好知识内容、学生活动、习题设计的关系，等等。编好教科书，是十分不容易的；教科书质量的进一步提升，需要努力实践。教科书如何用最优秀的人类文明的一切成果，用最合适的方式，去点亮学生的未来，既需要教科书编写团队的努力，也需要广大师生、学科专家的积极参与。我们，无论是教材编写者，还是使用教材的师生，既是见证者，也是影响教科书未来发展的参与者、建设者。

教科书的美好未来值得期待！教科书的美好未来需要我们努力！

我们借用人民教育出版社开发数字教材时提出来的美好期望，作为本书的结尾，我们期待未来的中学生物学教科书，可以做到："让教学更生动，让学习更有效，让成长更全面！"

参考文献

［1］保罗，埃尔德．批判性思维工具［M］．侯玉波，姜佟琳，译．北京：机械工业出版社，2013．

［2］布鲁纳．布鲁纳教育论著选［M］．邵瑞珍，译．北京：人民教育出版社，2018．

［3］陈侠．课程论［M］．北京：人民教育出版社，1989．

［4］陈月茹．中小学教科书改革研究［M］．北京：教育科学出版社，2009.

［5］杜威．民主主义与教育［M］．王承绪，译．北京：人民教育出版社，2001.

［6］顾明远．教育大辞典（第一卷）［M］．上海：上海教育出版社，1990.

［7］顾明远．教育大辞典增订合编本（下）［M］．上海：上海教育出版社，1998．

［8］国家研究理事会．美国国家科学教育标准［M］．戢守志，金庆和，梁静敏，等译．北京：科学技术文献出版社，1999．

［9］国家中长期教育改革和发展规划纲要工作小组．国家中长期教育改革和发展规划纲要（2010—2020）［M］．北京：人民出版社，2010.

［10］黄显华，霍秉坤．寻找课程论和教科书设计的理论基础［M］．北京：人民教育出版社，2002．

［11］基础教育教材建设丛书编委会．中小学教材的编写出版［M］．北京：人民教育出版社，2003．

［12］金岳霖．形式逻辑［M］．北京：人民出版社，2005．

［13］课程教材研究所．20世纪中国中小学课程标准·教学大纲汇编：生物卷［M］．北京：人民教育出版社，2001．

［14］课程教材研究所．新中国中小学教材建设史（1949—2000）研究丛书：生物卷［M］．北京：人民教育出版社，2010．

［15］拉吉罗．思考的艺术［M］．金盛华，李红霞，邹红，等译．北京：机械工业出版社，2013．

［16］李方．课程与教学基本理论［M］．广州：广东高等教育出版社，2002．

［17］李莉．内地与香港初中中国历史教科书比较研究［M］．武汉：华中科技大学出版社，2014．

［18］刘大椿．科学哲学通论［M］．北京：中国人民大学出版社，1998．

［19］马林．思维科学知识读本［M］．北京：中共中央党校出版社，2009．

［20］美国科学促进协会．面向全体美国人的科学［M］．科学普及出版社，2001．

［21］摩尔，帕克．批判性思维［M］．朱素梅，译．北京：机械工业出版社，2015．

［22］诺希克．学会批判性思维：跨学科批判性思维教学指南［M］．柳铭心，译．北京：中国轻工业出版社，2005．

［23］覃兵，胡蓉．近代中华书局理科教科书文本研究［M］．北京：光明日报出版社，2016．

［24］热拉尔，罗日叶．为了学习的教科书：编写、评估和使用［M］．汪凌，周振平，译．上海：华东师范大学出版社，2009．

[25] 人民教育出版社课程教材研究所生物课程教材研究开发中心. 义务教育教科书教师教学用书生物学七年级上册[M]. 北京: 人民教育出版社, 2012.
[26] 人民教育出版社课程教材研究所生物课程教材研究开发中心. 普通高中教科书教师教学用书生物学必修1分子与细胞[M]. 北京: 人民教育出版社, 2019.
[27] 人民教育出版社课程教材研究所生物课程教材研究开发中心. 普通高中教科书教师教学用书生物学必修2遗传与进化[M]. 北京: 人民教育出版社, 2019.
[28] 石鸥. 教科书概论[M]. 广州: 广东教育出版社, 2019.
[29] 孙智昌. 主体相关性: 教科书设计的基本原理[M]. 北京: 教育科学出版社, 2011.
[30] 谭永平. 生物学课程哲学[M]. 杭州: 浙江教育出版社, 2021.
[31] 王炳照, 阎国华. 中国教育思想史: 第六卷[M]. 长沙: 湖南教育出版社, 1994.
[32] 王莉. 课堂教学技能训练教程[M]. 西安: 陕西师范大学出版社, 2016.
[33] 王小燕. 科学思维与科学方法论[M]. 广州: 华南理工大学出版社, 2015.
[34] 吴成军. 生物学学科核心素养的教学与评价[M]. 上海: 华东师范大学出版社, 2020.
[35] 叶立群. 课程教材改革探索[M]. 北京: 人民教育出版社, 1997.
[36] 叶佩珉. 生物学课程教材改革探索[M]. 北京: 人民教育出版社, 2002.
[37] 曾天山. 教材论[M]. 北京: 人民教育出版社, 2019.
[38] 赵占良, 谭永平. 中国百年教科书史: 生物学卷[M]. 北京: 人民教育出版社, 2020.
[39] 中华人民共和国教育部. 义务教育生物学课程标准(2011年版)[M]. 北京: 北京师范大学出版社, 2012.
[40] 中华人民共和国教育部. 普通高中生物学课程标准(2017年版2020年修订)[M]. 北京: 人民教育出版社, 2020.
[41] 朱智贤, 林崇德. 思惟发展心理学[M]. 北京: 北京师范大学出版社, 2002.
[42] International Baccalaureate Organization. Biology guide: first assessment 2016[M]. Cardiff: International Baccalaureate, 2015.
[43] Merriam-Webster, Incorporated. Merriam-Webster's Collegiate Dictionary[M]. 10th ed. Massachusetts: Merriam-Webster, Incorporated, 2001.
[44] Tanner D, Tanner L. History of the school curriculum[M]. New York: Macmillan Publishing Company, 1990.